U0634167

权威·前沿·原创

皮书系列为
"十二五""十三五"国家重点图书出版规划项目

BLUE BOOK

智 库 成 果 出 版 与 传 播 平 台

广州蓝皮书

BLUE BOOK OF
GUANGZHOU

广州市社会科学院
广州市商务局／研创

广州国际商贸中心发展报告
（2020）

GUANGZHOU INTERNATIONAL BUSINESS CENTER
DEVELOPMENT REPORT (2020)

主　　编／张跃国　刘晨辉
副 主 编／杨再高　魏　敏
执行主编／何　江　魏　颖

社会科学文献出版社
SOCIAL SCIENCES ACADEMIC PRESS（CHINA）

图书在版编目（CIP）数据

广州国际商贸中心发展报告.2020／张跃国，刘晨
辉主编. －－北京：社会科学文献出版社，2020.7
（广州蓝皮书）
ISBN 978 - 7 - 5201 - 6815 - 1

Ⅰ.①广… Ⅱ.①张… ②刘… Ⅲ.①国际贸易中心
－发展－研究报告－广州－2020 Ⅳ.①F752.865.1

中国版本图书馆 CIP 数据核字（2020）第 115419 号

广州蓝皮书

广州国际商贸中心发展报告（2020）

主　　编／张跃国　刘晨辉
副 主 编／杨再高　魏　敏
执行主编／何　江　魏　颖

出 版 人／谢寿光
责任编辑／丁　凡
文稿编辑／李惠惠　郭锡超　杨鑫磊

出　　版／社会科学文献出版社·城市和绿色发展分社（010）59367143
　　　　　地址：北京市北三环中路甲29号院华龙大厦　邮编：100029
　　　　　网址：www. ssap. com. cn
发　　行／市场营销中心（010）59367081　59367083
印　　装／天津千鹤文化传播有限公司

规　　格／开　本：787mm×1092mm　1/16
　　　　　印　张：20　字　数：297千字
版　　次／2020年7月第1版　2020年7月第1次印刷
书　　号／ISBN 978 - 7 - 5201 - 6815 - 1
定　　价／128.00元

主要编撰者简介

张跃国 法律硕士,广州市社会科学院党组书记,广州大学客座教授。主要研究方向为城市发展战略、创新发展、传统文化,主持或参与中共广州市委九届四次会议以来历届全会和党代会报告起草、广州市"十三五"规划研究编制、广州经济形势分析与预测研究、广州城市发展战略研究、广州南沙新区发展战略研究和规划编制以及市委、市政府多项重大政策文件起草和制定。

刘晨辉 广州市商务局党组书记、局长。曾任荔湾区团委书记、区委常委、副区长兼白鹅潭管委会党组书记、主任等职务,在商旅文融合发展方面具有丰富的实践经验。

杨再高 博士,研究员,广州市社会科学院副院长。广东省政府决策咨询顾问委员会专家委员,广州市政府决策咨询专家,广州市优秀中青年社会科学工作者。主要从事区域经济学、区域与城市发展战略规划、开发区发展与规划、产业发展规划研究、项目投资可行性研究。合作出版著作 8 部,在《经济地理》《南方经济》《农业经济问题》等刊物上发表论文 100 多篇,主持和参与完成课题 100 多项。先后获国家发展和改革委员会及广州市优秀成果奖等 8 项。

魏　敏 广州市商务局副局长,主要研究方向为综合文稿、特种商业、电子商务、会展促进、夜间消费等。先后在国家商务部国际司、中共广州市委政策研究室(中共广州市委全面深化改革委员会办公室)等单位任职,具有深厚的理论功底和丰富的经济管理工作经验，曾多次参与市、区重要发展战略研究和多项重大政策文件的起草和制定。

何　江　经济学副研究员，广州市社会科学院现代市场研究所所长。主要从事应用经济学研究，研究领域包括产业经济学、数量经济学、流通经济学等，主持和参与省、市各类课题数十项，公开发表论文 20 余篇，研究成果曾获广东省哲学社会科学二等奖和广州市哲学社会科学二等奖。

魏　颖　经济学副研究员，广州市社会科学院现代市场研究所科研人员，兼任广州市公共绩效管理研究会常务理事，第四届广州市宣传文化思想优秀人才第二层次培养对象。主要研究方向为城市经济、现代服务业和商贸流通业等。出版专著两部，参与编撰著作 4 部，在国内核心期刊公开发表论文 20 多篇。近三年主持省、市级社科规划委托课题 6 项，承担和参与各级政府委托的应用决策研究课题 60 多项，十余项决策咨询课题获得广州市委、市政府领导正面批示。

摘　要

2019 年广州商贸业总体规模稳步增长，实现社会消费品零售总额 9975.59 亿元，规模连续 32 年稳居全国各大城市第三位，同比增长 7.8%，增速在京津沪渝穗深苏杭八大城市中排第四位；批发零售业商品销售总额同比增长 9.6%，增速高于上海、天津。消费市场结构不断优化，消费升级特征明显。对外贸易进口表现突出，贸易新业态快速发展，跨境电商总体规模居全国第二位，服务贸易发展速度居试点城市前列。会展业展览面积位居全国第二。餐饮业创新发展步伐加快，网络餐饮消费方式日益盛行，"食在广州"国际知名度不断提升。物流业主要指标稳步增长，专业批发市场加快转型发展。商贸流通改革创新走在全国前列，营商环境不断优化，南沙自贸区改革创新经验推广至全国，商贸业规模不断扩大、发展质量不断提升。2020 年，新冠肺炎疫情给全球供应链造成了较大冲击，加上国际贸易摩擦的紧张局势仍未得到缓解，全球贸易陷入低迷难以避免。随着国外主要经济体进入萧条阶段，外需减少将导致广州出口面临较大的下行压力。随着我国疫情防控形势持续向好，消费市场信心将逐渐恢复，加上广州一系列促消费政策落地见效，全社会消费有望快速回补。2020 年广州社会消费品零售总额负增长的可能性较大，预计降幅为 4%。2020 年广州对外贸易仍将维持低位运行，预计 2020 年进口增速为 -1.0%，出口增速为 0%。

为了更好地服务广州城市发展战略，2019 年《广州商贸业发展报告》更名为《广州国际商贸中心发展报告》，更加关注城市发展的战略性、体系性、全局性问题，从更高层次、更高目标上研究广州商贸功能发展问题及广州在全球城市网络中的角色定位。本书作为"广州蓝皮书"系列之一，由广州市社会科学院和广州市商务局联合组织编撰，由社会科学文献出版社出版，列入"中国皮书系列"并在全国公开发行，每年编辑出版一册。本书是政府工作人员、广大科研工作者以及社会公众了解广州国际商贸中心建设和发展基本情况、特点和趋势的重要参考读物，也是专家学者、业界行家探讨广州国际商贸中心发展、总结经验、相互交流的重要平台。

《广州国际商贸中心发展报告（2020）》由七个部分组成，分别为总报告、消费篇、经贸篇、商文旅篇、会展篇、物流篇、附录。全书共收录了广州地区和国内外有关科研机构、高等院校和政府及业界专家学者相关研究报告或论文十多篇，共30万字左右。本书从多个视角探讨了广州建设国际商贸中心的发展战略，多角度展现了2019年广州国际商贸中心发展的基本情况、特点、亮点，并在多维度分析影响因素的基础上展望2020年广州国际商贸中心的发展趋势。

关键词： 国际商贸中心　全球商贸资源配置中心　消费中心　交通枢纽

Abstract

In 2019, the overall scale of Guangzhou's commerce and trade increased steadily, reaching 997. 559 billion yuan of total retail sales of consumer goods, ranking third in major cities in the country for 32 consecutive years in terms of the scale with an increase of 7. 8% year-on-year. When compared to the eightmajor cities of Beijing, Tianjin, Shanghai, Chongqing, Shenzhen, Jiangsu, and Hangzhou, it ranks fourth in terms of the growth pace, and the total retail sales of wholesale and retail trade increased by 9. 6% year-on-year, outperforming Shanghai and Tianjin. The consumer market structure has been continuously optimized, and the consumption upgrade characteristics are obvious. Foreign trade imports are outstanding, new forms of trade are developing rapidly, the overall scale of cross-border e-commerce ranks second in the country, and service trade development is among the top pilot cities. Guangzhou's total exhibition area ranks second in the country. The city is also picking up speed for innovation and development in the catering industry, online catering consumption has seen a widening popularity, and the reputation of "eating in Guangzhou" keeps attracting more international attention. The retail industry has been ramping up the pace of innovation and development, and so is the professional wholesale market for its transformation and innovation. As for reform and innovation of commerce and circulation, Guangzhou is also leading the national team with continuous optimizing business environment. The reform and innovation experience of Nansha Free Trade Zone has been successfully promoted across the country, leading to an expanding commercial scale, and improving quality. In 2020, the global supply chain was hit hard by the COVID – 19, dragging the global trade into a new low along with the unsolved tension in international trade friction. In addition, Guangzhou will be expecting a downward pressure due to the shrinking external demand caused by major foreign economies falling into recession stages.

However, as China's pandemic prevention and control situation continues to improve, the consumption of the entire society will rapidly bunce back together with the gradually recovering confidence in the consumer market and a series of consumption promotion policies in Guangzhou coming into effect. It is estimated that the total retail sales of consumer goods in Guangzhou will be highly possible growing negatively in 2020, with a decline of 4%. In 2020, Guangzhou's foreign trade will continue to operate at a low level. It is expected that the growth rate of imports in 2020 will be − 1. 0% and the growth rate of exports zero.

In order to better serve Guangzhou city development strategy, the editorial office renames *Guangzhou Commerce and Industry Report* into *Guangzhou International Business Center Development Report*, pays more attention to the strategic, systematic and overall problems of the city development, study Guangzhou commerce and trade functional development problems, role and position of Guangzhou in global city network from a higher level and objective. As one of "Guangzhou Blue Book" series, the report is compiled under the joint organization of Guangzhou Academy of Social Sciences and Guangzhou Bureau of Commerce , published by Social Sciences Academic Press, listed in "China Red Data Book" series and published in public throughout China. One volume is edited and published every year. This book is an important reference reading book for government staffs, vast science researchers and social public to comprehend the construction and development conditions, characteristics and trends of Guangzhou International Business Center, and one important platform for specialists and scholars, experts of the industry to discuss the development of Guangzhou International Business Center, summarize experience and have mutual communication.

Guangzhou International Business Center Development Report (2020) is composed of seven major parts: The General Report, Consumption, Economy and Trade, Business, Culture, and Tourism, Exhibition, Logistics, and Commerce and Appendix. The book contains dozen of research reports or papers of experts and scholars from scientific research institutions, colleges and universities and government and industry in Guangzhou and around the world, having a total of about 300000 words. This book explores the development strategy of Guangzhou International Business Center from multiple perspectives, shows the basic situation, characteristics and highlights of the development of Guangzhou International Business Center in 2019, expects the development trend of Guangzhou International Business Center in 2020on the basis of analyzing the influential factors from multiple dimensions.

Keywords: International Trade Center; Global Trade Resource Allocation Center; Consumption Center; Transportation Hub

目 录

VI 物流篇

VII 附录

皮书数据库阅读 **使用指南**

CONTENTS

I General Report

II Consumption Reports

Ⅲ Economy and Trade Reports

Ⅵ Business, Culture, and Tourism

V Exhibition Reports

VI Logistics Report

VII Appendix

总 报 告

General Report

B.1

2019年广州国际商贸中心发展
形势分析与2020年展望

何江 魏颖 张小英*

摘　要： 2019年，广州商贸业总体规模保持稳步扩大态势，全年社会
消费品零售总额达9975.59亿元，同比增长7.8%，连续32
年稳居全国各大城市第三位，增速在京津沪渝穗深苏杭八大
城市中位居第四；批发零售业商品销售总额同比增长9.6%，
增速高于上海、天津。消费市场结构不断优化，消费升级特
征明显。对外贸易进口表现突出，贸易市场主体更加多元
化，跨境电商等贸易新业态保持快速增长态势，跨境电商进

* 何江，广州市社会科学院现代市场研究所所长、副研究员，研究方向为区域与城市经济学、
产业经济学、商贸流通业；魏颖，广州市社会科学院现代市场研究所副研究员，研究方向为
商贸流通业、城市经济、现代服务业；张小英，广州市社会科学院现代市场研究所副研究员，
研究方向为商贸流通业、商业地理、区域发展与城市经济等。

口规模位居全国第一。会展展览面积位居全国前列，展览品牌影响力持续提升。网络餐饮消费方式日益盛行，"食在广州"国际知名度不断提升。物流业创新发展步伐加快，专业批发市场加快转型发展。国际营商环境不断优化，南沙自贸区改革创新走在前列，商贸业加快高质量发展。2020年，新冠肺炎疫情给全球供应链造成了较大冲击，加上国际贸易摩擦的紧张局势仍未得到缓解，全球贸易陷入低迷难以避免。随着国外主要经济体进入萧条阶段，外需减少将导致广州出口面临较大的下行压力。随着我国疫情防控形势持续向好，消费市场信心将逐渐恢复，加上广州一系列促消费政策落地见效，全社会消费有望快速回补。2020年广州社会消费品零售总额负增长的可能性较大，预计降幅为4%。2020年广州对外贸易仍将维持低位运行，预计2020年进口增速为−1.0%，出口增速为0%。

关键词： 国际商贸中心　商贸流通业　消费升级　新冠肺炎疫情

一　2019年广州国际商贸中心发展情况分析

2019年是新中国成立70周年，是决胜全面建成小康社会第一个百年奋斗目标的关键之年，面对复杂的国内外形势，广州认真贯彻落实习近平新时代中国特色社会主义思想，按照高质量发展要求，有序推进商贸领域供给侧结构性改革，加快商贸业新旧动能转换，推动商贸业由"大"向"强"转变，国际商贸中心功能进一步增强。

（一）商贸业加快高质量发展，国际商贸中心功能进一步增强

1. 商贸业总体规模持续扩大

2019年，广州商贸业规模持续扩大，全年实现社会消费品零售总额9975.59亿元，规模连续32年稳居全国各大城市第三位，同比增长7.8%，增速比2018年提高0.2个百分点（见图1），在京津沪渝穗深苏杭八大城市中增速高于北京（4.4%）、上海（6.5%）、深圳（6.7%）和苏州（6.0%），低于重庆（8.7%）、杭州（8.8%）和天津（8.9%），居第四位。广州社会消费品零售总额占全省社会消费品零售总额的比重（23.4%）、对全省的贡献率（22.8%）和拉动力（1.8个百分点）继续位居全省第一。批发零售业商品销售总额71394.30亿元，同比增长9.6%，增速低于上年2.1个百分点（见图2），高于上海（1.1%）、天津（2.2%）。受国际经济新形势影响，广州货物贸易进出口总值10006.6亿元，同比增长2.0%；其中出口5265.8亿元，下降6.1%；进口4740.8亿元，增长12.8%。

图1　2009～2019年广州社会消费品零售总额及增速

说明：从2018年起，国家统计局调整了商品零售的统计口径。商品零售是全额计入社会消费品零售总额，商品零售统计口径的调整，导致社会消费品零售总额的统计口径也要做相应的调整。

资料来源：根据《广州市2019年国民经济和社会发展统计公报》、《广州统计年鉴》（2010～2019年）整理。

图2 2009～2019年广州批发零售业商品销售总额及增速

说明：增速按照可比价计算。

资料来源：根据《广州市2019年国民经济和社会发展统计公报》、《广州统计年鉴》（2009～2019年）整理。2019年批发零售业商品销售总额根据"2018年批发零售业商品销售总额×（1＋2019年同比增速）"估算而来。

2. 主要商贸指标继续位居国内前列

与国内主要城市相比较，广州商贸总体规模继续稳居全国主要城市第三位，2019年广州社会消费品零售总额相当于北京的81.3%，相当于上海的73.9%，与北京、上海差距在缩小，比第四位的重庆多1308.25亿元，与深圳、天津、苏州相比，广州继续保持领先优势（见图3）。广州人均社会消费品零售额居全国城市第一位，高于全国、广东及北京、上海、重庆、深圳、苏州、杭州等城市。广州主要商贸指标继续稳居全国前列。2019年，广州展览面积达1024.02万平方米，居全国第二位；白云国际机场旅客吞吐量7338.61万人次，全国排名第三位，同比增长5.2%；货邮行吞吐量254.85万吨，同比增长2.21%；广州港口集装箱吞吐量达2323.62万标箱，同比增长6.0%，稳居全国第四位、全球第五位。

（二）消费市场结构调整深化，消费升级特征明显

1. 消费市场呈"抛物线"走势

2019年，全市社会消费品零售总额各月累计增速呈现先逐步提速后年

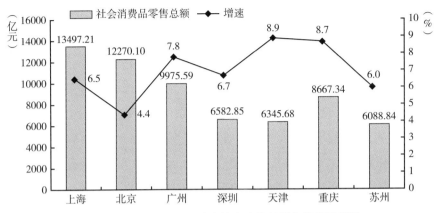

图3 2019年国内主要城市社会消费品零售总额及增速

资料来源：根据北京、上海、广州、重庆、杭州2019年国民经济和社会发展统计公报整理，深圳数据来源于统计快报，苏州来源于统计月报，天津社会消费品零售总额根据"2018年社会消费品零售总额×（1+2019年同比增速）"估算而得。

底出现回落的"抛物线"态势，与2018年先高后低的运行特点有所不同。相邻月份累计增速波动幅度为0~0.5个百分点，整体运行态势波动较大。其中，1~10月累计增速为8.3%，增速最高；1~12月累计增速为7.5%，增速全年最低，增速最高值与最低值相差0.8个百分点。1~6月累计增速从7.6%逐步攀升到8.2%，6~10月累计增速在8.1%及以上，12月累计增速为7.5%，比10月累计增速回落了0.8个百分点（见图4）。

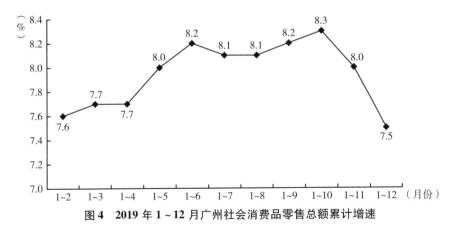

图4 2019年1~12月广州社会消费品零售总额累计增速

资料来源：广州统计信息网。

2. 消费市场结构持续优化

2019 年，广州消费市场结构呈现以下特征。一是批发零售业增速与 2018 年持平，住宿餐饮业增速有所提升。全市批发零售业销售额占社会消费品零售总额的 87.3%，同比增长 7.7%，增速比上年回落 0.2 个百分点；住宿餐饮业零售额占社会消费品零售总额的 12.7%，同比增长 8.1%，增速比上年提高 2.3 个百分点。二是消费需求追求品质化特征明显，消费商品结构持续优化。2019 年，刚需类商品快速增长，限额以上单位日用品类、粮油食品类、中西药品类商品零售额同比分别增长 17.5%、9.9% 和 34.0%；品质化类商品保持旺销，化妆品类增长 14.8%，金银珠宝类增长 28.9%；文化办公用品类增长 7.5%，书报杂志类增长 6.3%，增速比上年分别提高 2.2 个和 3.5 个百分点。消费品市场商品结构持续优化升级，消费升级趋势明显。

（三）电子商务实现平稳较快发展，跨境电商规模位居全国第二

1. 电子商务保持平稳较快增长

2019 年 1 月 10 日，广州市人民政府办公厅出台《关于推动电子商务跨越式发展若干措施》，提出把广州打造成亚太电子商务中心。2019 年，广州电子商务发展继续保持全国领先地位，全市限额以上批发和零售业实物商品网上零售额为 1386.91 亿元，占社会消费品零售总额的 13.9%，同比增长 12.9%，拉动全市社会消费品零售总额增长 1.7 个百分点，增速高于社会消费品零售总额增速 5.1 个百分点。在网络购物带动下，快递业快速发展，全市快递业务量连续六年保持全国第一位，达 63.47 亿件，同比增长 25.3%。2019 年"双十一"投递快递量排名前十城市榜单显示，广州日寄发快件量位居榜首，日投递快递量位居第三。

2. 跨境电商进口额居全国各城市首位

自 2016 年 1 月获国务院批复为跨境电子商务综合试验区以来，广州跨境电商呈快速发展态势。2019 年，全市跨境电商进出口 385.90 亿元，同比增长 56.4%，占全市进出口总额的比重为 3.86%，进出口额排名全国第二（仅次于东莞）。其中，出口 132.70 亿元，增长 171.7%，位居全国各城市

第三；进口 253.20 亿元，增长 27.9%，进口额连续五年排名全国各城市第一。目前，广州已开展网购保税进口（B2B2C）、直购进口（B2C）、一般出口和特殊监管区域出口等跨境电商业务，形成了一个从政策优惠、平台集聚到物流便捷的完整的跨境电子商务生态圈。广州国际贸易"单一窗口"跨境电商公共服务平台不断优化，平台备案跨境电商企业超 2300 家，2019 年通过平台累计申报进出口超 1.8 亿份清单，同比增长 89.7%。跨境电商特色园区建设取得进展，全市拥有具备跨境电商进出口业务的海关监管作业场所 17 个，获认定的市级跨境电商产业园 8 个，跨境电商报税仓储面积 66 万平方米。

（四）展览品牌化特征明显，会议国际化水平显著提升

1. 会展业规模稳中有升

2019 年，广州制定了《广州市建设国际会展之都三年行动计划（2020～2022 年)》《广州市关于促进会展业高质量发展的若干措施》等相关文件，加大对会展业的扶持力度，不断优化会展发展环境，加快引进和培养品牌会展，加强会展品牌宣传，推动广州会展业高质量发展。2019 年，广州市重点场馆共举办展览 690 场，同比增长 9.9%；参展参观 1374.35 万人次，同比增长 13.9%；重点场馆展览面积合计 1024.02 万平方米，同比增长 0.4%，其中 10 万平方米以上展览有 14 场，展览业总体规模呈稳中有升态势。

2. 展览品牌影响力持续提升

近年来，广州积极引进和培育会展新品牌，培育了广州国际设计周，亚洲乐园及景点博览会，广州国际专业灯光、音响展览会，广州酒店用品展览会等多个具有国际影响力的展览项目。2019 年，广州与德国柏林展览集团和国际数据集团合作，首次举办消费电子及家电品牌展、国际消费电子大会等系列品牌会展活动，进一步提升了广州展览业整体竞争力。已有知名品牌会展影响力不断提升，发挥了行业"风向标"和"晴雨表"作用，根据《进出口经理人》杂志公布的《2019 年世界商展 100 大排行榜》（2019 年第 7 期)，中国共 23 个展览入围，广州有 4 个，包括中国（广州）国际建筑装

饰博览会，中国国际塑料橡胶工业展览会，广州国际汽车展览会和广州国际木工机械、家具配料展览会，分别居第 2 位、第 8 位、第 35 位和第 83 位，前三个展览在榜单中的排位均有所上升。其中，中国（广州）国际建筑装饰博览会展览面积 41.6 万平方米，从 100 大榜单第 4 位上升到第 2 位，居入围 100 大榜单中国展览的首位。近年来，中国进出口商品交易会（广交会）深入推进智慧广交会建设，积极探索创新招商模式和供采对接模式，国际贸易平台功能不断优化提升，2019 年举办的第 125 届和第 126 届广交会，单届展览面积达 118.5 万平方米，单展规模位居世界第一，每届境外采购商约 20 万人，出口成交额约 300 亿美元，对促进我国外贸发展、扩大广州城市国际影响力发挥了重要作用。2019 年，广东 21 世纪海上丝绸之路国际博览会首次在广州举办，92 个国家和地区参展，展览面积达 16 万平方米，展会规格层次、规模及参展国家和地区数量创新高。

3. 会议业国际发展水平显著提升

近年来，广州围绕打造国际会议目的地城市的发展目标，不断优化会议业发展环境，主动承接和吸引高端国际会议，会议业国际发展水平显著提升。2019 年，广州重点场馆接待各类会议共计 10014 场次，同比增长 19.0%；接待参会人员 150.58 万人次，同比增长 10.8%。其中，100 人以上跨市会议 2563 场次，同比增长 11.0%；接待参会人员 100.68 万人次，同比增长 3.9%。2019 年，广州成功举办了 2019 年世界港口大会、2019 年中国广州国际投资年会、2019 年全球移动互联网大会、第十二届中国生物产业大会、2019 年"读懂中国"广州国际会议等众多国际会议，"广州会议"品牌影响力不断扩大，广州国际交往中心功能进一步增强，全球资源配置中心地位进一步提升。

（五）货物贸易结构不断优化，贸易市场主体更加多元

1. 货物贸易出口降幅明显，进口实现快速增长

2019 年，在国际经济形势影响下，广州外贸增速有所放缓，广州货物贸易进出口总额为 10006.6 亿元，同比增长 2.0%。其中，出口 5265.8 亿元，下降 6.1%；进口 4740.8 亿元，增长 12.8%，出口额和进口额分别占进出口总

额的 52.6% 和 47.4%，进口规模和出口规模更加均衡。2019 年广州进出口额增速低于北京（5.4%），高于上海（-1.2%）、深圳（-0.6%）和天津（-9.1%）；出口额增速低于北京（6.1%）、深圳（2.7%）和上海（-2.6%），高于天津（-11.2%）；进口额增速高于北京（5.3%）、上海（-0.2%）、深圳（4.7%）、天津（-5.9%）等国内城市。其进出口额增速高于广东（-0.2%）、低于全国（3.4%），其中出口额增速低于广东（1.6%）和全国（5.0%）水平，进口额增速高于广东（-2.9%）和全国（1.6%）水平（见表1）。从月度运行情况看，受国际贸易摩擦等因素影响，广州对外贸易月度运行波动较大。

表1 2019 年广州货物贸易进出口额及增速

单位：亿元，%

地区	进出口额		出口额		进口额	
	金额	增速	金额	增速	金额	增速
全国	315505.0	3.4	172342.0	5.0	143162.0	1.6
广东	71436.8	-0.2	43379.3	1.6	28057.4	-2.9
北京	28663.5	5.4	5167.8	6.1	23495.7	5.3
上海	84267.9	-1.2	35453.0	-2.6	48814.9	-0.2
天津	7346.0	-9.1	4328.2	-11.2	3017.8	-5.9
广州	10006.6	2.0	5265.8	-6.1	4740.8	12.8
深圳	29773.9	-0.6	16709.0	2.7	13064.9	-4.7

资料来源：根据中国统计局网站、广东省统计局、各市统计信息网整理。

2. 机电产品、高新技术产品进口额增长显著

近年来，广州进出口产品结构不断优化，高附加值、高技术含量产品成为进出口主导产品。从出口情况来看，受国际经济新形势的影响 2019 年广州出口结构优化有所放缓，机电产品与高新技术产品出口额同比回落，机电产品占出口总额比重略有上升，高新技术产品占出口总额比重有所下降。2019 年，广州机电产品出口总额为 391.47 亿美元，同比下降 8.39%，占出口总额的 51.36%；高新技术产品出口 120.81 亿美元，同比下降 9.17%，占出口总额的 15.85%。从进口情况来看，机电产品与高新技术产品进口额呈增长态势。机电产品进口增长 3.11%，高新技术产品进口增长 12.59%，

占比分别为44.94%和29.47%，比2018年分别下降2.13个百分点和上升1.2个百分点（见表2）。

表2 2012～2019年广州进出口产品结构变化

单位：亿美元，%

年份	出口总额	机电产品		高新技术产品		进口总额	机电产品		高新技术产品	
		金额	比重	金额	比重		金额	比重	金额	比重
2012	589.12	309.42	52.52	112.73	19.14	582.19	259.31	44.54	161.91	27.81
2013	628.07	311.48	49.59	107.2	17.07	560.82	236.27	42.13	142.78	25.46
2014	727.15	357.94	49.22	126.66	17.42	578.85	255.45	44.13	160.75	27.77
2015	811.9	411.69	50.71	137.61	16.95	527.30	238.39	45.21	151.86	28.80
2016	786.1	407.99	51.90	140.79	17.91	510.99	221.72	43.39	137.35	26.88
2017	853.16	439.38	51.50	146.32	17.15	579.17	254.26	43.90	158.63	27.39
2018	848.51	427.31	50.36	133.01	15.44	636.32	299.52	47.07	179.89	28.27
2019	762.20	391.47	51.36	120.81	15.85	687.20	308.83	44.94	202.53	29.47

资料来源：根据广州海关广州地区历年进出口简报数据整理。

3. 贸易市场主体更加多元

2019年，在国际经济新形势影响下，广州贸易伙伴地区份额发生了调整。美国市场份额下降，从广州第二大贸易伙伴调整为第四位，东盟成为第二大贸易伙伴地区。欧盟依然是广州第一贸易伙伴地区，日本、中国香港分别居于第三位和第五位，前五大贸易伙伴进出口贸易额合计占比为60.15%。广州与拉美地区进出口额同比增长11.1%，市场份额为4.99%；与墨西哥进出口额增长21.6%，市场份额为2.05%。东盟、拉美、非洲和墨西哥等新兴市场进出口增速明显，逐渐成为广州进出口保增长的重要市场，广州外贸市场主体更加多元。

（六）餐饮业加快转型发展，"美食之都"知名度进一步提升

1. 餐饮业实现稳定增长

2019年，广州住宿餐饮业实现零售额1270.17亿元，占全市社会消费品零售总额的12.7%，比重比上年（11.8%）提高0.9个百分点，同比增

长 8.1%，增速比上年提高 2.1 个百分点，对全市社会消费品零售总额增速贡献率为 13.2%，拉动全市社会消费品零售总额增长 1.03 个百分点。广州餐饮业活力持续旺盛，人均餐饮消费支出连续多年保持全国之最。广东省餐饮服务协会调查数据显示，2019 年广州餐饮门店数量仅次于上海和成都，位居全国第三，其中粤菜餐饮门店超过 12000 家，占全国粤菜门店数量的 1/8，拥有大湾区 1/4 的粤菜企业，广州已形成以粤菜为主、多种菜系并存发展的多元化经营格局。

2. 餐饮业加快数字化转型升级

随着餐饮业互联网应用推广进一步深化，广州餐饮品牌加快互联网改造和数字化升级，网络餐饮消费方式日益盛行，网络订餐收入实现快速增长。2019 年，广州限额以上住宿餐饮企业通过公共网络实现的餐费收入为 42.11 亿元，同比增长 1.7 倍，增速比全市限额以上住宿和餐饮业餐费收入高 156.3 个百分点，比 2018 年提高 81.1 个百分点，对全市限额以上住宿和餐饮业餐费收入增长的贡献率达到 84.8%，拉动限额以上住宿和餐饮业餐费收入增长 7.3 个百分点，占限额以上住宿和餐饮业餐费收入比重由 2018 年的 4.4% 上升到 10.8%，提高了 6.4 个百分点。

3. 餐饮业国际知名度不断提升

2019 年，广州成功举办 2019 年广州国际美食节、2019 第 38 届广州连锁加盟创业投资峰会暨广州餐饮加盟展新趋势高峰论坛等国际性活动，成功发布《2019 广州米其林指南》，在新版榜单中，出现首家米其林二星餐厅，新增 3 家一星餐厅，星级餐厅数量达到 11 家，28 家餐厅被评为"必比登推介"餐厅，40 家餐厅被授予"米其林餐盘"荣誉，收录餐厅数量从 63 家增至 79 家，广州餐饮业国际影响力进一步推升。2019 年广州国际美食节期间，雄峰城主会场共设置展位 288 个，包括国际美食荟、"冰雪世界"雪糕主题区、港澳美食汇、"广州味道"区、"寻味南番顺"区等功能区，吸引了法、德、意等十多个国家及地区参展企业 2000 多家，累计接待游客 105 万人次，消费额达 1.223 亿元，其中雄峰城主会场接待游客 70.13 万人次，消费额 1.079 亿元。

（七）物流业竞争力不断提升，专业批发市场加快创新发展

1. 物流业规模稳步扩大

2019 年，广州物流业主要指标稳步增长。广州实现全年货物运输量 136165.00 万吨，同比增长 6.59%；全年货运周转量 21829.14 亿吨公里，同比增长 1.59%，增速较 2018 年略有上涨。2019 年，白云机场货邮行吞吐量 254.85 万吨，同比增长 2.21%。广州港口货物吞吐量 62504.98 万吨，同比增长 12.28%；港口集装箱吞吐量达 2323.62 万标箱，同比增长 6.00%（见表 3、图 5 和图 6），位居全国第四位、全球第五位。

表 3　2019 年广州市主要物流指标对比

指标	单位	绝对值	比上年增长（%）
货物运输量	万吨	136165.00	6.59
货运周转量	亿吨公里	21829.14	1.59
港口货物吞吐量	万吨	62504.98	12.28
港口标准集装箱吞吐量	万标箱	2323.62	6.00
白云机场货邮行吞吐量	万吨	254.85	2.21

资料来源：《广州 2019 年国民经济和社会发展统计公报》。

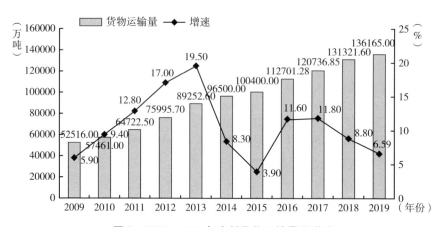

图 5　2009～2019 年广州货物运输量及增速

说明：增速按照官方公布的统计数据。

资料来源：《广州统计年鉴》（2010～2019 年），http：//www. gzstats. gov. cn/gzstats/gzsq/201902/f09f94aac5634e66ae4eb6f09dd85d8d. shtml。

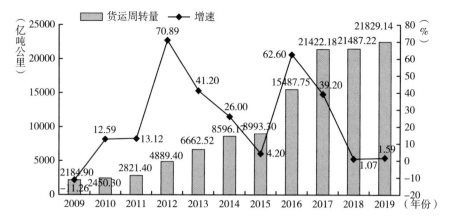

图6 2009～2019年广州货运周转量及增速

资料来源：《广州统计年鉴》（2010～2019年）、《广州2019年国民经济和社会发展统计公报》。

2. 专业批发市场转型发展取得成效

2019年，广州市商务局印发了《广州市加快推进专业批发市场转型疏解三年行动方案（2019～2021年)》，按照"一场一策"的原则，通过转型升级、转营发展、拆除关闭、搬迁疏解、规范整治等"五个一批"方式推动专业批发市场转型发展，并列入广州市重点工作。全年105家专业批发市场完成转型疏解，其中，转型升级17个，转营发展22个，拆除关闭17个，搬迁疏解8个，规范整治41个，整治改造面积合计约260万平方米，释放城市存量土地资源约60万平方米。如沙河濂泉路服装市场通过上线"沙河物流在线"App等信息化手段，规范化管理手推车从业人员，推动交通道路设施升级，优化周边交通环境，转型升级成效显著。广州UUS九龙国际时装城，汇聚了400多家中韩原创设计品牌，通过抖音、小红书等线上渠道推广，打造高端服装现代展贸型商业综合体。越秀·中港皮具城设置摄影区、原创品牌基地等功能区，设立"品牌准入"制度，加强知识产权保护，打造中国时尚原创品牌基地。白马服装批发市场则从平台展贸化、品质国际化、推广网络化、服务产业化四方面打造新业态、发展现代服务业，成为广州转型升级示范市场。

（八）国际营商环境不断优化，南沙自贸区成改革创新开放先行地

1. 商贸重点领域改革创新走在前列

近年来，广州在商贸领域积极推动改革创新，商贸政策体系不断优化，制定了《广州市全面增强国际商贸中心功能实施方案（2020～2022年）》《广州市建设外贸强市三年行动计划（2020～2022年）》《广州市优化口岸营商环境促进跨境贸易便利化工作方案》《关于加快广州国际邮轮产业发展的若干措施》等十多项实施方案或工作方案，加大对商贸流通重点领域、重要环节的政策保障和扶持力度。2019年广州出台《广州市进一步优化营商环境的若干措施》，加快推动国际贸易"单一窗口"建设，全面对接中国国际贸易单一窗口标准版，货物、运输工具申报等主要功能上线率达100%；积极推动重点口岸开放，加快推动免除费用全面试点工作，2019年共转移拨付中央免除费用资金2030万元。推动跨境电商智慧监管，广州海关、黄埔海关在全国率先制定跨境电商零售出口退货监管流程。广州海关推进关检深度融合，在全国率先实现"统一申报、统一监管、统一执法"；采取"简化申报、清单核放、汇总统计"方式，将零售进口模式通关环节由7个精简为4个；依托广州市公安局"微警认证"和信息共享服务平台实现跨境电商消费者身份信息验核自动化、平台化，将跨境电商进口商品通关信息查询功能从微信拓展到"粤省事"、支付宝。

2. 南沙自贸区营商环境改革取得新进展

设立自贸区以来，南沙自贸区致力于深化营商环境改革创新，累计形成超过600项创新成果。2019年，南沙印发了《进一步优化提升中国（广东）自由贸易试验区广州南沙新区片区营商环境的工作措施》，提出77条举措，打造营商环境的"南沙样本"，推出了1个工作日设立新企业、1天办结增值税一般退税、1个工作日内"交地即开工"，企业无审核疑点的出口退税办结时间缩短至平均3个工作日内等一系列创新举措。根据第三方调查机构无量科技股份有限公司发布的《南沙区2019年度营商环境评价报

告》，2019年南沙区营商环境模拟世行排名上升至第24名，相比2018年上升5名，南沙营商环境改革创新已走在全国前列。

二 2020年广州国际商贸中心发展环境分析

（一）国际环境分析

1. 新冠肺炎疫情蔓延导致全球经济下行预期增加

全球新冠肺炎疫情的发展和蔓延，对世界经济的打击将是显著而深刻的。短期内，全球正常的生产贸易活动受到严重影响，各国经济下滑，同时建立在各国经济主体基础上的供应链和产业链将遭受深度创伤甚至断裂，导致世界经济出现短期停摆，下行预期增加。随着疫情冲击加剧，国际组织和市场机构多轮下调全球经济增长预测。第一轮是2020年2月底，当时普遍认为疫情只会对中国产生短期冲击，对全球经济影响有限。如国际货币基金组织（IMF）2月22日预测2020年全球经济增速仍有3.2%，仅比1月预测下调0.1个百分点。第二轮是3月初，疫情开始全球蔓延，全球经济增速预测普遍降至1%左右。经合组织（OECD）3月2日预测全球经济增速为1.5%~2.4%，国际金融协会（IIF）3月5日预测全球经济增速为1%。第三轮是随着全球疫情大爆发，普遍预测2020年全球经济将陷入衰退。IMF表示，2020年全球经济将出现负增长，衰退程度可能超过2008年金融危机，IIF3月23日将2020年全球经济增速预测值从1%下调为-1.5%。第四轮是4月14日国际货币基金组织（IMF）预测2020年全球经济将急剧收缩3%。与2020年1月3.3%的预测相比，第四轮预测下调了6.3个百分点，在很短的时间内做出了大幅修正。总体来看，由于疫情蔓延，2020年全球经济大概率将陷入衰退，下行预期增加。

2. 国际经济规则调整趋势加快

当前，美欧日发达经济体强化经贸互动，意图率先在新兴贸易议题领域建规立制，重新掌握规则制定权。截至 2020 年 1 月，美欧日三方已举行了七次贸易部长会议，重点关注非市场政策与实践、产业补贴与国有企业、强制技术转让、不公平竞争等多项议题的合作，同时重视对数字经济与贸易等新领域的规则发展。美欧日拟议中的国际经济新规则，将对发展中经济体和新兴经济体的国内经济政策造成重要约束，降低或者取消发展中经济体和新兴经济体在多边贸易体系中的特殊与差别待遇，并影响其在双边或者区域贸易投资协议中的待遇。同时，将约束发展中经济体和新兴经济体在数字经济和科学技术发展过程中的获益能力。美欧日三方会议虽未直接提到中国，但所讨论的议题均与中国息息相关，三方搁置彼此之间的汽车关税、数字税、航空补贴等贸易纷争，试图联手确立新贸易规则以"规范"中国贸易。在新一轮国际经贸规则竞争中，中国面临的不仅是中美经贸谈判带来的压力，还要应对美欧日代表的发达经济体对中国经济体制的"合围"，这将给我国对外经贸发展带来不利影响。

3. 中美双边贸易仍面临诸多不确定性

截至 2020 年 1 月底，美国已经对来自中国的价值约 5500 亿美元商品加征了关税，即对中国价值大约 2500 亿美元的商品征收 25% 的关税和对 3000 亿美元的商品加征 10% 的关税。2020 年 1 月 15 日，中美第一阶段经贸协议签署。中美双方共同签署第一阶段经贸协议文本，按照协议，美方将停止对华商品继续加征关税，中国将扩大从美国进口产品，进一步加强对美国农产品、能源、制成品、服务等产品的采购。中美第一阶段经贸协议取得阶段性成果，一定程度上减少了双边经贸关系的对抗性。同时我们仍然要看到，特朗普政府"以美国为先"贸易政策和遏制中国崛起的战略方针未变，中美双方贸易关系仍面临诸多不确定性。如当前全球疫情期间，美国政府贸易代表办公室（USTR）在 3 月 25 日公布针对中国第二批 340 亿美元关税排除清单内商品加征有效期延长的公告中，对未获得延长有效期的包括 19 个税号下 22 个品项的商品，从 2020 年 3 月 25 日起恢复额外加征 25% 关税。美国对我国遏制打压政策不仅不会因为疫情而发生改变，反而可能以疫情为由对我国实施更严厉的战略遏制，中美贸易可能面临新一轮的博弈关口。

（二）国内环境分析

1. "一带一路"合作纵深发展

2019年，以第二届"一带一路"国际合作高峰论坛的顺利举办为标志，中国的"一带一路"建设开始迈入攻坚克难、纵深发展的新里程。2019年，中国先后与意大利、卢森堡等18个国家和国际组织签署了27份政府间合作文件。截至2019年10月底，中国已经与137个国家和30个国际组织签署了197份共建"一带一路"合作文件。在此基础上，"一带一路"国际合作在制度建设、吸引力与影响力、项目进展以及创新合作方式等方面取得诸多实质性成果。

在对外投资方面，2019年我国企业在共建"一带一路"的56个国家非金融类直接投资150.4亿美元，占同期总额的13.6%。我国企业在共建"一带一路"的62个国家新签对外承包工程项目合同6944份，新签合同额1548.9亿美元，占同期我国对外承包工程新签合同额的59.5%，同比增长23.1%；完成营业额979.8亿美元，占同期总额的56.7%，同比增长9.7%。进出口贸易方面，2019年我国对共建"一带一路"国家合计进出口额增长10.8%；货物进出口总额315446亿元，比2018年增长3.4%。规模以上工业企业实现出口交货值124216亿元，比2018年增长1.3%。

2019年中国的"一带一路"建设步伐更加稳健，各种形式的合作也更加深入与务实。广州是国家重要的中心城市、"一带一路"倡议枢纽城市，"一带一路"纵深发展有利于广州进一步拓展开放空间，加快资本、人力和技术等方面的国际交流与合作，深入融入世界经济体系，全面提高开放型经济发展水平。

2. 新冠肺炎疫情对我国内外贸市场的短期冲击巨大

新冠肺炎疫情的出现和快速蔓延，对我国消费的冲击巨大，突出表现在短期消费需求受到较大抑制，使得正常消费难以释放。从国家统计局发布的数据看，2020 年 1～2 月我国社会消费品零售总额增速为 -20.5%，同比下降 28.7 个百分点。2020 年 1～2 月我国餐饮收入增速为 -43.1%，同比回落 52.8 个百分点。疫情对我国第一季度消费影响最大，对 1～2 月特别是 2 月影响最重。3 月消费市场触底企稳，第二季度仍将处于恢复期，预计下半年会进一步好转。总体来看，此次疫情对我国消费短期影响较大，中后期将逐步恢复，疫情不会改变我国消费长期稳定和持续升级的发展趋势。

疫情对中国外贸也造成较大冲击。疫情通过影响中国的需求和供给影响中国进出口。随后，虽然中国的疫情得到控制，但是国外疫情又进一步通过影响国外的需求和供给影响中国外贸。海关总署发布的数据表明，中国 2020 年 2 月的外贸确实受到较大冲击。2020 年 1～2 月，我国货物贸易进出口总值为 4.12 万亿元人民币，同比下降 9.6%。其中，出口 2.04 万亿元，下降 15.9%；进口 2.08 万亿元，下降 2.4%。1 月我国外贸基本未受到疫情影响，2 月出现较大幅度的下降。随着疫情在国际继续蔓延，即使乐观预计，疫情也会进一步影响中国第二季度的外贸。即便下半年疫情得到控制，世界和中国经济恢复也需要时间，外贸仍会受到一定程度的影响。总体来看，全球疫情持续蔓延，未来一段时间内我国对外贸易发展仍面临较大不确定性。

3. 国家加大稳外贸稳消费支持力度

面对严峻的外贸形势，国务院及时出台稳外贸政策措施。商务部会同各地方、各部门出台一系列支持政策措施，从复工复产、财税、金融、信保、参展、法律援助、防疫物资保障等方面全方位为外贸企业排忧解难。2020 年 3 月 10 日，国务院常务会议审议通过完善出口退税、增加外贸信贷投放和加大出口信用保险支持等举措。4 月 7 日，国务院常务会议再次推出增设跨境电商综试区，支持加工贸易发展，举办网上广交会等一系列稳外贸的政策，打出政策"组合拳"，努力稳住外资外贸基本盘。随着一系列稳外贸政策措施陆续出台、落地，我国外贸进出口将得到有力的支持。

国家不断加大稳消费支持力度。2020年3月4日，中共中央政治局常务委员会会议明确，把在疫情防控中催生的新型消费、升级消费培育壮大起来，使实物消费和服务消费得到回补。3月13日，国家发展和改革委员会等23部委联合发布《关于促进消费扩容提质加快形成强大国内市场的实施意见》，就进一步改善消费环境、发挥消费基础性作用、助力形成强大国内市场提出了19项政策举措。3月18日，国务院联防联控机制新闻发布会上，商务部表示将进一步支持电商平台创新服务模式，鼓励实体零售业数字化转型，推进线上线下深度融合，促进消费新业态、新模式、新场景的普及应用。国家发展和改革委员会表示下一步我国将加快以5G网络和数据中心为重点的新一代信息基础设施建设，鼓励发展线上线下融合消费新模式，促进传统销售和服务上线升级。工业和信息化部表示，正在加快5G技术推广应用，推进"5G＋VR"全景虚拟导购云平台等应用场景建设，助力新型消费发展。3月24日，国务院常务会议提出要求，培育壮大消费新业态，发展线上零售、餐饮、问诊、教育等服务，畅通便利社区居民的消费网络。支持发展农村电商，促进农产品销售。4月，我国研究提出了稳定和扩大汽车消费的政策建议。总体来看，商务部、国家发展和改革委、工业和信息化部等多部门陆续出台促进消费回补政策，随着这些政策逐步落地见效，我国后期消费市场将进一步企稳回升。

4. 疫情推动我国消费升级步伐加快

疫情期间，我国消费市场在受到较大冲击的同时，也展现出强大的韧性、活力和新的增长点。新型消费和升级消费不断拓展，无接触配送、无人零售、直播零售等消费新模式、新方式快速发展；外卖平台、生鲜平台、跑腿平台等各种配送平台和上门服务平台业务量激增；线上医疗、线上教育、线上会议等远程服务消费需求爆发增长。工业和信息化部公布的数据显示，2020年1～2月，在线办公、在线教育、文化娱乐等线上消费升级，带动相关互联网平台收入和业务量大幅增长，支撑整个互联网和相关服务业维持正增长态势。1～2月互联网平台服务企业实现业务收入232亿元，同比增长10.6%，占互联网业务收入比重为17.7%，比上年同期提高了7个百分点。

疫情使消费者行为习惯发生较大的转变，倒逼传统商贸业转型，加快我国消费升级的步伐。疫情下消费者对数字经济的接纳度出现飞跃，居家隔离使大批非网络活跃人群如中老年人加入网上买菜、买药、订餐的队伍，逐步适应新的消费方式。消费新格局的出现将显著影响消费者的行为习惯，倒逼传统商贸业转型。疫情下，传统业态的商场、市场都将面临业态、模式的困境，传统商贸企业加速数字化、智能化、在线化转型进程，推进线上线下深度融合，推动消费场景互动重构。可见，此次疫情为消费创新提供了难得的探索机遇和更广阔的发展空间，将推动一系列新消费、新产品、新业态和新模式的加快发展，不仅为当前加快消费复苏提供新支撑，而且将进一步加快我国消费升级步伐。

（三）广州环境分析

1. 疫情下部分商贸行业短期内无法快速恢复

广州是重要的国家中心城市、国际商贸中心和千年商都，新冠肺炎疫情来势凶猛对经济社会冲击巨大，疫情对广州商贸业消费造成的影响最为严重、最为直接。2020年1~2月，广州实现社会消费品零售总额1323.03亿元，同比下降14.0%。其中，批发和零售业零售额同比下降12.0%，住宿业、餐饮业营业额同比分别下降38.1%和34.9%。受疫情影响最为严重的四大行业有餐饮业、娱乐业、旅游业、实体零售业。其中，中小企业是广州餐饮业、零售业、娱乐业的绝对主体，中小企业对经济风险的抵抗能力相对较弱，疫情所带来的不确定性将会加剧其经营困难。另外，疫后旅游业、酒店业、会展业的市场恢复时间较长，"非典"时期这三个行业在疫情结束后一年以上才基本恢复。这些行业在短期内快速恢复的可能性不大，给疫后广州消费市场的回暖带来一定挑战。

2. 广州多措并举激活消费市场

为了应对疫情对消费市场的冲击，广州多措并举激活消费市场。2020年3月13日，广州率先推出刺激汽车消费的优惠政策，对个人消费者购买新能源汽车给予每车1万元综合性补贴；对置换二手车的消费者，在广州注册登记的汽车销售企业购买"国六"标准新车，每辆给予3000元奖励。3月23日，广州市商务局出台了《广州市直播电商发展行动方案（2020～2022年）》，提出16条政策措施，加强直播电商顶层设计。4月3日，持续两个月的"花城盛惠·快乐广购"全城联动促消费活动正式启动，共有"轻松e购·便捷新体验，举办线上购物节""家电焕新·品质新生活，激活家电消费潜力""汽车换代·惠民大补贴，实施汽车换新消费补贴""品优广州·全城欢乐购，推介优质广货""食在广州·美食大寻访，传扬广州美食特色"五个系列。此次促销活动覆盖面广，涉及零售、餐饮、百货、超市、汽车、家电等全行业，同时惠民补贴力度大。据不完全统计，有超过100家商超百货、购物中心、餐饮企业参与，涉及4000多家门店，组织策划350多场促销活动。4月25日起，广州市商务局携手阿里本地生活，发起"暖爱广州·千滋百味"活动，活动面向广州用户发放1500万元线上优惠券和130万份低于5折的美食套餐。随着一系列促消费政策和措施逐步落地见效，广州消费市场将稳步回升。

三　广州商贸业景气分析与预测

（一）广州商贸业景气分析

广州商贸业景气预警系统一共包含9个预警指标，这些预警指标涉及运输、零售、物价、进出口、旅游等多个领域，能够较为全面地反映商贸业运行状况。广州商贸业景气预警系统中，预警指标景气状态的临界值主要是根据数据的统计特征、专家经验和商贸业发展目标设定的，用不同颜色的灯号来简明、直观地代表某个时期预警指标的状态，并按照一定规则赋予每个灯号不同的分数。将各个指标的分数相加，就可以得到广州商贸业景气预警指数。为使预警指数的大小不受预警指标个数的影响，可以将预警指数变换成百分制，即预警指数最高为100，最低为0。类似的，也可以通过设定预警指数的临界值来简明、直观地反映商贸业的景气状态和预警灯号（见表4）。

有了预警指数的时间序列和灯号，就可以对广州商贸业的运行态势和波动特点进行分析了。

表4 广州商贸业景气预警指标的灯号临界值

单位：%

编号	指标名称	红灯与黄灯	黄灯与绿灯	绿灯与浅蓝灯	浅蓝灯与蓝灯
1	货运量同比增长率	15	9	3	1
2	港口集装箱吞吐量同比增长率	14	9	3	1
3	机场旅客吞吐量同比增长率	10	7	3	1
4	社会消费品零售总额同比增长率	11	8	4	1
5	城市居民消费价格指数(同比)	5	4	2	1
6	商品进口总额同比增长率	15	9	3	0
7	商品出口总额同比增长率	15	9	3	0
8	城市接待过夜旅游人数同比增长率	8	6	3	1
9	旅游外汇收入同比增长率	12	8	3	1

如图7所示，2019年广州商贸业景气预警指数一直维持在正常区间，呈现区间震荡的态势。2019年1~5月，商贸业景气程度持续下滑，6月上升至年度高点，此后又连续两个月下滑，9月再次回升至年度高点，然后开始下滑，11月达到年度波谷，已探至正常区间的下沿，12月触底反弹。整体上看，2019年广州商贸业景气程度与2018年相似，基本上运行在正常区间，整体运行较为平稳。然而进入2020年，受新冠肺炎疫情的影响，商贸业景气程度迅速下降，1月进入偏冷区间，2月景气程度继续下跌，近五年来首次进入过冷区间。新冠肺炎疫情给广州商贸业造成了严重的冲击，2020年2月后商贸业景气程度将取决于国内外疫情防控形势的变化，不排除进一步探底的可能性。

2020年2月，广州商贸业景气预警指数为18，处在过冷区间。9个预警指标中，8个指标处于过冷区间，只有1个指标（城市居民消费价格指数）处于偏热区间。从灯号的变化情况来看，与1月相比，没有景气上升的指标，7个指标（货运量、港口集装箱吞吐量、机场旅客吞吐量、社会消

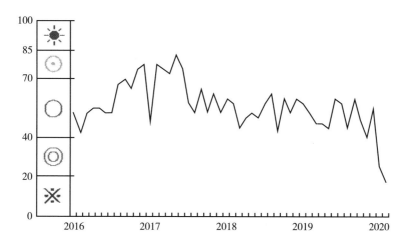

图7 2016 年 1 月至 2020 年 2 月广州商贸业景气预警指数

说明：☀〈过热〉　⊙〈偏热〉　○〈正常〉　◎〈偏冷〉　※〈过冷〉

费品零售总额、城市居民消费价格指数、城市接待过夜旅游人数、旅游外汇收入）的景气程度维持不变，2 个指标（商品进口总额、商品出口总额）景气程度下降。综合来看，截至 2020 年 2 月还未出现景气回升的迹象，2 月后很可能经历一段时期的探底和筑底过程。

表5　广州商贸业景气预警灯号

指标名称	2019 年												2020 年	
	1 月	2 月	3 月	4 月	5 月	6 月	7 月	8 月	9 月	10 月	11 月	12 月	1 月	2 月
货运量	○	○	○	⊙	◎	○	○	○	○	○	○	⊙	※	※
港口集装箱吞吐量	○	○	⊙	※	※	○	◎	○	☀	○	○	○	※	※
机场旅客吞吐量	⊙	○	◎	※	○	○	○	◎	○	○	○	○	※	※
社会消费品零售总额	⊙	○	⊙	○	○	○	○	○	○	○	○	○	※	※
城市居民消费价格指数	○	○	○	○	○	○	○	○	○	○	○	○	⊙	⊙
商品进口总额	⊙	☀	◎	☀	○	⊙	⊙	⊙	⊙	⊙	○	○	○	○
商品出口总额	※	※	※	※	○	○	○	※	※	※	☀	◎	○	○
城市接待过夜旅游人数	○	○	○	○	○	○	○	○	◎	※	※	※	※	※
旅游外汇收入	○	○	○	⊙	※	○	○	○	◎	※	※	※	※	※
综合判断　灯号	○	○	○	○	○	○	○	○	○	○	○	○	◎	※
综合判断　总指数	58	53	48	48	45	60	58	45	60	48	40	55	25	18

说明：☀〈过热〉　⊙〈偏热〉　○〈正常〉　◎〈偏冷〉　※〈过冷〉

（二）广州商贸业主要指标预测

1. 上年预测结果回顾

上年本报告对广州社会消费品零售总额、商品进口总额和商品出口总额三个指标进行了预测，预测结果如表6所示。其中，社会消费品零售总额和进口总额的增长速度预测值分别为7.0%和10.0%，分别比实际值低0.8个和2.7个百分点，预测误差尚可接受；出口总额增速预测值为3.0%，实际增速为－6.2%，预测误差较大。出口增速的预测误差之所以较大，主要是因为预测时低估了中美贸易摩擦的影响。事实上，2019年中美贸易摩擦给广州对外贸易环境带来了较大的负面影响，使过于依赖模型的出口增速预测结果出现了较大的偏误。为了提高预测的准确度，今后除了要进一步改进预测模型之外，还要重视基于经验的定性分析，把模型预测和经验判断充分结合起来进行综合研判。

表6　2019年广州主要商贸指标的预测值与实际值比较

单位：%

指标名称	2019 年实际增长率	2019 年预测增长率
社会消费品零售总额	7.8	7.0
商品进口总额	12.7	10.0
商品出口总额	－ 6.2	3.0
商品进出口总额	1.9	5.9

2. 平稳性检验和模型识别

本报告选取 ARMA 模型对广州商贸业主要指标进行预测。ARMA 建模与预测主要包括数据预处理、模型识别、参数估计、模型诊断、预测等几个步骤。为了得到更加合理的模型，上述几个步骤可能重复多次。建模所使用的数据是社会消费品零售总额、商品进口总额、商品出口总额三个同比增长率的月度序列。跟经济指标的水平值时间序列相比，同比增长率序列基本上消除了趋势和季节性因素的影响，因此可以初步认为同比增长率序列为平稳时间序列。使用扩展的 ADF 检验方法，对社会消费品零售总额、商品进口总额、商品出口总额的同比增长率月度序列进行单位根或平稳性检验。如表 7 所示，根据社会消费品零售总额同比增长率月度序列的扩展的 ADF 检验结果，可以在 0.0375 的显著性水平上拒绝非平稳性假设，因此建模时不需要对原序列做差分变换等预处理。通过使用同样的检验方法，也可以在统计意义上认为商品进口总额和商品出口总额的同比增长率月度序列是平稳时间序列。

表 7　社会消费品零售总额同比增长率月度序列的 ADF 检验

		t	P
扩展的 ADF 检验统计量		− 3.030474	0.0375
检验临界值	1% level	− 3.540198	
	5% level	− 2.909206	
	10% level	− 2.592215	

根据平稳时间序列的自相关图和偏自相关图，可以简单直观地对 ARMA（p，q）模型的类型和阶数进行初步识别。如表 8 所示，以社会消费品零售总额同比增长率序列为例，滞后 1 阶以上的自相关函数 AC 和偏自相关函数 PAC 都落入了平稳区间，呈现明显的截尾特征。因此，可以初步判断社会消费品零售总额同比增长率序列适合 ARMA（1，1）模型。使用类似的模型识别方法，可以初步判断商品进口总额和商品出口总额同比增长率序列分别适合 ARMA（2，3）和 ARMA（1，1）模型。

3. 模型估计与诊断

建模过程中，发现月度时间序列存在较为明显的 12 阶负相关，表明如果某个月份同比增长率较高（或较低），下一年相同月份的同比增长率倾向于较低（或较高），因此可以尝试在模型中添加 AR（12）或 MA（12）项作为解释变量。表 9、表 10 和表 11 分别列示了三个模型的最小二乘法估计结果。三个模型的估计结果都比较理想，系数估计值都很显著，都满足 ARMA 模型的平稳性和可逆性条件，误差项也都通过了平稳性检验。模型诊断结果表明，三个模型的设定是合理的，可以用于预测的目的。

表8 社会消费品零售总额同比增长率序列的自相关与偏相关函数

自相关	偏自相关		AC	PAC	Q-Stat	Prob
		1	0.515	0.515	17.539	0.000
		2	0.112	−0.209	18.382	0.000
		3	0.053	0.130	18.574	0.000
		4	−0.088	−0.227	19.112	0.001
		5	−0.091	0.112	19.698	0.001
		6	−0.013	−0.036	19.710	0.003
		7	0.009	0.047	19.715	0.006
		8	0.037	0.004	19.815	0.011
		9	0.015	−0.036	19.831	0.019
		10	−0.002	0.027	19.831	0.031
		11	0.011	−0.003	19.840	0.048
		12	−0.066	−0.097	20.188	0.064
		13	−0.043	0.081	20.337	0.087
		14	−0.061	−0.150	20.650	0.111
		15	−0.075	0.082	21.130	0.133
		16	0.008	−0.015	21.136	0.173
		17	0.040	0.044	21.275	0.214
		18	0.006	−0.055	21.279	0.266
		19	0.058	0.105	21.597	0.305
		20	0.015	−0.115	21.617	0.362
		21	−0.040	0.059	21.772	0.413
		22	−0.030	−0.079	21.861	0.468
		23	−0.109	−0.061	23.076	0.456
		24	−0.066	0.049	23.533	0.489
		25	−0.017	−0.044	23.566	0.545
		26	−0.065	−0.057	24.037	0.574
		27	−0.066	−0.030	24.530	0.601
		28	0.045	0.132	24.766	0.641

表9 社会消费品零售总额同比增长率预测模型的估计结果

变量	系数	标准误	t	P
C	1.060011	0.011872	89.28810	0.0000
AR(1)	0.612459	0.119011	5.146258	0.0000
MA(12)	−0.796243	0.041614	−19.13387	0.0000
R^2	0.402795	DW 统计量		1.859188

说明：样本区间为 2015 年 1 月至 2020 年 3 月。

表 10　商品进口总额同比增长率预测模型的估计结果

变量	系数	标准误	t	P
C	1.102228	0.012968	84.99916	0.0000
AR（3）	0.354885	0.154510	2.296845	0.0261
AR（12）	−0.345831	0.128856	−2.683866	0.0100
MA（12）	−0.872430	0.043599	−20.01026	0.0000
R²	0.619837	DW 统计量		1.816285

说明：样本区间为 2015 年 1 月至 2020 年 3 月。

表 11　商品出口总额同比增长率预测模型的估计结果

变量	系数	标准误	t	P
C	1.033874	0.024125	42.85495	0.0000
AR（1）	0.411416	0.118181	3.481244	0.0009
MA（12）	−0.840161	0.042072	−19.96953	0.0000
R²	0.469854	DW 统计量		1.856674

说明：样本区间为 2015 年 1 月至 2020 至 3 月。

4. 预测结果

使用上述三个模型进行预测，得到同比增长率的月度预测值，据此可以计算 2020 年广州社会消费品零售总额、商品进口总额和商品出口总额各月的预测值（见图 8、图 9 和图 10）。根据模型预测结果，2020 年，广州社会消费品零售总额增长 −3.9%，商品进口总额增长 0.3%，商品出口总额增长 1.1%（见表 12）。上述预测结果的准确性在很大程度上依赖过去时间序列数据变动特点，如果广州商贸业受到较大的冲击或产业发展环境发生较大改变，就可能导致预测结果出现较大的误差。为了提高预测的准确度，在模型预测的基础上还应根据经验进行定性分析，据此调整模型预测值。

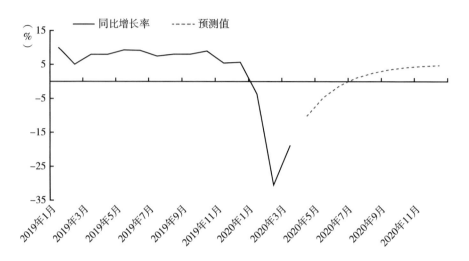

图8 广州社会消费品零售总额同比增长率的预测值

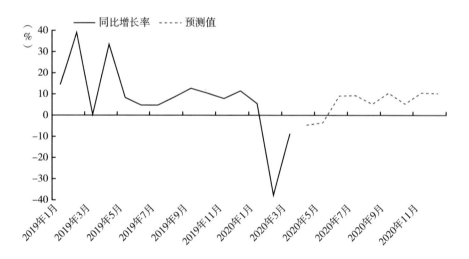

图9 广州商品进口总额同比增长率的预测值

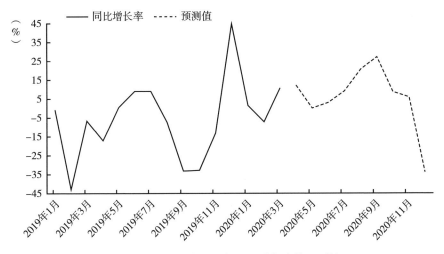

图10 广州商品出口总额同比增长率的预测值

说明：2020年12月出口总额同比增长率预测值较低，为－33.7%，主要是因为上年同期基数较大，2019年12月出口总额同比增长率达44.8%。

表12 2020年广州社会消费品零售总额、商品进出口总额的预测结果

单位：%，亿元

指标名称	2019年增长率	2020年模型预测增长率	2020年预测增长率	2020年预测值
社会消费品零售总额	7.80	－3.9	－4.0	9576.57
商品进口总额	12.70	0.3	－1.0	4690.45
商品出口总额	－6.20	1.1	0	5257.98
商品进出口总额	1.9	0.7	－0.5	9948.43

综合模型预测和定性分析结果，2020年广州消费和进出口总额的最终预测值如表12所示。先看消费，目前我国正处于新一轮消费升级阶段，人民的消费意愿较强，消费潜力巨大。当前消费被压抑的状况是暂时的，随着疫情防控形势持续向好，消费市场信心将逐渐恢复，加上一系列促消费政策落地见效，全社会消费有望快速回升。另外，近期广州网络消费势头强劲，在一定程度上弥补了疫情造成的消费总量减少。然而，消费的确已经受到了较大影响，2020年第一季度，广州实现社会消费品零售总额同比下降了15.0%，特别是百货、餐饮、住宿、娱乐等接触式、体验型消费领域受到的

影响更为严重。当前线下消费业态的人气不旺,客流回升速度落后于复商复市速度,亟待采取有针对性的提振措施,加快线下消费回补和潜力释放。综合来看,2020年广州社会消费品零售总额负增长的可能性较大,但降幅应该会远低于第一季度,预计增速为-4%,降幅略大于模型预测的-3.9%。

再看进出口,有利因素是广州外贸具有较强的韧性,第一季度,全市进出口总额为2024.8亿元,同比仅下降5.1%,3月进出口形势比1~2月有所改善。而且广州市场采购、跨境电商等外贸新业态增势良好,第一季度市场采购出口增长93.4%;跨境电商进出口增长5.6%。另外,国外疫情防控物资需求旺盛也为扩大出口提供了机遇。不利因素是当前疫情呈现全球大流行的趋势,给全球供应链造成了较大冲击,加上国际贸易摩擦的紧张局势仍未得到缓解,全球贸易很可能在2020年陷入低迷。而且随着国外主要经济体进入萧条阶段,外需减少将导致广州出口面临较大的下行压力。近期从外贸企业反映的情况看,外贸订单的形势很不乐观。综合来看,2020年广州对外贸易仍将维持低位运行,稳外贸的任务会非常艰巨。预计2020年进口增速为-1.0%,出口增速为0%,分别比模型预测值低1.3个百分点和1.1个百分点。

四 促进广州国际商贸中心发展的对策建议

当前政策需针对短期和中长期精准发力,兼顾短稳长优。短期政策要加快落实落细促消费稳外贸的相关政策,多措并举助力复商复市、稳定就业和居民收入预期、精准公共卫生防疫和食品安全管控,保供应链和物流通道通畅,促进消费市场尽快恢复活力。中长期政策需围绕广州国际商贸中心建设,贯彻新发展理念,落实高质量发展要求,强化国际消费中心、国际贸易中心、网络商都、全球资源配置中心、国际会展中心等功能,努力保持广州商贸业稳步发展、持续向好态势,从而推动广州国际商贸中心的高质量发展。

(一)短期应对策略

1. 落实落细扶持政策,量身定制促消费措施

加快落实落细国家《关于应对新冠肺炎疫情做好稳外贸稳外资促消费

工作的通知》《关于促进消费扩容提质加快形成强大国内市场的实施意见》，及时研究出台广州市关于应对新冠疫情促消费稳外贸发展总体方案。加大政策措施实施力度，把精准施策与目标导向结合起来，针对不同的业态、行业、商品品类，甚至是不同的商圈、商业街等，量身定制"一业一策""一场一策""一品一策""一街一策"的促进消费措施。对已经出台的刺激消费政策进行评估，进一步细化、修订。及时跟踪评估已经出台的促进消费政策，并根据形势发展的需要，进一步细化和修订。

2. 多措并举助力复商复市，激活线下消费市场

分阶段科学评估"花城盛惠·快乐广购"全城联动促消费活动效应，精准施策，及时调整或加大促销力度，抓住疫情后消费回补的有利时机，早日恢复消费市场人气，特别是恢复城市重点商圈人气。促进消费回补与帮扶困难群众相结合，因地制宜地制定广州"消费券"发放方案。鼓励商家、企业联合政府开展内容丰富、形式多样的让利促销活动，让消费者享受更多实惠，在短期内有力促进客流回升，尽快提振线下消费市场。充分利用网络、报纸、电视、广播等各类媒体，发挥整体传播优势，及时地向社会发布广州促消费活动的相关信息，提高社会各界对广州促消费活动的关注度，引导消费者广泛参与消费。策划举办新闻发布会、旅游推介会、公众咨询活动等一系列宣传活动，让促消费信息充分触达各类消费者。

3. 稳定就业预期，提高居民收入

稳定就业、提高收入是广州实现消费市场稳增长的核心抓手。就业是民生之本，保居民就业是"六保"的基石。要实施好就业优先政策，根据就业形势变化调整政策力度，减负、稳岗、扩就业并举，针对部分企业缺工严重、稳岗压力大和重点群体就业难等突出矛盾，因地因企因人分类帮扶，支持多渠道灵活就业。实施更有针对性、更加精准的公共就业服务，稳定就业预期。加大宣讲力度，落实好稳岗补贴、延缴缓缴社会保险费等惠企政策，帮助和指导企业用好用足国家、省、市应对疫情出台的就业、社保等支持政策，促进企业稳定就业岗位。继续深化收入分配制度改革，多渠道增加居民收入，稳定居民收入预期。

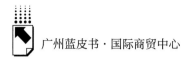

4. 精准落实公共卫生防疫，营造放心消费环境

疫情后回归，首先做到的是让消费者放心。公共卫生防疫是增强居民消费信心、稳定和扩大居民消费的重要保障。广州应精准做好疫后公共卫生防疫工作。绷紧疫情防控这根弦不松懈，进一步落实常态化疫情防控举措，深入排查各领域各环节安全隐患，让群众敢于消费、放心消费。加大对内部空气循环较为封闭、人员接触比较密集的消费场所的管控力度，督促相关商家严格落实疫情防控措施。要求各商家针对可能出现的客流高峰，制定限流和分流疏导预案。支持旅游热点项目提供客流实时查询和预报服务，引导游客错峰游览，避免游客过度聚集。鼓励旅游景点、大型购物中心升级防疫设备，如利用红外线测温仪进行多人一次性同时测温。

5. 精准帮扶外贸企业，保障供应链和物流通道

针对企业面临的订单履约、配套货代、船公司开工等外贸产业链中的突出问题，精准提供各项公共服务，千方百计帮助外贸企业稳订单、稳客户、稳物流、稳履约、稳市场。推介云展览、云签约等模式，吸引国际买家。通过数字化手段对外贸企业进行监测评估，及时做出有效响应。用足用好出口退税、出口信用保险等合规的外贸政策工具。开设政策兑现绿色通道，加快各项帮扶政策落地。在贸易融资、出口信保、贸易便利化、市场多元化等方面加大力度。扩大出口信用保险覆盖面，合理降低短期险费率。协调利益相关方，推动外贸上下游产业链各环节协同复工复产，打通进出口所涉及的工厂、货代、物流、港口、航运、国际市场等各环节，维护全球供应链稳定。压实稳外贸防风险主体责任。

（二）中长期发展策略

1. 以提升消费综合体验为主线，增强国际消费中心功能

扎实推进城市重点商圈提质升级。优化商圈环境，全方位提升游客体验。加强规划引领，优化城市商圈整体布局，引导各商圈差异化定位，突出特色，形成布局合理、错位发展、相互联动的商圈发展格局。优化商圈空间景观，继续推进城市家具建设、公共绿化、灯光设计等精细化品质化提升工

程，努力营造舒适、安全、便利、时尚、优雅的现代化消费环境。加快推广应用新一代信息技术，打造便利化"智慧商圈"。推进旅游标识系统国际化工程，在重点商圈研究采用中英文标识。

优化商圈业态结构，持续引领消费升级。促进购物业态与体验业态协同发展，进一步提高餐饮、文化旅游、休闲娱乐、亲子、康体等体验业态占比，支持商贸载体增加文化旅游等体验业态，塑造集高端商业、时尚文化、休闲娱乐、国际商务等多功能于一体的商圈生态。抓住新零售发展趋势，推动实体零售转型升级，注重线上线下一体化发展，大力引进品牌体验店、生活方式集合店、网红店等新型零售业态。积极引进国外优质特色的商品和服务，显著提升国际高端消费品牌渗透率。

促进商旅文融合发展上新台阶。打造一系列商旅文融合发展的品牌活动。通过举办国际购物节、美食节、动漫节、时装周、艺术表演、品牌发布会，以及申办世界赛事等文化体育活动，加强活动联动和聚合效应，加强宣传推介，增强核心商圈的文化传播和时尚引领作用，争取把天河路商圈和北京路商圈打造成为世界级的旅游目的地。进一步擦亮广州国际购物节品牌，并与传统中秋、国庆节庆消费旺季相结合。继续办好广州国际美食节，弘扬天河美食文化。继续举办"花城看花，广州过年"春节花车巡游活动及国内春节长假期间的重要文化活动。继续深入挖掘北京路周边的历史文化资源，融合传统与现代、商业与人文，打造实现老城市新活力的典范。秉持全域旅游理念，以北京路商圈为核心继续深入开展"广州古城游"活动，突出"岭南文化"特色，打造民俗、文化与商业融合的城市名片，争取将其打造成为一个具有较高知名度的全域旅游品牌。积极与国内外政府或组织联系，吸引他们来天河路商圈和北京路商圈开展文化宣传活动，争取打造世界级文化宣传平台，提升天河路商圈和北京路商圈国际知名度和影响力。

积极打造美食、花城、大型文旅项目等"引流品"。充分发挥"食在广州"、"花城"和大型文旅项目优势，打造具有世界影响力的旅游品牌，增强广州作为国际消费旅游目的地的吸引力。抓住米其林进驻广州的机遇，鼓励区内餐饮企业积极参与米其林评级，推动更多餐厅获得星级评价及更高星级评价，提升广州餐饮业国际化水平和知名度。扶持一批粤菜餐厅品质化发展，争取成为全市粤菜餐厅的龙头，对全市餐饮业起到示范带动作用，担负起弘扬"食在广州"美食文化的重任。重视发展"赏花经济"，合理规划赏花地点，打造一批规模大、有品位、上档次的城市赏花景观点，打造广州"世界著名花城"形象，让"花城"品牌走向世界。探索与国内外著名花城合作，举办世界性的花卉会展活动。积极发展旅游消费，积极引进具有全球吸引力的文化旅游新项目，形成与长隆旅游度假区、融创文旅城协同发展格局，增强作为国际旅游目的地的辐射能级。大力发展会奖旅游，整合与挖掘广州会奖旅游资源，建立健全会奖旅游项目引进和申办机制。

加快实体零售转型升级步伐。大力发展品质零售、智慧零售、跨界零售、绿色零售，引领消费升级，着力提高供给质量和效益，不断满足人民日益增长的美好生活需要。大力发展品牌体验店、电商线下实体店、生鲜电商、混业经营、跨境电商体验店、快时尚餐饮、场景化主题餐厅、连锁小吃等新兴的零售业态，推动O2O、C2B、P2P等新型商业模式快速发展。依托社区和交通转换站点，发展24小时社区便利店、无人超市、无人货架等便利化新零售业态，促进社区和商务区购物便利化。积极发展夜间经济，培育美食夜市、酒吧夜娱、登高夜秀等夜间经济新业态，进一步提振夜间消费。

做优智慧社区商业。优化便利店布局，推动便利店品牌化、连锁化、智能化发展。支持品牌连锁企业到社区设立超市、便利店、餐饮、洗衣、美容美发、家电维修、家政服务等商业网点。鼓励电子商务企业面向社区开展便民综合服务，促进线上交易和先下交易相结合，推动零售、餐饮、住宿、旅游、娱乐等生活服务业在线化，推广生活服务业网上预约、上门服务等业务。

2. 以培育新业态新模式为重点，增强国际贸易中心功能

树立"大外贸"战略思维，加强联动和融合发展。外贸出口是带动经济发展的"三驾马车"之一，实现三外（外贸、外资、外经）联动是开放型经济的内在要求，外资是外贸增长的重要基础，外贸是引进外资的桥梁和纽带，外经是带动外贸的有效方式。因此，必须推动"三外"互相带动、

共同发展。通过大力引进先进制造业、战略型新兴产业，引进高新技术、产业链高端项目、具有核心技术和自主品牌的项目，引进跨国公司总部、研发设计、结算中心等，带动加工贸易转型升级和对外贸易的高质量发展。通过"走出去"对外投资、承包工程，带动设备、机电产品出口，带动服务贸易发展。

加快新业态、新模式发展，培育外贸新动能。发挥创新对外贸持续快速增长的拉动作用，加快推动外贸转型升级。深入推进市场采购试点工作，探索扩大试点覆盖范围，建立具有广州特色和广州优势的市场采购贸易政策体系，实施科学高效监管。做好跨境电商综合试验区工作，加快公共服务平台建设，扩大跨境电商零售出口规模，推动网购保税出口试点和B2B模式发展。推动传统外贸企业与跨境电商企业对接，利用跨境电商开拓国际市场，推进跨境电商枢纽城市建设。发展保税冷链物流产业，建设冷链物流供应链与电子交易平台。加快拓展飞机、船舶、成套装备等领域的融资租赁业务，争取增值税即征即退等优惠政策，打造华南融资租赁集聚中心。支持外贸综合服务企业发展，促进与跨境电商、专业市场合作对接，鼓励更多一般贸易企业向外贸综合服务企业转型。加快特殊监管区域整合优化和转型升级，加强招商引资，积极拓展转口贸易、离岸贸易、中转集拼、延迟中转、毛坯钻石交易、国际保税维修等业务，提高产业国际竞争力。

推动服务贸易创新，加快服务外包转型升级。推动运输、旅游、金融、文化服务等重点服务贸易领域加快发展，探索发展钻石珠宝、艺术品保税展示交易等服务贸易新业态。加快服务贸易创新发展试点建设，做好示范区、示范基地、示范企业和重点培育企业的认定扶持，培育一批国际化、高端化、品牌化的龙头示范企业，给予融资、项目、市场、人才等方面的重点支持。鼓励企业参加国际展会，开展国际服务品牌建设、国际认证、境外知识产权保护等。加快建设服务外包示范城市，着力发展高技术、高附加值的综合性服务外包，促进金融服务、科技服务、信息服务、专业服务延伸。加快发展邮轮经济，完善产业配套和服务，建设国际邮轮母港。深化穗港澳服务贸易自由化，推动专业服务、健康养老、教育、知识产权保护等领域合作。

3. 以琶洲互联网创新集聚区为核心，增强"网络商都"功能

大力发展互联网交易平台。以琶洲互联网创新集聚区为核心载体，集聚电子商务研发、支付、营销、运营等高端要素，打造世界电子商务发展高地。促进荔湾区花地河、黄埔区状元谷国家电子商务示范基地提质升级，发展黄花岗科技园、天河智慧城等电子商务特色集聚区。依托专业批发市场，积极发展 B2B 产业互联网平台，打造一批垂直领域电子商务平台，深化"广货网上行"。鼓励传统零售企业建立或应用现有网络购物平台，加快推广线上线下互动购物方式。推动 O2O、C2B、P2P 等新型商业模式快速发展，积极培育微商等新型业态。聚焦娱乐、教育、医疗、电视等领域，支持发展相应的互联网交易平台和市场。

巩固和提升跨境电子商务领跑地位。充分发挥广州作为跨境贸易电子商务综合试验区先行先试优势，叠加广东自贸试验区南沙新区片区政策优势，打造中国跨境电子商务发展高地和亚太地区跨境电子商务中心城市。采用"平台＋机制"建设思路，构建具有"广州元素、中国特色"的跨境电子商务发展促进体系，将综试区打造成为外贸优化升级的加速器和网上"一带一路"主枢纽。加快建设一批跨境电子商务示范基地和功能区，加大财政、税收、金融、用地、人才激励等方面的政策扶持力度，培育本土跨境电子商务示范和龙头企业，同时大力引进国内外优秀跨境电子商务企业落户发展。创新跨境电商的新模式和新业态，推动跨境电商 B2B 出口、直购进口和网购保税进口的发展，探索网购保税出口试点等。完善"海外仓"运营机制，建立线上线下融合机制，推进跨境电商公共服务平台建设，提升完善广州国际贸易"单一窗口"，优化产业发展保障机制。

鼓励发展互联网金融。规划建设互联网金融集聚区，加快建设广州国际金融城，推动广州民间金融街建设华南互联网创新基地，培育发展中经汇通、易票联、广物支付等一批本地互联网金融企业，鼓励广州互联网金融企业与腾讯、阿里巴巴、网易等企业开展战略合作，设立或引进一批在线互联网小额信贷公司、互联网融资担保公司、在线保险公司等互联网金融企业，大力发展网络支付、P2P、电子保单等金融业务。鼓励发展在线供应链金融，推进供应链服务、物流服务、金融服务"三位一体"的供应链综合服务，提升线上供应链的综合竞争力。

4. 以推动专业市场"关停并转"为基本策略，增强全球采购中心功能

推动专业市场向展贸市场、创客空间、综合商业载体方向发展，进一步提升"广州价格"的影响力。对广州专业批发市场的发展情况进行评估，按照分类管理原则，将批发市场划分为鼓励、转型、限制、合并、关停等类别，进而"一市一策"地确定"关停并转"措施。对于有条件的专业市场，建设大宗商品区域交易中心，提升国际化水平和"广州价格"的国际影响力。鼓励专业市场创新赢利模式，通过不断完善配套服务功能，提升综合服务、增值服务能力和水平，实现赢利主要依靠"租金"向"租金+增值服务收入"的模式转变。优化市场商户结构，引进品牌厂商、代理商，扶持和引导市场商户打造自主品牌。改变现有的陈旧经营模式，减少低端的现货批发业态，推进业态整体升级。推动和鼓励有条件的市场可定期或不定期举行各类展销等活动，发布和展示最新产品，并引入专业买手制，形成"以会展带动市场商业运营"的经济模式，向现代化展贸式市场转型升级。优化存量资源配置，引导与支持批发市场商户开展设计、研发活动，促进传统市场向创客空间、创业孵化器等运营模式转型升级。对于位于成熟商圈的专业市场，应引入文化、娱乐、餐饮等业态，完善市场的综合服务功能。

支持搭建电商应用平台，推动线上线下融合发展。鼓励专业批发市场建设和打造电子商务平台，借助电子商务便利快捷、低成本、无地域限制等优势，结合实体市场优势，打造线上线下融合的电子商务体验店，推动批发市场向"实体+电商"的经营模式转型升级。同时引导各商户整合自身资源到统一的电子商务平台上，发挥商户的积极作用，由其提供产品、价格等信息，并享有电子商务带来的销量增加效益，增强电子商务聚集效应。加强引导，促成银企合作，搭建拥有自主知识产权的第三方支付平台，完善即时到账交易系统、担保交易管理系统等功能。

优化物流配送系统，助力解决"脏乱堵"问题。批发市场周边地区的"脏乱堵"问题，很大程度上是因为批发市场缺失必要的物流配送功能，批

发市场与物流中心分离，就只能靠拖车运送货物。批发市场只有具备了物流中心功能，才能在市场内实现集中运输，在提升物流效率同时，还能减轻对周边环境的影响。今后应加强规划引导，进一步深化沙河等地区物流配送方式集约化转型研究，积极优化和推动辖区内重点批发市场物流设施和周边环境的整体改善提升。对于物流进出规模较大的市场，要求必须具备必要的物流配送功能。探索物流公共仓、周转仓建设，有序引导专业批发市场商流物流分离，降低商户仓储成本，增强顾客的体验感和舒适度。

5. 以广州期货交易所为重要依托，增强全球资源配置中心功能

深入开展系列交易品种的研究设计与开发工作。以碳排放为广州期货交易所的首个交易品种，加快开展碳排放期货交易品种的研究设计与开发工作，争夺碳排放国际定价权，推动粤港澳大湾区乃至我国低碳经济发展。加大对非传统期货品种的研究开发力度，不断进行交易品种创新，丰富交易品种体系，以此更好满足经济高质量发展与产业转型新要求。探索污水排放权期货交易的可行性，推动全国水资源保护和水环境治理工作，增强全民惜水、节水、护水意识。探索开展气温、日照小时数、降水量、空气污染物等天气期货交易，为市场主体提供规避天气风险的手段和工具，从而有效管理天气风险，减轻国家财政负担。配合广州国际航运中心建设，探索开展航运指数期货交易，丰富广州国际航运中心功能，实现全球航运资源"广州配置"。

逐步完善广州碳金融产业链并加强风险防控。碳金融产业链主要由碳交易所、项目开发商、碳交易商和经纪商、碳基金、碳核查机构、咨询公司、银行和法律服务机构等构成。完善的碳金融产业链对推动碳排放交易市场的发展意义重大，应加大对国内外碳金融机构在广州设立总部或分支机构的政策扶持力度。以广州创新型期货交易所为核心，规划建设广州碳金融产业集聚区，促进碳金融方面的优质创投资本、项目、技术和人才集聚发展，并在区内支持建立碳金融产业孵化器，帮助和扶持碳金融中小企业成长与发展。研究设立广州碳金融产业创投基金，引导民间资金投向碳金融产业领域。

6. 以申办世界顶级会展活动为重要推力，增强国际会展中心功能

积极申办专业世博会或世园会。举办专业世博会和世园会能够让广州在全球范围内吸引优质会展资源，不仅有助于培育世界一流的大型品牌展会，而且有利于深化广州与境外会展业开展合作，引进国际会展组织和知名会展公司及其品牌展会落户广州。广州应积极申办专业世博会或世园会，建议首选2027年专业世博会，次选2029年A1类世园会，而将2024年A2＋B1类世园会作为替补选项。其中，专业世博会可以考虑以"生物科技时代的人类健康"、"水与城市"或"互联互通的未来世界"为主题，世园会则可以"花样城市，绿色生活"为主题。

提高展览业国际化和品牌化水平。广州应全面实施会展业"国际化"战略，大力支持会展企业引进来、走出去，通过引进国际性品牌展会和国际会展组织机构、深化穗港澳会展业合作、支持企业参加国际展览认证、助力企业境外展览等举措，大力提升展览业的国际化水平。新时代广州应"借力＋助力"广交会创新发展，形成以广交会为龙头、以专业品牌展览为支撑的全球展览中心城市。在继续强化提升广交会等综合性展会品牌影响力的同时，重点打造专业品牌展会，提升专业化、品牌化水平。支持更多专业展发展成为世界一流的品牌展会，扶持一批中小型展会、战略性新兴产业展会做大做强。

打造高端国际会议目的地。办好2020年世界大都会协会世界大会、全球市长论坛、世界城市和地方政府组织世界理事会会议等重大国际会议，提升广州国际城市创新奖系列活动国际影响力，打造《财富》全球科技论坛、从都国际论坛、广州国际投资年会、中国（广州）国际金融交易博览会等品牌会议。引进一批有国际影响力的会议和论坛，吸引国际组织、行业学会、跨国公司在穗举办论坛、年会、峰会等大型会议活动。鼓励会议承办企业和会议项目加入国际大会及会议协会（ICCA）等国际组织。

再造广州会展场馆新优势。规划建设一批新型会展场馆建设，进一步拓宽广州会展业发展空间。合理选址建设地标性的现代化国际会议中心，为广州举办更高层次、更高级别的国际会议奠定基础。结合广州国际航空枢纽建

设，研究在空港经济区附近建设广州新国际会展中心，兼具展览和会议功能，打造集展览、会议、餐饮、购物、休闲于一体的现代化会展场馆综合体。推进琶洲展馆等原有场馆改造升级，提升场馆展能，完善配套设施，注重景观绿化和休憩场所设置，为参展商和参观人员提供更好的服务。盘活流花展馆，将流花展馆打造成为以新型会展经济为引领的现代商贸综合体，促进所在区域商旅文融合发展。

7. 以第二机场建设为重要抓手，增强国际航空航运功能

加大国际航空枢纽建设力度。加快推进广州航空枢纽的基础设施建设，规划"1＋N"多机场格局，尽快建设第二国际机场，提升航空枢纽的容量和空间。加快白云机场国际航空货运基础设施建设，进一步发展连接世界重要枢纽机场和主要经济体的航空物流通道，大力支持扶持开通国际货运航线，完善陆空衔接的现代综合运输体系，提升货运中转和集疏能力。以联邦快递亚太转运中心、顺丰速运华南枢纽快件中心等为重点，加快引进航空物流龙头企业，带动跨境电商、服务贸易等新兴商贸业发展。依托航空航线集散全球资源要素，加快建成世界旅游目的地城市、国际交往门户城市和国际消费城市，形成机场与城市经济发展相互支撑、相互促进格局，协同打造具有浓厚航空元素的国际商贸物流中心。

提升航运与城市物流功能。在货物贸易仍将是世界贸易重心的趋势下，瞄准下一代港口发展方式，继续加快航运基础设施建设，促进港口智能化、信息化升级，建设智能港口、物联港口。优化国际航运物流网络，立足节点、塑造枢纽、辐射全球，不断开辟新航线、培育与吸引航运新主体，建设全球港航供应链网络国际控制中心。创新港口设施建设投融资模式，优化和改革港口经营管理体制，加快互联互通的集疏运体系建设，高度重视发展多式联运，促进各种运输方式的协调发展。抓住全面深化改革重要契机，大力发展航运金融及衍生服务、航运经纪、船舶交易与管理、邮轮游艇等高端航运服务业。进一步加强航道、码头、物流仓储、商务配套设施建设，加快疏港铁路建设，形成海铁联运的港口综合交通网络，同步推进物联网、安全信息系统建设。鼓励物联网、云计算、大数据、人工智能等技术的广泛应用，

促进城市智慧物流快速发展。

8. 以优化营商环境为根本，全面增强国际商贸中心功能

完善促进消费的体制机制，进一步释放消费潜力。加强市场监管，建立完备的消费者权益保障体系，探索推动流通追溯体系的建设，营造安全、放心的消费环境。加强品牌的知识产权保护，严厉打击侵权假冒等非法行为，维护市场竞争秩序。在国际消费体制机制改革创新上先行先试，争取走在全国前列。完善境外旅客购物离境退税政策，研究在广州东站增设境外旅客购物退税地点，提高境外游客退税的便利性。争取更加开放的免税购物政策，增设免税店、扩大退税商品种类和税购物限额。提高国际签证便利化程度，利用72小时落地免签政策，与过境免签政策建立互联互动机制，实现异地出入境的联动效应。充分发挥白云国际机场国内外旅客的集散枢纽功能，大力发展过境消费和免税消费。发挥广州跨境贸易电子商务服务试点城市的政策优势，加快推进保税商品展示交易中心、跨境电子商务国际仓贸保税中心建设，以满足国内多元化、高品质消费需求。

优化贸易环境，提升便利化水平。建立多层次的贸易促进网络和服务体系，发挥商务、税务、财政、海关、金融等部门组成的协调机制作用，提高各部门政策的集成效应。尽快出台新的外贸扶持政策，加大口岸提效降费力度，打造高水平对外开放门户枢纽。实行"双随机、一公开"制度，营造公平竞争的营商环境。继续做好市领导挂点联系服务外资及商贸领域重点企业（项目）工作，及时协调解决基层和企业遇到的困难和问题。协同推进"单一窗口"与智慧海港、智慧空港建设，推动口岸信息化系统互联互通，完善全球质量溯源平台和应用机制，优化对跨境电商、市场采购、外贸综合服务等新型贸易业态的监管，实现对外贸易的高效化和便利化。

加快自贸试验区政策复制推广。全面推进自贸试验区体制机制创新，进一步扩大国际航运、旅游、专业服务等领域的开放，支持医疗健康、国际会展等产业加快发展，吸引更多创新主体。支持国家级开发区、高新区等特殊经济区域开展自贸区相关改革试点，增强辐射带动作用，打造对外贸易新高地。抓住粤港澳大湾区建设的战略机遇，加快南沙粤港澳全面合作示范区建

设。学习借鉴香港、澳门经验，以营商环境与做事规则的紧密对接为突破口，从制度建设和运作方式上加快与国际接轨，增强参与国际合作与竞争的能力，在建设现代化国际化营商环境方面出新出彩。

完善招商工作机制，积极引入鼓励型商贸项目。明确招商的主要目标和重点领域，实现"招商引资"向"招商选资"转变，从注重数量向注重质量转变。创新和改进招商方式，采取精准招商、以商招商、展会招商、网络招商等多种招商方式，积极引进国际高端品牌和网红店、生鲜电商、无人商业等新业态落户广州。对于明确的招商对象，主动对接，"一对一""点对点"定向精准招商。充分发挥现有商贸企业的"桥梁"和"纽带"作用，鼓励新鸿基、太古地产等商业地产商利用"圈内人脉"引进更多高端品牌。充分利用会展平台和网络平台，有针对性地进行宣传推介，谋划招商项目和对接洽谈。建立重点项目绿色通道服务制度，对入驻项目提供"一站式、保姆式、全程式"的服务。

消 费 篇

Consumption Reports

B.2
对"十四五"期间广州促进消费升级
与建设国际消费中心城市的思考

林梨奎　徐印州*

摘　要：　在居民收入稳步增长和扩大内需政策的有力推动下，广州消费市
　　　　　场繁荣活跃，消费规模高速扩大，消费升级步伐加快。在此形势
　　　　　下，广州提出以改革开放和促进城市商业发展为重要抓手，促进
　　　　　消费升级，推动建设国际消费中心城市。当前，消费成为广州经
　　　　　济增长的最强动力，"一带一路"倡议以及粤港澳大湾区建设激
　　　　　发了消费潜力，供给侧结构性改革引领消费升级，数字贸易扩展
　　　　　了消费渠道和消费市场，广州建设国际消费中心城市面临重要机
　　　　　遇。但是广州仍然存在产品和服务供需错配、高端消费市场发育

* 林梨奎，暨南大学产业经济研究院博士生；徐印州，广东财经大学商贸流通研究院教授，研
　究方向为经济管理、企业管理、现代服务业管理、流通管理、市场营销等。

滞后等问题。为了在"十四五"期间高质量建成国际消费中心城市，广州需要扩宽供给渠道，从供给侧引导消费；培育特色商业，吸引国际消费需求；创新业态业种，创新消费模式；打造卓越的消费环境，提高广州的国际信誉。

关键词： 消费升级　国际消费中心　城市商业

一　广州城乡消费发展现状

在居民收入稳步增长和扩大内需政策的有力推动下，广州消费市场繁荣活跃，消费规模高速扩大，消费升级步伐加快，已进入全球 100 个国际消费中心城市行列。[①]

（一）消费市场总体快速增长，消费结构呈不断升级态势

1. 消费市场规模快速扩张

广州社会消费品零售总额一直保持稳定增长态势，从 1988 年的 905 亿元增长至 2018 年的 9256 亿元，持续 31 年位于全国所有城市第三名；2019 年 1～11 月，全市社会消费品零售总额增速更高达 8.0%，居全国一线城市之首。

2. 城乡居民消费支出差距逐年缩小

近年来，在乡村振兴战略的引领下，"家电下乡"补助和"汽车、摩托车下乡"补助等政策稳步实施，以及网购在农村逐步普及等多重因素的共同作用下，广州城乡居民人均消费支出差距逐年缩小。如表 1 所示，城乡人均消费支出比值已从 2015 年的 2.25 下降至 2018 年的 2.04，而且农村居民人均消费支出增速高于城市居民。

---

① 中国国际商会、德勤、阿里研究院：《持续开放的巨市场——中国进口消费市场报告》，中国国际贸易促进委员会网站，http://www.ccpit.org/Contents/Channel_4117/2018/1112/1086270/content_1086270.htm。

表1　2015～2018年广州城乡居民人均消费支出比较

单位：元，%

年份	2015	2016	2017	2018
城市居民人均消费支出	35753	38398	40637	42181
农村居民人均消费支出	15925	17595	18932	20634
城乡居民人均消费支出比值	2.25	2.18	2.15	2.04
城市居民人均消费支出增速	7.09	7.40	5.83	3.80
农村居民人均消费支出增速	9.50	10.49	7.60	8.99

资料来源：《广州统计年鉴》（2016～2019年）。

3. 消费支出结构逐年优化

从生存型消费①模式向发展型和享受型消费模式转变是消费支出结构升级的重要特征。如表2和表3所示，2015～2018年，广州城市和农村居民生存型人均消费支出占人均消费总支出的比重整体呈降低趋势，分别从2015年的38.4%降至2018年的37.5%，以及从2015年的43.6%降至2018年的42.2%；与之相反，广州城市和农村居民享受型和发展型人均消费支出占比则整体呈提高趋势。由此可知，广州城乡居民人均消费支出结构明显优化升级，二者之间的消费支出结构差距同步缩小。

表2　2015～2018年广州城市居民人均消费支出结构

单位：元，%

年份	2015	2016	2017	2018
生存型消费支出占比	38.4	38.3	37.6	37.5
享受型和发展型消费支出占比	58.4	58.5	59.1	59.1
其他消费支出占比	3.2	3.2	3.3	3.4

资料来源：《广州统计年鉴》（2016～2019年）。

---

① 本报告参考黄隽和李冀恺的方法，以食品类和衣着类支出作为生存型消费，以居住、生活用品及服务以及文教娱乐支出作为享受型消费，以交通通信和医疗保健支出作为发展型消费。

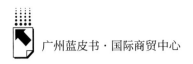
表3 2015～2018年广州农村居民人均消费支出结构

单位：元，%

年份	2015	2016	2017	2018
生存型消费支出占比	43.6	43.8	42.8	42.2
享受型和发展型消费支出占比	54.0	54.2	55.3	56.1
其他消费支出占比	2.4	2.0	1.9	1.7

资料来源：《广州统计年鉴》（2016～2019年）。

（二）热点领域强势增长，特色消费促进格局优化

1. 五大领域成消费热点

广州旅游、文化、健康、汽车、家政养老五大新型消费领域占消费市场的份额不断扩大，引领消费新潮流，牵引产业升级。第一，在旅游消费领域，广州潜力十足，吸引了无数境内外游客。2015～2018年，广州旅游业总收入不断攀升，保持超过10%的增速（见图1）；旅游人数突破2亿，入境过夜旅客相对于境内过夜旅客的比例同步提高。第二，在文化消费领域，凭借多样化的演出、会展等市场，广州2018年文化创意产业增加值全国名列第三、人均文化消费支出连续八年全国第一。第三，在健康消费领域，广州体育不断向产业化、规模化的高速增长方向迈进。依托广东体育产业"一圈双核四带多点"[①]的空间布局，广州体育产业增加值估计已大幅超过500亿元；[②] 2018年体育产业规模和从业人员分别为1928.41亿元和13.14万人，增幅分别达到10.3%和8.7%。第四，在汽车消费领域，广州采取增加车牌指标、放宽汽车限购等政策，进一步激发汽车商贸业的活力。作为广州的三大支柱行业之一，2018年全市汽车制造业总产值同比增长6.1%，2019年下半年降幅逐月收窄，同比下降0.5%；限额以上批发和零售业法人企业商品分类中，汽车类零售额同比增长6.4%。第五，在家政养老消费领

[①] 即珠三角一小时体育圈，形成广州、深圳两个核心示范市，培育沿绿道、沿江、沿海、沿山体育产业带，建设覆盖面广、便利性强的点状体育产业功能区。

[②] 广州市体育局通报2017年广州体育产业实现增加值425.76亿元，增幅达到13.1%，据此估算。

域,"家政 + 养老"模式是社区居家养老服务"3 + X"改革的重要环节,同时也是促进服务消费持续提质的重要推动力。在越秀集团旗下养老产业投资控股有限公司等优质企业对养老产业的推动下,截至 2018 年底,广州共有 8.9 万名老年人申请居家养老服务,1069 万人次享受社区居家养老服务,可见家政养老相关行业具有巨大的消费潜力。

图 1 2015 ～ 2018 年广州旅游收入变化趋势

资料来源:《广州统计年鉴》(2016 ～ 2019 年)。

2. 都会级商圈优化城市消费格局

随着城市商业的深化发展,广州形成了三大都会级商圈(天河路商圈、北京路商圈、上下九商圈)和七大区域级商圈,以及以北京路为代表的多条步行街。其商圈分布密集,多为城市中心;消费者涵盖面较广,包含高端消费群体和大众消费群体;传统商圈和新商圈并行发展,影响力与日俱增。其中天河路商圈作为中国首个万亿级别的商圈,2018 年其商品销售总额达到 12106 亿元,汇集了 70% 以上入驻广州的国际品牌,被称为"华南第一商圈"。作为全国首批步行街改造提升工作试点之一,北京路步行街利用"文化 + 科技"的全新模式,全面覆盖 5G 网络,打造全国第一条 O2O 智能街区,朝着智慧商圈迈进。与此同时,以文化为魂,不断继承并扩展广州老字号一条街的文化内涵,通过"广州文化 IP 库"、文创产品设计大赛,以

及迎春花市、广府庙会、广府文化旅游嘉年华等各类节庆活动，推进"文化 IP"的市场化和品牌化。各类富有广州特色的消费活动，显著优化了广州的消费格局。

（三）经营业态多样化，新消费方式不断涌现

1. 商业业态布局日趋合理

广州拥有相对完整的商业业态组合，既包括商业综合体、超大型购物中心、百货商店、大型超市等传统零售主流业态，也包括以"便利化"为导向的小型便利店，以及网红店铺、专业超市等可以满足新兴消费群体需求的创新业态。多种经营业态共同发展、互为补充，商业氛围浓厚，更能吸引外来消费。全市多家大型购物中心闻名全国，与北京和上海同被列为成熟市场。① 此外，广州的便利店凭借高增速和品牌化、连锁化的发展策略，形成外资、国有、民营共同发展的局面。广州市商务局统计数据显示，截至2019 年 6 月底，全市便利店数量超过 5000 家，其中 24 小时便利店的占比超过 60%；每百万人拥有的品牌连锁便利店数量超过 350 家，居全国前列。

2. 网店引领电商新业态

广州因网商密度（平均每万人拥有的网商数量）处于高位而一直雄踞"中国大众电商创业最活跃的 50 个城市"排行榜的首位，反映了电商行业在广州拥有良好的营商环境。根据阿里研究院的数据，从 2003 年淘宝网创办至今，广州店家在淘宝网的新增店铺数量一直稳居前四位，其借助网店业态紧紧把握了无形市场的发展机遇。

3. 跨境电商成为消费新亮点

作为最早一批跨境电商试点城市，广州跨境电商进出口商品总额在2019 年再次突破历史纪录，达到 385.9 亿元。其中进口总额为 253.2 亿元，连续 6 年领跑中国内地各城市，同比增长 27.9%；出口总额为 132.7 亿元，

---

① 中国连锁经营协会、商务部：《中国购物中心发展指数报告》（2017 年度），中华人民共和国商务部流通业发展司网站，http://ltfzs.mofcom.gov.cn/article/af/201807/20180702768218.shtml。

位列全国第三名,增幅高达171.7%。跨境电商已经成为助推消费者选择多元化和"广货"出口加速的新动能。

(四)商贸服务体系提供强有力支撑,双平台促进消费

践行"十三五"规划之初,广州提出了"三中心一体系"和三大核心枢纽的构想,即建设国际航运中心、物流中心、贸易中心和现代金融服务体系,构建国际航运枢纽、国际航空枢纽、国际科技创新枢纽。基于此,广州已经形成健全高效的商贸服务体系,并主要体现在以下两方面。

1. 物流配送业发展迅速

广东省搭建了以广州、深圳为核心的珠三角地区"空港、铁路、海运、陆运"立体开放物流体系,配送运输通道四通八达。普华永道发布的《机遇之城2019》显示,广州物流效率领跑全国,2018年人均货运量和人均快递业务量分别为85.7吨和339.8件,两项指标都在全国名列第一。作为重要交通枢纽,2018年广州货运量和客运量分别同比增长9.8%和8.8%;已开通集装箱航线共计209条,其中外贸班轮航线103条,占比接近一半;广州港全年完成集装箱吞吐量达2191.18万标箱,排名上升至世界第五位。

2. 线上线下双平台促进消费

在线下,作为"中国最具竞争力会展城市",广州的会展业基于开放包容的商贸文化基因而独具先发优势。2012~2018年,广州重点场馆办展数和展览面积保持增长势头,年均增长率分别达到8.8%和3.5%。其中,2018年,全市重点场馆累计举办展览628场,累计展览面积首次突破了1000万平方米,均居全国第二。在线上,电子商务和电子交易平台建设成果颇丰。其中,成果最为突出的是海关跨境电商管理平台。作为国内功能最齐全的线上平台,已有超2300家的跨境电商企业在此备案。2019年累计申报进出口清单超1.8亿份,同比增长89.7%。

(五)城市吸引力辐射全球,国际消费中心城市雏形初现

作为当代国际化大都市,国际消费中心城市不仅能够集聚多样化且优质

的消费资源，带动周边二、三线城市消费市场蓬勃发展，还能站在全国消费市场的制高点，吸引海内外消费者。

1.广州的消费规模巨大

城市的消费规模是最直观的评价指标，国际公认的国际消费中心城市标准是每年社会消费品零售总额达250亿美元，作为千年商都的广州早已远超此标准，完全具备成为国际消费中心城市的最基本条件。

2.广州的商业环境卓越，消费潜力巨大

商业环境和消费潜力是建设国际消费中心城市的基础。首先，广州连续多年位居福布斯中国大陆最佳商业城市排行榜前三位，充分表明广州已经具备优良的商业环境。其次，国家信息中心发布的"2019中国居民消费大数据指数"显示，广州在全国商圈热力指数排行榜中名列第三，说明广州的消费潜力巨大。卓越的商业环境和巨大的消费潜力为广州建设国际消费中心城市奠定了坚实的基础。

3.广州国际化程度日益提高

2019年广州商品进出口总额达9990.7亿元，位居全国五大中心城市的第三名，吸引了约300家全球500强企业在广州进行投资，其中120家企业在广州设立总部或区域总部。每年广州的国际活动应接不暇，有国际车展、国际灯光节、"广马"等等。2019年，广州白云国际机场实现年旅客吞吐量7000万人次，白云机场的客流量在全国排名第三。2018年全市共接待游客22304.52万人次，同比增长9.23%，全年旅游收入合计4008.19亿元，同比增长10.9%。其中入境旅游过夜人数为900.63万人，实现旅游外汇收入64.82亿美元。以2019年中秋节三天假期为例，全市共接待游客573.93万人次，其中接待省外游客178.77万人次，接待省内跨市游客228.50万人次，接待本市市民游客159.40万人次，接待境外游客9.26万人次，实现旅游收入43.75亿元，同比增长12.79%。[①] 上述例证和数据从不同角度说明了广州的国际吸引力。

综上所述，可以基本判定国际消费中心城市雏形已在广州初现。

---

① 赵安然：《广州接待游客近574万人次　同比增长11%》，《南方都市报》2019年9月16日。

二 广州城乡消费趋势与建设国际消费
中心城市的机遇

结合广州城乡消费发展现状可知，消费升级已然成为其消费市场的主题。因此，应充分了解未来消费市场的发展趋势，抓住机遇加快建设国际消费中心城市。

（一）消费市场的宏观趋势

1. 近年来消费市场变革的新动向

一是服务消费持续增加。伴随居民可支配收入的提高，中国正在以"生存→发展→享受"的发展路径优化消费结构，消费内容日趋优化。2019年，全国居民恩格尔系数达28.2%,[①] 连续八年下降。随着消费对象从"商品"转向"服务"，消费热点转向了医疗、餐饮、家政、旅游等服务消费领域。2019年，全国居民人均消费支出21559元，比上年增长8.6%，扣除价格因素，实际增长5.5%。人均生活用品及服务消费支出1281元，占人均消费支出的比重为5.9%；人均交通通信消费支出2862元，占人均消费支出的比重为13.3%；人均教育文化娱乐消费支出2513元，占人均消费支出的比重为11.7%；人均医疗保健消费支出1902元，占人均消费支出的比重为8.8%；人均其他商品及服务消费支出524元，占人均消费支出的比重为2.4%。

二是网络消费持续增加。随着移动互联网、人工智能、移动支付等新技术与消费领域的融合，"互联网＋"显著改变消费模式，网上零售迎来黄金时代，并且进一步实现线下传统实体零售业态与线上电子商务平台的深度融合，形成了最大化满足多种消费场景的新零售业态。2019年，中国网上零售额首次突破10万亿，同比增长16.5%；实物商品网上零售额85239亿元，同比增长19.5%，

[①] 《2019年全国居民恩格尔系数28.2%连续8年下降》，中国新闻网，http://www.chinanews.com/cj/2020/01-21/9066069.shtm。

占社会消费品零售总额的比重为20.7%，比上年提高2.3个百分点。

2. 多城市竞相打造国际消费中心城市

2018年9月，商务部明确提出5年内要建成一批具有全球影响力的"国际消费中心城市"。从国家层面讲，国际消费中心城市建设，不但与满足人民群众日益增长的美好生活需要密切相关，而且也是实施对外开放和实现消费升级的重要推动力量。因此，多个城市积极响应"国际消费中心城市"建设试点，并基于各自的城市禀赋和消费特点参与建设"国际消费中心城市"。这些城市主要分为四类：第一类是北上广深等一线国际城市，居民可支配收入相对较高，消费能力强；第二类是青岛、厦门等开放程度高的沿海城市；第三类是重庆、成都等后发的一线城市；第四类是海南等国际旅游城市，国际消费者规模较大。

3. 全球经济不振和重大疫情负面影响

2008年金融危机爆发以来，全球经济持续低迷，尽管各国刺激经济政策送出，但刺激政策的短期效果退去后，全球经济仍然面临下行压力，经济增长放缓，贸易摩擦不断，外需市场不振。2020年初爆发的新型冠状病毒肺炎疫情对稳中求进的中国消费市场来说，是一次严重的"黑天鹅"事件，负面影响很大。疫情叠加春节时点因素，首先冲击供应链末端的消费领域，如旅游、餐饮、实体零售、交通运输、电影、娱乐、教育培训等行业。负面影响逐渐向供应链和产业链的上游延伸，通过阻滞需求、抑制消费、削弱原材料及中间品的供应能力，对服务业的负面影响最终波及、延伸到生产领域，又反过来制约消费。

（二）"十四五"期间广州建设国际消费中心城市的机遇

1. 消费成为广州经济增长的最强动力

受外部经济放缓的影响，新的增长动能尚待形成，广州经济与全国宏观形势一样，增速总体呈现放缓的趋势，进入高质量稳步增长的"新常态"。而拉动经济的"三驾马车"——投资、出口和消费也大体呈现增速放缓的趋势（见图2），但是消费增速的放缓幅度相对较小，整体保持相对稳定，相比成为广州经济增长的最强动力。因此,"十四五"时期,面对"内需逐步增强,外需保持稳定"的基本格局,广州可乘势而上、顺势而为,把握推行扩大内需政策的良机,激发消费潜力,在供给侧结构性改革的框架下加快产业转型升级,缓和供给错配的矛盾,进一步提高消费率。在此经济转型的关头,广州提出建设国际消费中心城市,可谓正当其时。

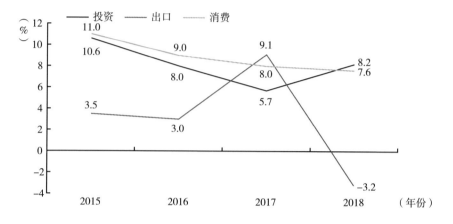

图 2 2015 ~ 2018 年广州经济增长"三驾马车"增速

资料来源:《广州统计年鉴》(2016 ~ 2019 年)。

2. "一带一路"倡议和粤港澳大湾区建设激发消费潜力

"一带一路"倡议提出八年多来,已经有超过 130 个国家和地区积极参与其中,其成了全球最具影响力的经贸合作平台。广州作为举世闻名的海上丝绸之路发祥地,是"一带一路"的重要枢纽,与共建"一带一路"国家和地区联系日益紧密。例如,广州以中国进出口商品交易会("广交会")作为"一带一路"经贸合作的重要平台,向共建"一带一路"国家输送了大量价廉物美的优质"广货"。2013 年至 2018 年上半年,广州与共建"一带一路"国家进出口贸易额为 1806.7 亿美元,超过全市对外贸易总额的 20%。可见,"十四五"时期广州可通过做大做强自主品牌、强化数字贸易和扩大服务贸易、开拓共建"一带一路"国家和地区等新兴市场等方式,走出一条外贸高质量发展的新路径。

与纽约、旧金山和东京世界三大湾区相比,粤港澳大湾区是人口最多、极具发展潜力的湾区,具有以下特征:一是区位优势明显,位处中国"南大门",含香港、澳门两大特别行政区和珠三角经济圈;二是经济总量增长迅猛,2019年粤港澳大湾区GDP总量达到116035.66亿元,实现"六连增";三是常住人口接近7000万,人口年龄结构偏年轻化,消费市场规模和潜力巨大;四是产业基础良好,大湾区整体形成了"三二一"的三次产业格局,各城市产业优势互补,涵盖300多个各具特色的产业集群,形成了世界上最大的制造中心和最完备的全球供应链。"十四五"时期,广州作为粤港澳大湾区中心城市之一,可继续以粤港澳大湾区为支点,把目光放至全球,全面推动消费升级,包括:借助构建粤港澳大湾区旅游一体化合作机制,联合打造"粤港澳大湾区旅游一体化"品牌,推动旅游消费升级;利用"一国两制三税区"的特殊条件以及自由贸易试验区平台等多重经济体制的叠加优势,推动国际消费升级;三是发挥"枢纽+"和"互联网+"的集合优势,既积极打造粤港澳大湾区"一小时生活圈",又为大湾区辐射范围内的广阔消费市场提供便利,推动网络消费升级。

3. 供给侧结构性改革引领消费升级

从消费角度来看,当下社会矛盾是现有供给不能满足城乡居民日益增长和升级的消费需要。因此,广州接连发布《广州市完善促进消费体制机制实施方案(2019—2020年)》和《广州市推动夜间经济发展实施方案》,争取在消费规模增长势头下,依托消费理念、消费层次和消费方式等消费结构因素的改变促进消费升级,拉动产业转型。进入"十四五"时期,广州将继续从供给侧结构性改革入手,引领消费升级:一是增加有效供给,既要提高制造业生产水平,增加高端消费品供给,又要加快推进农业供给侧结构性改革,增加优质、绿色、安全的农产品供给;二是以产品质量为根本,加强本地品牌建设,开放引进国际品牌;三是优化营商环境,加强市场监管,弘扬社会诚信,抑制假冒伪劣商品的生产、销售和流通。

4. 数字贸易扩展消费渠道和消费市场

包括数字贸易在内的数字经济代表了全球经济创新发展的新动向,云计算、大数据、5G 通信、人工智能、区块链、物联网、沉浸式技术和超高清视频等数字技术已经深度渗透到消费领域的几乎所有环节，数字技术突破了消费的时空限制，数据和以数据形式存在的商品和服务已成为在全球市场便捷流通的贸易对象，电子商务是数字技术在消费领域最早和最主要的应用形式。数字技术与商贸的有机融合使全球市场的商贸活动更趋活跃，消费也凸显"全球化"的动向。广州跨境电商发展势头迅猛，进口总额连续 6 年位列全国各城市首位。2019 年广州海关审核验放跨境电商出口申报清单 2.3亿票；通过跨境电商出口至共建"一带一路"国家的商品总值为 58.2 亿元，同比增长 98.4%。广州南沙集聚了天猫国际、京东全球购、唯品会、考拉海购等 56 家电商平台，跨境电商仓储面积逾 35 万平方米，形成了一个从政策优惠、平台集聚到物流便捷、金融创新的完整跨境电子商务生态圈。在数字技术的推动下，网购和跨境网购已经成为主要的消费渠道和消费方式，消费市场因此而扩大。许多著名的市场研究机构预测，未来数字贸易对经济的贡献将超过金融。广州必须抓住数字经济大发展的机遇，让数字贸易为建设国际消费中心城市更有效地加力。

三 建设国际消费中心城市需要注意的问题

广州作为全国最佳商业城市之一，与全球成熟的国际消费中心相比还存在一些不足。这些不足成为广州建设国际消费中心城市的瓶颈，在"十四五"期间需要对其高度重视，认真克服，补齐短板。

(一)产品和服务供需错配

目前广州居民消费正处于"物质—服务"消费升级路径的转换阶段。在此过程中，需求端的消费升级受到居民的消费观念和实际消费能力的限制，供给端的生产能力和产业结构则制约与引导消费结构变化的方向。因此，供需相配是实现消费升级的前提。但是，目前广州乃至全国的消费市场普遍存在低端同质化供给过剩与高端差异化需求旺盛的矛盾，最终导致居民消费流向国外。对广州消费市场来说，服务型消费的供需错配问题尤为突出——居民对服务型消费需求迅猛增长，但是服务产品供给相对短缺，并且还存在服务产品层次较低、质量较差、国际市场竞争力不足等问题。

随着高收入人群比例的提高，大量中高端消费群体的消费水平不断提高，高端商品消费和服务消费显著增加。同时，"80后""90后"的青年人开始成为最大的消费主体，他们崇尚个性化、特色化的商品。供需错配限制了中高端消费群体需求的释放，并造成严重的市场流失。所以，建设国际消费中心城市应该紧跟不断升级的需求变化，并从吸引国际消费者的角度出发，加大奢侈品、教育、医疗、旅游等领域高端优质商品和服务的有效供给，校正供需错配，扭转购买力外流并吸引境外购买力。

（二）高端消费市场发育滞后

受限于广州当地人务实的消费作风，相对于北京、上海等其他一线城市，广州的高端消费市场仍然有很大的发展空间。根据知名商业房地产顾问公司世邦魏理仕（CBRE）发布的"2019年国际品牌渗透率榜单"，广州不敌中国内陆四大城市，未入榜。而在知名咨询公司仲量联行发布的"2016年全球跨境奢侈品零售商吸引力指数"中，广州的排名也相对靠后，仅居全国第九。"2017年中国大陆城市奢侈品店铺数量排行榜"则显示，广州拥有37家奢侈品专卖店，全国排名第七。综上所述，广州尚缺乏对高端奢侈品的吸引力，国际品牌渗透率较低，广州的高端消费市场和国际消费市场有待"发育"。

国际消费中心城市应该是全世界消费潮流的风向标。但是广州城市时尚产业发展处于滞后阶段，在时尚消费方面，广州设计历史悠远，拥有家纺、服装、鞋帽、皮具、化妆品、珠宝六大产业以及全国规模最大的专业市场，拥有全国最多的设计师和设计院校，具备成为"时尚之都"的雄厚基础。对标国际五大时尚之都，广州虽拥有雄厚的实力和潜力，但是缺乏足够的时尚吸引力。因此，应制定政策和采取措施积极引进国际优秀设计师，建设时尚创客孵化器平台以吸引新锐设计师；加强与世界各大时尚之都的时装展组织机构、相关行业协会和企业的深入交流与合作，争取成为国际知名品牌新产品的首发地，探索建立"全球时尚城市联盟"；整合全球时尚奢侈品资源，建立全球时尚品保税港，引入更多的全球时尚企业总部和旗舰店等资源，增强时尚消费的国际引领力。

（三）城市商业名片缺乏全球影响力

广州形成了以天河路商圈、北京路商圈、上下九商圈为核心的城市商业布局，从数量和规模的角度来看它们不亚于世界知名商圈，已成为广州的城市商业名片。然而，即使天河路商圈在全国极负盛名，其知名度也远不如北京王府井、香港铜锣湾、纽约第五大道、伦敦牛津街和东京新宿等。国际知名度是打造国际消费中心城市不可或缺的基本条件。因此，应根据广州各商圈的区位特点和文化资源差异精准定位，塑造凸现广州商业特色、彰显广府文化底蕴的商圈品牌，使天河路商圈等广州城市商业名片具有国际影响力和国际认可度。此外，步行街作为与商圈紧密相关的部分，如果缺少文化、旅游的协同作用，同样会面临提质升档的压力。

面对移动互联网发展的冲击，传统的实体商圈急需按照国家"互联网＋"战略要求向智慧商圈转型发展。目前虽然北京路商圈因 5G 黑科技赋能，在智慧商圈的建设中有所突破，但总体来看广州智慧商圈建设推进缓慢。下一步应继续推进智慧商圈建设，引导商业企业认真研究微信、微博、抖音、快手等社交媒体在商业上的应用，总结网红店的成功经验和失败教训，探索尝试通过增强现实（AR）和虚拟现实（VR）等数字技术，为消费者提供更具沉浸感的、个性化的数字商业服务。运用数字技术对支付、信用、停车、投诉等环节进行智能化改造，为商业企业构建智慧管理平台，让智慧商业为国际消费中心城市建设做出更大的贡献。

（四）国际消费的关联匹配不足

随着跨境电商打开国际消费市场，国际消费与国际商务匹配不足的问题被逐渐暴露出来，其主要集中于两方面。一是监管和法律法规有缺失。跨境电商作为大热的新型商业模式，却缺乏对其量身定制的法律法规，仍然沿用传统贸易的法律法规，在实际操作中容易因为各项条文不规范或者不适用，引发商品质量的纠纷问题，令消费者的跨境消费权无法得到充分保障；各个监管部门之间沟通不力、管理分散，无法满足跨境电商的发展需求。二是跨境物流滞后。由于相对于国内贸易，跨境电商会涉及关税、远程运输、长时间储存等问题，需要支付更高的成本，而跨境物流系统建设滞后，加上一些物流企业信息化水平低，导致跨境物流供应链不完整，严重降低了跨境物流效率。

国际消费中心城市除了购物的功能定位，还兼具吸引更多境内外消费群体前去旅游的使命，所以商、旅、文融合成为吸引游客的重要途径。在广州，商贸、旅游和文化三大产业各具特色，三者应通过资源跨界共享、产业链重构等加快实行深度融合，实现"1+1+1>3"，成为支柱产业。此外，造节造势也是促进商、旅、文融合的重要渠道。广州重点建设的广府庙会、"食在广州"、"广州之夜"、广府文化旅游嘉年华等一批商、旅、文融合项目与品牌，以及"广州国际购物节""国际灯光节"等标志性节庆，还须继续完善提升、不断创新。

四 "十四五"期间广州促进消费升级的方向

（一）拓宽供给渠道，从供给侧引导消费

1. 发展社区消费

欧美国家社区商业占社会商业总支出的比例已经过半，而中国的这一比例目前尚未达到30%。因此，未来社区服务消费前景可期，有必要增加社区消费服务供给。根据国务院发布的《关于加快发展流通促进商业消费的意见》，应将"互联网+社区"公共服务平台作为建设重点，以此为基础打造社区消费圈，涵盖餐饮、医疗、养老、快递、家政、体育等生活服务中心，实现社区服务供给多样化和便利化。此外，引导连锁企业入住社区、推动新兴社区商业品牌化发展、鼓励大型集团参与建设社区商业中心，都是提高社区消费服务供给能力的重要渠道。

2. 深化产业融合

提高消费服务业与其他行业的融合度。其一，商、旅、文融合，引导各区整合商、旅、文产业资源，深入打造代表性的特色融合项目，通过设立专项基金鼓励企业研发商、旅、文产品及服务，不断完善商、旅、文产业发展所需公共配套设施。其二，商、展融合，加快大型会展场馆周围服务配套设施的建设，规划筹建酒店、商务楼、购物中心等娱乐业态集聚区；推进会展管理与运营的市场化、专业化，使其有能力为参展商和参观者提供专业优质服务。其三，商、娱融合，升级改造长隆欢乐世界、长隆动物园、长隆水上世界，引进国际顶级运营企业建设世界级主题公园，打造娱乐休闲地标。其四，商、银融合，鼓励银行和其他金融机构为消费服务业的中小微企业提供更多金融支持。

3. 增加高端供给

广州的消费产品供给目前还是以大众化低端产品为主，下一步应聚焦中高端产品资源，增加小众化、个性化的中高端商品品牌的品种和数量，补齐供给短板。加快建设和提升类似太古汇广场、K11的中高端购物平台，更好地满足高端客户的需求。为缓解国内中高端商品的短缺，鼓励通过多元化渠道进口中高端汽车等商品，推动消费税改革，降低大众高端消费品关税，不断增加免税店试点，减少国内外商品价差，引导居民境外购物消费回流。打造本土高端消费品牌，以高质量、高工艺和独特品牌历史文化提升品牌价值，吸引境内外消费者。

（二）培育特色商业，吸引国际消费者

1. 推进重点商圈建设

位于广州城市中心的传统商圈和步行街凭借地理优势和集聚作用吸引了广大消费人群，发挥着满足基础消费需求的作用。当今，消费者需求日趋个性化与多样化，需要全面提高重点商圈和特色商业街的吸引力和国际知名度。应强化天河路商圈作为亿万级商圈的辐射作用，推动北京路、上下九等核心消费商圈转型，在核心功能基础上丰富娱乐、教育、体育等服

务消费功能。借助沉浸式技术和超高清视频等数字技术，提高商业街外观立面和服务设施的数字技术配置水平，打造具有现代感的、国际化的智慧商圈。借鉴北京路步行街的发展路径，打破步行街传统商业模式，充分利用历史文化资源，以其独具广州特色的商业风格，强力吸引境内外消费者。

2. 引领国际时尚潮流

贯彻《广州市打造时尚之都三年行动方案（2020—2022年)》，密切注视国际时尚动向，培育时尚相关行业的龙头企业，鼓励其做专、做精、做强，着力挖掘品牌的文化内涵，做出特色，形成独特的IP，创造品牌核心价值。鼓励优秀设计师与设计机构注重品牌打造，增加品牌数量；大力扶持和宣传成就突出的设计师，鼓励企业向出色的设计师投资；引入ESMOD等世界顶级时尚设计学院，培养顶级优秀设计师；建设时尚设计中心，承办国际时装周，聚集更多时尚产业资源，引领国际时尚。

3. 提高国际服务水平

面向国际消费者，提高国际服务水平。一是提高商业服务人员的外语服务水平，增加商业设施的外文标识，在繁华商业中心增设外语导购和指引。二是加快获取国际消费市场信息，包括供求信息、时尚流行信息、商品价格信息和物流配送信息，打造国际消费环境，让境内外的消费者对广州都留下深刻印象和极好的口碑。三是在商业中心和境外消费者聚集区设立外币兑换店、银行网点和ATM，为境外和国际客人在广州购物消费提供汇兑和支付的便利。

4. 发挥邮轮母港效应

广州邮轮经济发展潜力巨大，邮轮业务规模连续三年位列全国前三。应把握广州南沙国际邮轮母港开港运营机遇，积极探索"邮轮+景区"新模式，与粤港澳大湾区的邮轮旅游产品互补，创新设计与南沙邮轮母港相匹配的多种邮轮旅游产品。同时将邮轮经济纳入整体部署，充分发挥邮轮母港效应，广泛吸引境外游客，为建设国际消费中心城市做出更大贡献。

（三）创新业态业种，促进新消费模式的发展

1. 促进新零售"发育"

面对"新零售"的冲击，传统零售业转型升级势在必行。引导传统零售企业正确理解战略转型"新零售"的内涵，鼓励其利用大数据采集和分析消费者偏好，并注意以消费者的体验感为中心，以消费者需求为出发点扩大商品及服务供应。在城市核心商圈建设中，注意克服营销严重同质化、店容、店面千篇一律的落后现象，支持向渠道一体化、经营数字化、卖场智能化、商品个性化的"新零售"业态转型，实现线上与线下一体化融合发展的突破性转变。

2. 促进信息消费增长

信息消费是当下极具创新活力的新兴消费模式，辐射范围广，可以拉动多领域消费增长。提高信息消费产品基础设施建设和升级的力度，促进信息产业数字化和数字信息产业化，增强信息产品供给能力，确保其能满足民众需求；加快生活类、公共服务类和行业类三大类信息消费产品的开发与运用，特别是5G通信技术应用于商业模式的落地，挖掘更多内需潜力；完善信息消费相关法律法规，保护个人隐私，避免信息泄露、网络犯罪等问题"无法可依"。

3. 促进绿色消费普及

加强绿色消费宣传教育与舆论监督，深入进行绿色消费主题教育，提高居民的绿色消费意识；引导企业加强对绿色产品的研发、制造与供给意愿，推广使用绿色建材和环保材料完成生产，重点推广高效节能电器、节水电器等产品，特别是新能源汽车产品；扩大绿色商品流通渠道，为绿色商品建设专用的销售或批发市场，引导各类零售企业开辟专区销售绿色商品。

（四）打造卓越消费环境，提高广州的国际信誉

1. 完善商业配套设施

对标全球知名国际消费中心城市，高标准完善城市商业设施，加强商

业设施配套能力。落实商业网点规划与城市规划的结合，健全各商业网点的功能定位与互补。依据需求性、可行性、便利性的原则，开展商业设施的功能配套、市政配套、装备配套等工程，加快配置无障碍设施、停车场、电梯（观光电梯）、中央空调系统、母婴室等高品质配套设施，使其达到国际水准。

2. 完善商业诚信体系

以《广州市建立完善守信联合激励和失信联合惩戒机制实施方案》为依据，完善商业诚信体系。弘扬顾客至上、热情服务、诚实守信、童叟无欺、货真价实、少一罚十的传统商业道德，健全消费者投诉及处理机制，完善消费者权益保护网络。探索建立覆盖粤港澳大湾区的网络视频调解消费纠纷机制，利用"在线多元化解平台"线上解决跨境消费投诉纠纷，在全球消费市场建立和传播"诚信广州"的美名。

3. 完善出境退税安排

境外旅客购物离境退税是增强对外开放力度、与国际惯例接轨的重要举措。境外旅客购物离境退税已在广州南沙港客运口岸和白云国际机场口岸同步实施，需要更妥当、更合理地予以完善。要加强对离境退税政策的宣传、完善操作流程，并且根据境外消费者的需求特点和法律法规，参考著名的国际消费中心城市的做法，对接国际惯例，及时调整退税商品结构，吸引境外消费者。

参考文献

符森：《抓住机遇促进广州商贸经济的供给侧改革》，《区域治理》2019年第31期。

黄隽、李冀恺：《中国消费升级的特征、度量与发展》，《中国流通经济》2018年第4期。

金永亮：《广州建设国际商贸中心城市研究》，《城市》2016年第11期。

刘伟中：《消费升级：广州推动商贸产业发展提速重器》，《广东经济》2018年第11期。

马鹏、李文秀：《广州建设国际商贸中心的基础条件与策略选择》，《广东行政学院学报》2014年第2期。

徐印州、林梨奎：《新零售的产生与演进》，《商业经济研究》2017年第15期。

魏颖：《广州建设新时代国际消费中心探讨》，《现代商业》2020年第2期。

叶胥、龙燕妮、毛中根：《"十四五"时期我国居民消费的发展：趋势、要点与建议》，《经济研究参考》2019年第17期。

李丹琪、江民星、戴玲：《住房价格上涨对居民消费结构升级影响效应实证研究》，《商业经济研究》2019年第11期。

刘涛、王微：《国际消费中心形成和发展的经验启示》，《财经智库》2017年第4期。

B.3
新"零售之轮"视角下广州
新零售发展路径研究

张小英*

摘　要： 本报告以新"零售之轮"理论为分析框架，以盒马鲜生、超级物种等新零售企业为案例，探讨新零售的概念内涵、产生动因、商业模式，结合新技术发展，进一步预判新零售及零售业未来发展趋势。本报告提出广州应充分依托区域消费市场庞大及零售业态丰富、新零售加速发展的基础优势，加大政策扶持力度，创新市场监管模式，加速传统零售转型步伐，夯实数字经济基础，加强跨界交流合作，打造广州新零售创新应用之城，引领粤港澳大湾区零售业一体化发展。

关键词： 新零售之轮　新零售　国际商贸中心

一　研究背景及研究方法

（一）选题背景及意义

2016年10月，马云首次提出"新零售"概念，引起业界广泛关注。2016年11月，国务院办公厅印发《关于推动实体零售创新转型的意见》，

---

* 张小英，广州市社会科学院现代市场研究所副研究员，研究方向为商贸经济、商业地理、区域发展与城市经济等。

鼓励、支持、推动零售业创新发展。随着电子商务流量增速的放缓，阿里巴巴等互联网企业开始发展线下实体零售：2016 年阿里推出了盒马鲜生，2018 年京东推出了 7FRESH，永辉、苏宁等实体零售企业也开始推出"超级物种""SU FRESH 苏鲜生"等新零售业态，探索实体零售转型升级之路。国内城市也积极创造良好环境，大力吸引新零售项目入驻，致力于打造"新零售之城"，2018 年阿里巴巴启动建设"新零售之城"，北京、上海、杭州、深圳、广州、天津、福州等城市纷纷加入。可见，新零售的发展已经成为城市商业转型升级的新动力，满足和创造新消费，并将可能重塑城市间商业发展地位及经济增长的格局。

新零售的实践探索引起了学者们的高度关注并促使其开展一系列理论研究。一些学者们开始探讨新零售的概念内涵、表现特征等。一些学者则探究了新零售产生的根源及产生动因。一些学者探讨了新零售的实质、模式、发展路径。一些学者则探讨新零售与传统零售转型升级的互动关系，新零售行业对传统零售行业的优势，新零售对百货店、便利店、超市等的影响，预判未来零售业发展趋势，提出了传统零售转型的应对策略。一些学者则将新零售放在中国流通业变革、零售业发展变革进程中思考，提出了促进零售业发展的对策建议。一些学者进一步细化研究，探究了新零售背景下，"新物流"、生鲜冷链物流体系、农产品电商发展优化策略。可见，越来越多的学者研究新零售，认为新零售将对整个零售业产生深刻影响。

在此背景下，本报告以新"零售之轮"理论为分析框架，以盒马鲜生、超级物种等为案例，探讨新零售的概念内涵、产生动因、商业模式，结合新技术发展，进一步关注新零售未来发展趋势，提出广州加快推进新零售发展的对策建议，对增强广州国际商贸中心竞争力具有重要意义。

（二）研究数据及研究方法

本报告利用 2017 年消费者行为问卷采集的数据进行统计分析，把握消费者行为特征变迁特点，为新零售发展提供来自消费端的阐释。2017 年 7～8 月，选取一般工作日、周末，在天河城、中华广场、万达广场三个大型商场进行了

调查，并发放在线问卷调查。问卷采取随机拦截形式，共发放400份问卷，回收有效问卷363份，有效回收率为90.75%，符合抽样调查和本报告的要求。

二 新零售的内涵特征、动因及案例分析

（一）新零售的内涵特征

2017年3月，阿里巴巴研究院发布的《C时代－新零售——阿里研究院新零售研究报告》提出，"新零售"是以消费者体验为中心的数据驱动的泛零售形态，其从单一零售转向多元零售形态，从"商品＋服务"转向"商品＋服务＋内容＋其他"，其具有三大特征：以心为本，围绕消费需求，重构"人—货—场"，实现"以消费者体验为中心"；零售二重性，可从物理化和数据化二维角度思考新零售；零售物种大爆发，形成多元零售新形态，向人人零售迈进。

综合多方观点，并基于典型案例研究，本报告认为新零售的基本特征包含以下几个主要方面：一是"线上＋线下"融合发展，为消费者提供全渠道的服务，优化"人—货—场"关系；二是新技术应用推广，通过互联网技术、大数据、云计算、人工智能等技术创新应用，对现有零售成本、效率、服务等短板进行优化提升，提升零售整体运营效率；三是以消费者为中心，以消费者需求为出发点，通过大数据收集分析处理等，了解把握消费者需求特征，挖掘消费者潜在需求，为消费者提供更有价值的商品与服务。结合商业业态的概念来看，新零售并不是一种新的商业业态，而是对现有商业业态的优化提升或者补充。

（二）新零售产生的动因

1. 消费者需求转型升级

从国际规律来看，当人均GDP突破6000美元时，消费模式开始转型，当人均GDP突破1万美元时，消费者在文化、健康、休闲等方面的经济消费能力将大大增强，消费模式也从"节约原则"转向"快乐原则"。随着人们生活水平的提高，消费者在消费观念上愈加成熟，注重情感需求和个性化

诉求，对服务消费、购物体验等需求越来越高。调查数据显示，有65.6%的消费者认同（包括基本同意和完全同意）"逛街是一种放松休闲的好方式"，逛街的目的不单单是购买商品，消费者的情感性、社交性需求在逛街过程中也得到了满足（见图1）；有73.4%的消费者认同（包括基本同意和完全同意）"人们越来越注重体验消费"（见图2）。针对消费者日益多元化、个性化的消费需求，新零售通过商业模式创新、打造新的消费场景，进一步挖掘了消费者潜在需求，填补消费需求的空白。

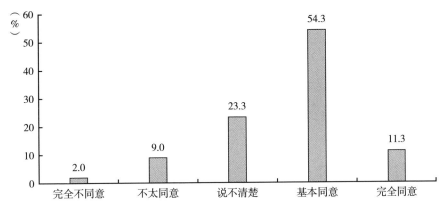

图1 消费者对"逛街是一种放松休闲的好方式"观点的认同度

资料来源：根据问卷调查数据整理。

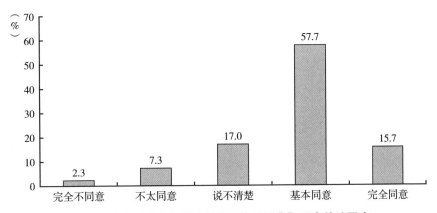

图2 消费者对"人们越来越注重体验消费"观点的认同度

资料来源：根据问卷调查数据整理。

2. 零售服务水平有待提升

传统实体零售发展自身存在短板，影响消费者的购物体验。调查数据显示，"路上耗时长""结账排队时间长""商品价格贵"等是消费者普遍反映的实体零售存在的问题。电子商务作为一种新的商业业态，也存在自身的劣势，如"看不到实物、货不对板""配送时间长""退换货麻烦"等问题（见图3）。在新技术日益成熟的背景下，新零售在提高购物效率、优化购物环境、丰富购物场景等方面不断创新，可以有效弥补或者优化现有零售业态存在的不足，提升消费者购物体验。

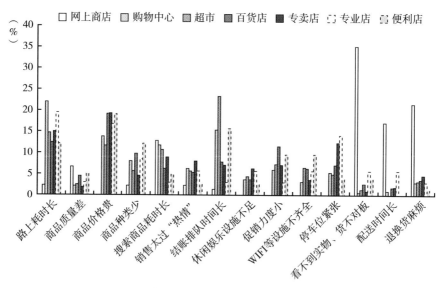

图3　消费者对不同商业业态存在不足的评价

资料来源：根据问卷调查数据整理。

3. 技术创新应用日益成熟

从消费端来看，移动互联网、电子支付、自助结算等新技术在零售领域得到广泛应用。随着新一代信息技术的发展，互联网普及程度显著提升，特别是移动互联网的快速普及应用，深刻改变了人们的工作生活方式，消费行为也发生了重大变化。问卷数据显示，消费者在逛街过程会使用手机"在线支付""查找商家信息"的占比分别达到21.1%，18.7%、"规划出行路线等""获取优惠信息/优惠券""对比价格"等占比均在 10% 及以上，也有超过 5% 的消费者选择"拍照片"及"分享朋友圈"，将逛街场景或者购买商品分享到朋友圈，实现在线社交的目的（见图 4）。从支付方式来看，电子支付方式已经成为消费者经常选择的支付方式，占比达到 60%，超过了现金支付方式（30.3%），调查结果与全国调查情况相类似，消费者在线下实体店使用电子支付方式逐步成为主流（见图 5）。从供给端来看，大数据、云计算、物联网、人工智能、虚拟现实等技术已经被推广应用于零售服务中，以提高消费体验和优化商品生产方式，如零售供应链环节的智慧物流改造利用机器人、无人机提供商品配送服务，提升物流效率；运用大数据、云计算采集、分析、处理消费者消费行为数据，实现精准营销和零库存销售；利用 VR/AR 技术实现购物场景化，提升消费者购物体验；利用人脸扫描识别、无线射频技术、物联网等实现无人售卖模式的创新。

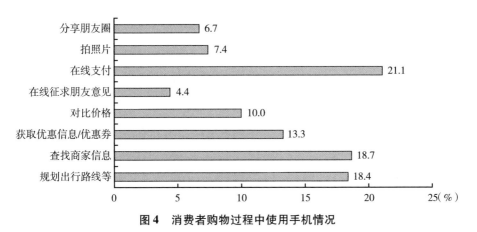

图 4　消费者购物过程中使用手机情况

资料来源：根据问卷调查数据整理。

（三）新零售的典型案例

零售业态是指零售商为了满足不同的消费需求而形成的不同经营形态，是零售商经营形式的外在表现，它由零售商的目标市场、选址策略、卖场规模、商品结构、价格水平、购物氛围、服务功能等多种要素组合构成。与以

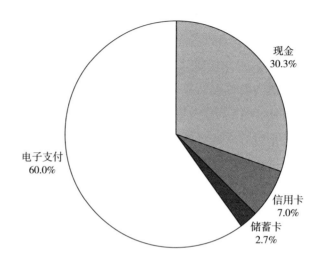

图5 消费者经常采用的支付方式

资料来源：根据问卷调查数据整理。

往零售新业态的诞生有所不同，新零售在不同商业业态领域均出现了新的经营形态：如超级市场领域出现了盒马鲜生、超级物种等；百货业出现了 Hi 百货等新模式；便利店领域出现了 EasyGo 等无人便利店；专卖店、专业店领域出现了阿里汽车无人售卖店、唯品会专营店等。目前，新零售还处于发展的初期阶段，各零售企业都还在不断探索中，不断有新的零售模式出现。

1. 盒马鲜生

盒马鲜生是阿里巴巴集团旗下，以数据和技术驱动的"超市＋餐饮"智慧超级市场业态。盒马鲜生经营的特点表现在以下五个方面。

一是商品结构及价格水平。盒马鲜生以生鲜为主线，商品种类涉及生鲜、熟食、果蔬、肉禽、日常食品、糕点、酒类等。生鲜是传统各类生鲜超市较少经营的品类，一、二线城市潜在消费需求旺盛，盒马鲜生在生鲜方面提供了新的商品和服务供给。盒马鲜生以直采直供为主，不收取供应商进场费，降低了进货成本，实现生鲜价格的"平民化"。将商品精细包装后，全程冷链运输，商品品质为消费者所认可。

二是目标市场。盒马鲜生的商品品类以生鲜熟食为主，属于高频刚需，兼顾线上线下消费者并以线上为主流，以周边社区居民为核心消费者，尤以能掌握线上下单操作的中青年消费者为主流。

三是选址策略及卖场规模。2019年，国内盒马鲜生门店已有154家，其中上海、北京门店规模超过25家，远远超过其他城市（见图6）。其在城市中的选址以中心城区核心商圈为主，其选址会参考一个区域的消费者大数据而定，设在商场负一、负二楼的占比超过50%，其他门店也多布局在商场一、二楼，这与传统大型超市的选址有相似之处。盒马鲜生经营面积在4000~6000平方米之间。盒马鲜生在广州设置的门店共有9家，其中越秀、花都和天河各1家，海珠、白云、番禺各两家。

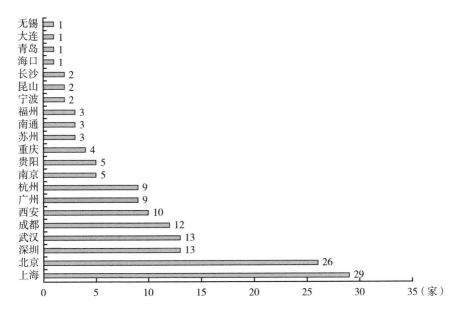

图6　2019年盒马鲜生全国门店分布

资料来源：见盒马官网。

四是服务功能。盒马鲜生采用线上线下融合发展的商业模式，可到店购买，现场可自助结账，也可通过客户端App下单，提供3千米服务范围内"30分钟免费送达"的24小时配送服务，实现线上线下消费者互相转化，目的是将线下流量引导到线上，目前，其线上销售额已经超过线下销售额。

到店购买生鲜后,后台可对其进行加工,提供高性价比的堂吃服务,现场营造家庭日常消费场景,实现"餐饮＋购物"融合发展。

五是新技术运用推广。数字技术在盒马鲜生店得到广泛应用,包括大数据、智能物流、电子价签、物联网等。依托消费数据的沉淀与大数据处理,把握消费特点,提高销售精准性,减少库存量,让盒马鲜生赢得线上消费者流量优势。店内实现消费者自助扫码结算,减少消费者排队等候结账的情况。搭建了仓店一体化的快速分拣体系,店内安装智能悬挂链传送系统,实现了店员分拣商品后自动将其输送至后台配送员,搭建了30分钟覆盖半径3千米的自营物流配送体系,实现了生鲜消费的"快"和"鲜"。目前,盒马鲜生不仅实现了新技术的应用落地,还实现了新技术的推广输出,其自主研发的ERP系统、管控系统、履约系统等,也为其线下零售合作伙伴提供技术服务。

2. 超级物种

超级物种是永辉的新零售门店。超级物种的经营特征表现为以下五个方面。

一是商品结构及价格水平。超级物种属于高端生鲜超市,以生鲜、寿司等食品为主。

二是目标市场。主要吸引年轻、中高端客群到店体验,以3千米范围内居民为主。商品价格处于中高端水平。三是选址策略及卖场规模。截至2018年上半年超级物种共有46家店铺,单店平均面积为900平方米。从空间分布来看,福建省布局数量最多,共14家,广东省有9家,其中广州有两家(见图7)。与传统超市相似,超级物种微观选址以商场的负一楼、一楼为主,其毗邻永辉超市。其店内设有鲑鱼工坊、波龙工坊、盒牛工坊等不同商品品类的售卖区。

四是服务功能。超级物种采用线上线下融合发展模式,实现30分钟送达,引导线上线下消费。超级物种采用"超市＋餐饮"的经营模式,推出订桌服务,注重打造迎合年轻消费群体的体验式消费场景,提高到店消费者黏度。

五是新技术运用。腾讯、京东等互联网公司入股永辉超市,为超级物种提供新技术支持,如腾讯在超级物种门店推广使用微信扫码购、人脸支付等新技术,提高结算效率。超级物种引进了智能管理系统、手机APP及微信

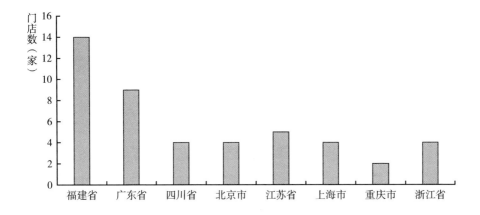

图7 超级物种分布情况

资料来源：http://www.youghui.com.cn/store_md。

小程序，推动数据化经营。超级物种还注重整合供应链，与生鲜生产商合作，采用产地直采、规模采购等方式，降低采购成本，节约运营成本。

3. EasyGo 未来便利店

EasyGo 未来便利店提出无人零售、用完即走的理念。其经营特点表现为以下五个方面。

一是商品结构及价格水平。EasyGo 主要以进口零食和日用品为主，店内 70% 的商品为进口商品，商品价格处于中高端水平。

二是目标市场。EasyGo 主要目标市场为中高端住宅小区的居民。

三是选址策略及卖场规模。目前，EasyGo 未来便利店以 "无人盒子" 形态存在，盒子面积为 15 平方米，主要进驻场景是社区。EasyGo 门店数量超过 100 家，覆盖区域涉及广州、深圳、重庆、成都、北京等城市，其中广州门店数最多。无人便利店的选址与传统便利店有相似之处，更有互补之处。EasyGo 未来便利店主要分布在一些大型城郊社区，针对离周边便利店较远，或者配套设施不健全的社区，满足用户碎片化需求。

四是服务功能。无人便利店内购物全程由消费者自主完成，消费者扫码进门，在店内自主挑选商品，通过店门上的小程序系统完成结算交易。

五是新技术应用。EasyGo 未来便利店与腾讯等开展合作，主要应用大

数据、无线射频识别技术（RFID）、视觉识别、电子支付等技术。基于大数据分析反馈上货和补货信息，再安排统一配送。无人便利店运用新技术实现了无人值守的商业模式创新，显著减少了人工成本，提高了运营效率，但用户购物体验会有所下降。

三 基于新"零售之轮"理论的分析框架

（一）新"零售之轮"理论

新"零售之轮"理论由日本学者中西正雄（Maso Nakanisi）于1966年在《零售之圈真的在转吗》中提出，该理论认为业态变化的原动力是技术革新，并引入"技术边界线"的概念加以阐述。在任何时期，受到当地管理技术、信息技术水平及物流技术水平等因素的限制，零售服务水平与零售价格水平的组合都具有一个限度，"技术边界线"即保证某一服务水平的最低零售价格水平线。技术边界线受收益递减规律的影响，呈现向右上方延伸的曲线（见图8）。新业态可以提高服务水平或者降低价格，但依然在该技术边界线上移动，新业态也可以选择突破原有技术边界线的物流、信息流、管理等技术革新，使技术边界线向右边平移，形成新的零售服务水平和零售价格水平组合，以赢得市场竞争优势；已有零售业态或者企业为了生存也会加速技术革新，技术革新进一步成为业态变化的原动力。

（二）新"零售之轮"理论对新零售的阐释

生鲜产品具有复购率高、市场庞大、市场潜力大的特点，因此成为各大零售商争抢的零售市场，成为催生新零售商业模式的主战场。京东大数据研究院发布的《京东生鲜行业研究报告》显示，2013年以来整体生鲜市场规模稳步提升，其中生鲜电商的市场规模增长率持续保持在50%以上，达到总体规模增速的8倍。本部分以生鲜超市为例，以新"零售之轮"理论作为分析框架，对不同商业业态进行对比分析。

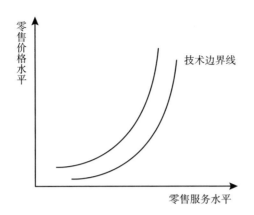

图8 技术边界线与消费者效用函数

目前，生鲜零售模式有实体零售模式、电商零售模式和新零售模式。实体零售模式为消费者有生鲜购物需求后，前往超市或者生鲜市场购买，自提货物到家。电商零售模式为消费者在各大电商平台上下订单并在线支付，商家通过物流配送到家，满足消费者需求。新零售模式以盒马鲜生为例，则表现为"线上＋线下＋餐饮"模式，消费者可以在线上下单并电子支付，商家可提供配送服务，消费者也可到店选购，商家也提供店内烹饪和店内就餐服务（见表1）。

相较而言，新零售模式通过大数据等新技术的应用，把握消费特点，提高销售精准性，减少库存量，采用直采直购，优化供应链，赢得了价格优势；通过构建仓店一体化的快速分拣体系等智能物流模式，提供快速物流配送服务；通过店内自助结算、提供餐饮服务等，优化到店体验。相较于传统实体零售和电商零售模式，新零售模式依托新技术，提升自身在信息管理、物流配送、到店体验、成本管理等方面的竞争优势，推动零售业的"技术边界线"向右移动，使自身在业态竞争中获得更多优势。新"零售之轮"理论可以较好地解释新零售的产生及运行机制。

表1 不同商业业态生鲜价格服务组合比较

类别	实体零售模式	电商零售模式	新零售模式
实例	家乐福	京东超市	盒马鲜生
价格水平	较高	较低	较低
销售渠道	线下销售	线上销售	线下线上销售

续表

类别	实体零售模式	电商零售模式	新零售模式
服务水平	到店选购,面对面消费	送货上门,下单3天内送达	可到店购买;可送货上门,3千米范围内30分钟配送;可堂食,提供专业加工服务
技术支撑	冷链物流技术、电子支付等	冷链物流技术、电子支付、大数据处理、物流配送等	大数据处理、电子支付、物流配送、自助结算等

资料来源:实地调研获取数据资料。

四 新零售发展的趋势判断与路径选择

基于新"零售之轮"理论的分析框架,对新零售及零售业未来发展趋势进行预测判断,以期为新零售发展及城市推动零售业创新发展提供参考。

(一)新零售优胜劣汰,市场竞争格局不断调整

基于新"零售之轮"理论的分析框架,新零售因技术革新突破原有技术边界线,只有不断扩大消费者规模,才能获得高于平均水平的收益、逐步赢得市场竞争优势。那些通过技术创新实现零售效率和服务水平提升、满足消费者需求的新零售将更有竞争力。那些通过"技术噱头"获取消费者眼球,或者技术应用难以真正提升消费服务水平、转化成市场竞争优势的将被淘汰。目前,新零售发展正处于探索阶段,新模式不断涌现,同时也不断在竞争中实现优胜劣汰。如2016~2017年涌现出20多家无人便利店企业,缤果盒子、EasyGo未来便利店、爱士多零售店(i-store)等采用无人便利店模式,经过两年的发展,无人便利店出现关店潮,如爱士多在广州的门店数量从最多时的9家,减少至2019年3月底到3家。因此,零售企业应坚持技术革新的发展理念,抓住新商业变革的实质,以新技术应用推动自身在信息管理、供应链管理、成本管理、优化消费者购物体验等方面形成优势,推动"技术边界线"右移,最终赢得市场竞争优势。

（二）新零售示范引领，促进传统零售转型升级

在新零售的创新引领作用下，传统实体零售和网上零售商也将积极跟随，促进新技术推广应用和快速扩散，从而推动零售市场的整体升级。正如目前电子支付已在实体零售中得到广泛应用，沃尔玛、永辉等线下实体零售企业已广泛应用二维码标签技术，实现自助扫码结算，开通了微信小程序，实现了线上线下渠道销售。阿里巴巴将运用于盒马鲜生的新技术输出给其合作的实体零售商。EasyGo 不但经营无人便利店，还主动为实体零售商提供智慧货架及智慧化改造解决方案。在技术推广应用中，实体零售与新零售将殊途同归。新技术广泛应用于零售领域，将对商业模式、流通组织及生产组织方式都产生颠覆性变革，并将推动整个零售市场的优化升级。

（三）新技术广泛应用日益成熟，加速推动零售创新发展

新技术是推动零售变革的根本动力，新技术的广泛应用有助于顺应消费者需求变化，有利于降低运营成本，抢占市场竞争优势。随着新技术的应用，新零售经营模式可能更加丰富、多元化。互联网、移动终端应用、大数据、云计算、模拟现实、物联网、区块链、无线射频识别技术、人工智能、5G 等新技术逐步得到推广应用，推动移动终端、电子支付、智能货架、无人店、虚拟店等商业创新。依托大数据、云计算等技术，可重新建立商业业态与消费者之间的互动关系，实现商品信息精准推送。无人机、无人车、无人仓、智慧机器人等新技术被应用于物流配送环节和供应链优化，由此可预防库存过剩、提高物流速度、降低物流成本。随着技术革新的步伐加快，零售商的竞争将更加激烈，商业革新也将加速进行。

（四）零售竞争格局变化，城市商业空间格局调整

新零售作为消费的新供给端，其消费引领示范作用日益凸显，新零售的发展已经成为城市商业转型升级的新动力，其满足和创造了新的消费，并将可能重塑城市间商业发展地位及经济增长的格局。由于不同地

区在经济规模、人口规模及结构、商业发展环境、物流发展基础、零售市场竞争状况、政策支持环境、零售商创新能力等诸多因素上存在差异，所以不同区域新零售的产生和发展水平之间存在空间差异，全国城市商业空间格局将发生调整。

五　广州新零售发展的对策建议

充分依托庞大的区域消费市场、丰富的零售业态以及新零售加速发展的基础优势，广州应加大政策扶持力度，加速传统零售转型步伐，夯实数字经济基础，创新市场监管模式，加强跨界交流合作，打造广州新零售创新应用之城，引领粤港澳大湾区零售业一体化发展。

（一）加大政策扶持力度，大力引进和培育新零售项目

应高度重视新零售发展对强化广州国际商贸中心竞争力的重要意义，将推动新零售发展列入《广州市全面增强国际商贸中心功能实施方案（2020—2022年)》的重点任务和重点项目。可研究制定广州新零售发展三年行动方案，设立零售产业发展扶持基金，大力吸引国际品牌店或者国内首店进驻广州，积极引进大型平台服务商及其他新零售项目落户，引导传统商贸企业发展新零售项目。加快推动国内外新零售招商项目落地，统筹协调有关业务部门对用地保障、物业推荐、办证服务等项目落地环节给予支持和服务，打造国际一流的营商环境，加速新零售项目在广州落地生根、繁荣发展。

（二）推动传统零售转型升级，形成新零售与传统零售互促发展格局

应充分发挥广州商贸业基础优势，加大新技术应用力度，加强数字基础企业与商贸企业的融合发展，积极探索战略合作、兼并重组、入股合作等多种方式，促进技术供需双方的有效对接，促进新技术在零售领域的推广应用。推动老字号提升工程，鼓励老字号与新零售企业创新合作，充分发挥老

字号的产品和口碑优势，运用新技术、新模式，拓展线上线下销售渠道，推出更加切合市场需求的新产品、新服务，实现老字号创新发展。

（三）发展壮大数字经济，以新技术赋能新零售发展

根据新"零售之轮"理论，技术创新是推动零售变革的原动力。数字经济是新零售创新的产业基础。夯实数字经济产业基础，发展壮大新一代信息技术、大数据、物联网、云计算、人工智能等产业，为新零售发展提供基础产业支撑。促进阿里巴巴、京东、腾讯、唯品会等互联网平台型企业及国内外技术服务企业与本地商贸企业对接合作，推动新技术在零售领域创新应用，催生更多新业态、新模式，实现"人—货—场"全链条优化。

（四）创新市场监管模式，打造鼓励新零售发展的营商环境

坚持开放包容的理念，优化市场监管和服务水平，针对新零售新业态发展新形势，创新市场监管模式，在企业注册、经营许可、日常监管等环节简化流程、创新方式，营造良好的营商环境。设立免税店、口岸进境免税店等新业态模式，促进机场、海关、市场监管等相关部门创新监管模式，提高出入境通关效率，营造具有价格优势、方便快捷的购物营商环境。

（五）鼓励跨界交流合作，营造新零售发展的良好氛围

充分发挥广州国际会展之都的资源优势，鼓励国内外知名展商主办新零售相关主题展会，可考虑在广交会期间设置新零售创新发展主题展会或者定期举办国际新零售发展主题展会，汇聚国内外行业共商新零售创新发展。鼓励商会等行业协会开展论坛、研讨会，邀请国内外学者、企业家、管理者等各方共谋新零售行业发展，促进行业交流和跨界合作。在"广州国际购物节"开设新零售发展主题，发布新零售创新指数或者活跃商圈指数，规划建设人工智能示范区、新零售体验区，扩大对新零售项目的体验宣传，让广大消费者关注新零售、体验新零售、推动新零售发展。注重引进和培养新零

售运营等相关领域人才，鼓励相关高校及培训机构开设新零售培训课程，为新零售发展和传统商贸企业转型发展提供人才支撑。

（六）打造新零售创新应用之城，引领带动粤港澳大湾区商业一体化发展

抓住粤港澳大湾区建设和广东省被列为国家数字经济创新发展试验区之一的重大机遇，打造广州新零售创新应用之城，扩大广州商贸业创新力、辐射力、影响力，加快新技术、新业态、新模式向大湾区其他城市输出，引领带动粤港澳大湾区城市群零售创新发展。加快推动粤港澳大湾区购物一体化发展，牵头成立"粤港澳大湾区购物联盟"，加速湾区内 5G 等信息基础设施及区域交通一体化发展，完善粤港澳大湾区内物流体系建设，打造粤港澳大湾区一体化购物生态圈，提高粤港澳大湾区商贸业辐射能级，携手打造国际消费目的地。

参考文献

肖怡编著《零售学》，高等教育出版社，2013。

苏东风：《"三新"视角的"新零售"内涵、支撑理论与发展趋势》，《中国流通经济》2017 年第 9 期。

方颖、杨磊：《"新零售"背景下的生鲜供应链协调》，《中国流通经济》2017 年第 7 期。

王宝义：《"新零售"的本质、成因及实践动向》，《中国流通经济》2017 年第 7 期。

徐印州、林梨奎：《新零售的产生与演进》，《商业经济研究》2017 年第 15 期。

杜睿云、蒋侃：《新零售：内涵、发展动因与关键问题》，《价格理论与实践》2017 年第 3 期。

鄢章华、刘蕾：《新零售的概念、研究框架与发展趋势》，《中国流通经济》2017 年第 10 期。

赵树梅、徐晓红：《"新零售"的含义、模式及发展路径》，《中国流通经济》2017 年第 5 期。

王坤、相峰：《"新零售"的理论架构与研究范式》，《中国流通经济》2018 年第 1 期。

张文：《基于"新零售"模式的传统零售业的发展趋势研究》，《商业经济》2018 年第 3 期。

张津玮：《新零售行业对传统零售行业的优势分析》，《现代商贸工业》，2019 年第 6 期。

石磊：《新零售背景下我国便利店的发展方向思考》，《现代商业》2018 年第 33 期。

王缘、陈可鑫：《新零售背景下生鲜电商发展模式的演变——以盒马鲜生和 7FRESH 为例》，《现代商贸工业》2019 年第 3 期。

肖峰：《新零售背景下我国零售业态发展前瞻》，《商业经济研究》2018 年第 5 期。

韩晓煜：《新零售时代传统百货商场转型之路》，《现代商业》2018 年第 32 期。

丁俊发：《以零售业为突破口的中国流通变革——关于"新零售"的几点看法》，《中国流通经济》2017 年第 9 期。

符瑞光：《新零售发展背景下的中国零售业变革研究》，《价格月刊》2019 年第 4 期。

赵树梅、门瑞雪：《"新零售"背景下的"新物流"》，《中国流通经济》2019 年第 3 期。

戴菲、徐燕：《新零售背景下生鲜农产品电商竞争优势、问题及优化策略》，《价格月刊》2020 年第 2 期。

谢泗薪、刘慧娴：《"新零售"下生鲜冷链物流体系优化攻略》，《价格月刊》2019 年第 7 期。

杨慧：《新零售之圈理论：零售业态发展理论的新探索》，《中国流通经济》2002 年第 6 期。

阿里巴巴研究院：《C 时代 - 新零售——阿里研究院新零售研究报告》，https：//wenku.baidu.com/view/dfe3e0d0900ef12d2af90242a8956bec0975a5c1.html。

朱茂君：《运用体验经济理论促进大众创业大众体验消费》，《经济师》2017 年第 2 期。

张小英：《供给侧结构性改革下推动实体零售创新发展的路径分析》，《商业经济研究》2019 年第 2 期。

前瞻产业研究院：《2018～2023 年中国新零售行业商业模式创新与投资机会深度研究报告》，https：//www.qianzhan.com/analyst/detail/220/181018 - eed6b607.html。

B.4

2019年广州消费品市场发展
及2020年展望

广州市统计局课题组*

摘　要：　2019年，广州市坚持稳中求进，全面聚焦高质量发展要求，深挖内需潜力，供给侧结构性改革深入有序推进，全市社会消费品零售总额保持平稳较快增长。本文深入分析了广州市消费品市场的发展特点、存在问题，展望2020年发展情况，并提出对策建议。

关键词：　广州　消费品市场　扩大消费

2019年，广州市坚持稳中求进的工作总基调，全面聚焦高质量发展要求，主动调结构促转型，供给侧结构性改革深入有序推进，商业经济新业态、新模式培育壮大，消费品市场稳中趋优，全市社会消费品零售总额（以下简称社零总额）保持平稳较快增长。

一　2019年广州市消费品市场
总体发展情况

2019年，在经济下行压力较大情况下，广州市稳中求进，高度重视发

---

* 课题组成员：梁树佳，广州市统计局贸易外经处四级调研员；黄子晏，广州市统计局贸易外经处副处长；肖坤强，广州市统计局贸易外经处二级调研员。

展流通扩大消费，深挖内需潜力，大力发展新业态、新商业模式、零售业和餐饮业，消费品市场继续保持平稳运行，全年实现社零总额9975.59亿元，同比增长7.8%，增速比上年提升0.2个百分点，标志着广州市近年来社零总额增速不断放缓的趋势出现了可喜的转变。广州市自2016年起，全市社零总额同比增速跌至个位数，且增速逐年不断回落。2016年增速为9.0%，2017年为8.0%，2018年为7.6%；2019年为7.8%，增速实现了"止跌回升"。

（一）从全年走势看，累计增速年初低位逐步攀升后年底回落

2019年，广州市社零总额各月累计增速呈现年初低位逐步攀升后年底回落的"抛物线"运行态势，相邻月份之间的波动幅度均在0.3个百分点之内，全年整体运行相对较为平稳（见图1）。其中，10月累计增速为8.3%，增速为全年最高；2月累计增速为7.6%，增速为全年最低，增速最高值与最低值相差0.7个百分点。12月累计增速为7.8%，比10月累计增速（最高值）回落了0.5个百分点。

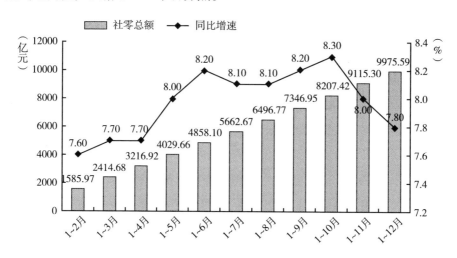

图1 广州市2019年各月累计社零总额和同比增速

资料来源：广州市统计局。

（二）从经营贡献看，企业财务状况、经济和社会贡献均有新发展

1. 企业财务状况

2019年，全市限额以上批发和零售业、住宿和餐饮业法人单位实现营业收入33428.71亿元，同比增长12.1%；毛利额2593.62亿元，同比增长4.0%；营业利润614.52亿元，同比增长3.3%；利润总额631.41亿元，同比增长3.1%；毛利率达7.8%，利润率为1.9%。2019年，广州市主要宾馆客房出租率达到66.6%。

2. 经济贡献

为社会贡献大量增加值和税收。据初步核算，2019年，全市批发和零售业、住宿和餐饮业实现增加值3686.80亿元，同比增长5.9%，占全市GDP的比重为15.6%，对全市GDP增长的贡献率为14.0%，比上年的GDP增长贡献率（12.1%）提高1.9个百分点。消费作为现阶段拉动经济增长最有力的"三驾马车"之一，贡献日益显著。其中：全市批发和零售业增加值3237.68亿元，住宿和餐饮业增加值449.12亿元，同比分别增长6.3%和2.7%。根据国家税务总局广州市税务局统计数据，2019年全市批发和零售业、住宿和餐饮业完成税收收入为665.42亿元，占全市税收收入比重达11.9%。

3. 社会贡献

为社会创造大量就业机会，并促进旅游、会展、物流等相关行业发展。2019年1~3季度，全市限额以上批发和零售业、住宿和餐饮业平均从业人员64.80万人，同比增长6.2%，占全市"四上"单位从业人员平均人数的比重为16.3%。其中：全市限额以上批发和零售业平均从业人员46.34万人，住宿和餐饮业平均从业人员18.46万人，同比分别增长5.7%和7.4%。2019年，消费品零售市场稳步向前有力地推动了广州旅游业发展，全年城市接待过夜旅游者6773.15万人次，其中接待国内旅游者5873.72万人次，同比分别增长3.7%和4.3%；全年旅游业总收入4454.59亿元，同比增长11.1%。值得一提的是，2019年，广州市商品网上零售保持较快增长，促进了快递业务快速发展，广州市全年快递业务量比上年增长25.3%。

（三）从城市对比看，总量规模继续居全省第一位，增速居九大国内主要城市第五位、全省第九位

规模上，2019年，广州市社会消费品零售总额总量（9975.59亿元），占全国的比重为2.4%，比上海（13497.21亿元）、北京（12270.10亿元）少。广州市社零总额继续稳居全省首位，占全省的23.4%，比居第二位的深圳（6582.85亿元）多3392.74亿元。

增速上，作为传统商业中心城市，2019年广州市社会消费品零售总额增速（7.8%）在北京、天津、上海、重庆、广州、深圳、杭州、苏州、成都九大国内主要城市中，居第五位，高于北京（增长4.4%）、上海（增长6.5%）、深圳（增长6.7%）和苏州（增长6.0%），低于重庆（增长8.7%）、杭州（增长8.8%）、天津（增长8.9%）和成都（增长9.9%）。2019年，广州市社零总额的增量位居全省首位，增速在全省21个市中列居第九位，增速高于深圳、珠海、佛山、汕头、中山、揭阳、肇庆、清远、梅州、阳江、河源、云浮12个市。

二 2019年广州市消费品市场发展特点

2019年，广州市商业经济持续稳步发展，市场结构不断优化，消费升级类商品保持旺销，民营经济零售增速提高，新业态、新商业模式快速发展。

（一）从行业结构看，零售业、餐饮业实现较大幅度增长，批发业比重微降，住宿业持平

2019年，全市批发和零售业实现零售额8705.42亿元，同比增长7.7%，增速比上年回落0.2个百分点，占全市社会消费品零售总额的

87.3%，是全市消费品市场最主要的行业动力；全市住宿和餐饮业实现零售额1270.17亿元，同比增长8.1%，增速比上年提高2.3个百分点，占全市社会消费品零售总额的比重为12.7%（见表1）。

表1　2019年广州市消费品市场行业结构

单位：亿元，%

行业类别	社零总额	同比增速	占全市比重
合计	9975.59	7.8	100.0
批发和零售业	8705.42	7.7	87.3
批发业	800.85	2.0	8.0
零售业	7904.57	8.3	79.2
住宿和餐饮业	1270.17	8.1	12.7
住宿业	86.24	4.4	0.9
餐饮业	1183.93	8.4	11.9

说明：部分指标数据因四舍五入，存在总计与分项合计不等的情况。
资料来源：广州市统计局。

1. 零售业增速提高，批发业有所增长

2019年，广州市认真贯彻落实国家提出的释放汽车消费潜力、大力发展夜间经济和假日消费、鼓励国内商品出口转内销等20条促消费政策，大力发展流通扩大消费，提高中高端消费供给，有效地促进了全市批发和零售业持续发展。2019年，全市零售业实现零售额7904.57亿元，占社零总额的79.2%，比上年提高0.4个百分点，同比增长8.3%，增速比上年提高0.3个百分点，拉动全市社零总额增长6.6个百分点，拉动力比上年提高0.3个百分点。全市批发业零售额800.85亿元，占社零总额的8.0%，同比增长2.0%，拉动全市社零总额增长0.2个百分点。

2. 餐饮业稳定增长，住宿业增速提高

2019年，广州市成功举办2019广州亚洲美食节，让市民、游客"乐享亚洲美食，品味千年花城"；大力推动假日消费、夜间经济和商旅文体融合发展，深挖住宿和餐饮业消费潜力，进一步满足市民、游客日益增长的消费需求，促进了广州市住宿和餐饮业稳定增长。2019年，全市餐饮业实现零售额1183.93亿元，占全市社零总额的11.9%，比重比上年提高0.1个百分点，同比增长8.4%，增速比上年提高2.4个百分点，拉动全市社零总额增长1.0个百分点。全市住宿业零售额86.24亿元，同比增长4.4%，增速比上年提高1.9个百分点，占全市社零总额的0.9%（比重与上年持平）。

（二）按经营单位所在地分，乡村消费品零售额增幅比城镇大

随着乡村振兴战略的贯彻落实，电子支付的普及和网上销售的发展，乡村交通、通信等基础设施的不断改善，消费产业链延伸至乡村消费市场，乡村消费品零售额明显增长。2019年，全市城镇消费品零售额9675.84亿元，占全市社零总额的97.0%，同比增长7.7%，增速与上年持平。全市乡村消费品零售额299.75亿元，占全市社零总额的3.0%，比重比上年提高0.07个百分点，同比增长10.4%，乡村增幅比城镇高2.7个百分点，增速比上年提高6.1个百分点，比全国（增长9.0%）、全省（增长9.8%）增速分别高1.4个、0.6个百分点。

（三）从商品结构看，汽车类商品增速比全国、全省快，新能源汽车实现成倍增长，消费升级类、品质类商品增势良好, 刚需类商品较快增长

根据限额以上批发和零售业商品分类的零售额数据情况分析，2019年，广州市消费需求日益追求升级化、品质化，消费升级类商品保持旺销，品质类消费增长势头良好。其中，限额以上单位日用品类、粮油食品类、中西药品类商品零售额同比分别增长17.5%、9.9%和34.0%，化妆品类、金银珠宝类商品零售额同比分别增长14.8%和28.9%，全市消费品市场商品结构持续优化升级（见表2）。

表2　2019年广州市限额以上批发和零售业商品类别零售额结构情况

单位：亿元，%

商品类别	零售额	同比增速	占限额以上比重
合计	3977.65	3.5	100.0
粮油食品类	369.16	9.9	9.3
饮料类	64.24	11.0	1.6
烟酒类	72.28	9.7	1.8
服装、鞋帽、针纺织品类	365.18	-1.5	9.2
化妆品类	220.59	14.8	5.5
金银珠宝类	96.14	28.9	2.4
日用品类	252.32	17.5	6.3
五金、电料类	12.64	-36.0	0.3
体育娱乐用品类	63.06	0.6	1.6
书报杂志类	17.20	6.3	0.4
电子出版物及音像制品类	0.34	-50.8	0.01
家用电器和音像器材类	239.37	-13.6	6.0
中西药品类	207.09	34.0	5.2
文化办公用品类	125.20	7.5	3.2
家具类	23.62	-9.1	0.6
通信器材类	350.89	4.8	8.8
石油及制品类	373.66	-6.8	9.4
建筑及装潢材料类	5.96	-47.8	0.2
机电产品及设备类	5.78	-21.4	0.2
汽车类	1086.64	0.3	27.3
其他类	26.28	23.7	0.7

资料来源：广州市统计局。

1. 汽车类商品稍有增长（增速比全国、全省快），新能源汽车实现成倍增长，石油及制品类商品同比下降

汽车类商品稍有增长（增速比全国、全省快）。2019年，广州汽车市场逐渐趋于饱和，加上受本市汽车限牌、限行等诸多因素影响，汽车类商品零售额稍有增长，全年全市限额以上单位汽车类商品零售额1086.64亿元（占限额以上批发和零售业零售额的27.3%），同比增长0.3%（全国、广东省分别下降0.8%和2.1%），增速比全国和全省分别快1.1个和2.4个百分点。

新能源汽车实现成倍增长。2019年，在全市限额以上单位汽车类商品零售额中，新能源汽车零售额实现成倍增长，全年零售额43.81亿元，占全市限额以上批发和零售业零售额的比重为1.1%，同比增长1.02倍，拉动全市社零总额增长0.24个百分点。

石油及制品类商品同比下降。2019年，全市限额以上单位石油及制品类商品零售额373.66亿元（占全市限额以上批发和零售业零售额的9.4%），同比下降6.8%。

2. 消费升级类、品质类商品增势良好

化妆品类、金银珠宝类商品较快增长。2019年，全市限额以上单位化妆品类商品零售额220.59亿元，金银珠宝类商品零售额96.14亿元，合计占全市社零总额的3.2%，同比分别增长14.8%和28.9%，增速比上年分别提高2.8个和23.5个百分点；化妆品类、金银珠宝类合计拉动全市社零总额增长0.5个百分点，拉动力比上年提高0.4个百分点。

通信器材类中智能手机快速增长。2019年，全市限额以上单位通信器材类商品零售额350.89亿元（占全市限额以上批发和零售业零售额的8.8%），同比增长4.8%，拉动全市社零总额增长0.2个百分点。其中：智能手机零售额306.81亿元，占全市限额以上批发和零售业零售额的比重为7.7%，同比增长37.2%，拉动全市社零总额增长0.9个百分点。

文化办公用品类商品增速提高。2019年，全市限额以上单位文化办公用品类商品零售额125.20亿元，同比增长7.5%，增速比上年提高2.2个百分点。其中，计算机及其配套产品零售实现大幅增长，全年零售额91.78亿元，同比增长39.8%，增速比上年提高25.9个百分点，拉动全市社零总额增长0.3个百分点。

智能家用电器和音像器材快速增长。2019年，全市限额以上单位家用电器和音像器材类商品零售额239.37亿元，同比下降13.6%。其中：智能家用电器和音像器材商品零售额35.93亿元（占全市限额以上批发和零售业零售额的0.9%），同比增长78.6%，拉动全市社零总额增长0.2个百分点。

书报杂志类、体育娱乐用品类商品有所增长。2019年，全市限额以上

单位书报杂志类商品零售额 17.20 亿元，同比增长 6.3%，增速比上年提高 3.5 个百分点。体育娱乐用品类商品零售额 63.06 亿元，同比增长 0.6%。

3. 吃类、药品类刚需商品较快增长

吃类商品较快增长。2019 年，全市限额以上单位"吃类"商品零售中，粮油食品类商品零售额 369.16 亿元，占全市限额以上批发和零售业零售额的 9.3%，同比增长 9.9%，拉动全市社零总额增长 0.4 个百分点。其中，粮油类商品零售额 58.30 亿元，同比增长 19.4%，增速比上年提高 33.4 个百分点；干鲜果品类商品零售额 31.03 亿元，同比增长 13.9%，增速比上年提高 5.6 个百分点。饮料类商品零售额 64.24 亿元，同比增长 11.0%。烟酒类商品零售额 72.28 亿元，同比增长 9.7%。

中西药品类商品保持两位数增速快速增长。受实体连锁药店业务并购整合和会员促销、网络药品零售等新业态快速发展影响，中西药品类商品零售继续保持快速增长。2019 年，全市限额以上单位中西药品类商品实现零售额 207.09 亿元，占全市社零总额的 2.1%，占全市限额以上批发和零售业零售额的 5.2%，同比增长 34.0%，增速比上年提高 11.3 个百分点，拉动全市社零总额增长 0.6 个百分点，拉动力比上年提高 0.2 个百分点。其中，西药类商品零售额 180.07 亿元，同比增长 40.7%，占全市限额以上批发和零售业零售额的 4.5%。

4. 用类商品较快增长，穿戴类商品稍有下降

用类商品增速较快。2019 年，全市限额以上单位日用品类商品零售额 252.32 亿元，同比增长 17.5%，占全市限额以上批发和零售业零售额的 6.3%，拉动全市社零总额增长 0.4 个百分点。

穿戴类商品稍有下降。2019 年，全市限额以上单位服装、鞋帽、针纺织品类商品零售额为 365.18 亿元，占全市限额以上批发和零售业零售额的 9.2%，同比下降 1.5%。

（四）民营经济零售额增速提高

2019 年，随着我国鼓励支持民营经济发展政策的不断贯彻落实，民

营经济的营商环境有了进一步改善，广州市民营批发和零售业、住宿和餐饮业零售额实现较快增长，全年零售额达8002.08亿元，同比增长18.1%，增速比全市社零总额增速高10.3个百分点，比上年增速（3.2%）提高14.9个百分点，占全市社零总额的比重由上年的73.2%增加到80.2%，提高了7.0个百分点。其中：全市民营批发和零售业实现零售额6925.65亿元，同比增长19.7%，增速比全市社零总额、全市批发和零售业零售额分别高11.9个和12.0个百分点，比上年增速提高16.3个百分点。全市民营住宿和餐饮业零售额自2013年起增速不断放缓，2018年比2013年回落11.3个百分点；2019年全市民营住宿和餐饮业实现零售额1076.43亿元，同比增长9.1%，增速比全市社零总额、全市住宿和餐饮业零售额分别高1.3个和1.0个百分点，比上年增速（2.3%）提高6.8个百分点。

（五）新业态、新模式培育壮大

1. 实物商品网上零售保持较快增长。2019年，随着互联网产业集聚效应日益凸现，在"维品会""苏宁云商"等大型电商企业在春节、"五一"、国庆、"双十一"、"双十二"商品优惠促销带动下，广州市实物商品网上零售额继续保持两位数较快增长。2019年全市限额以上批发和零售业实物商品网上零售额为1386.91亿元，同比增长12.9%，增速比全市社零总额高5.1个百分点，拉动全市社零总额增长1.7个百分点。

2. 网络订餐收入保持快速增长。随着网络餐饮消费方式日益受欢迎，网络订餐收入保持快速增长。2019年，广州市限额以上住宿和餐饮业通过公共网络实现的餐费收入为42.11亿元，同比增长1.7倍，增速比全市限额以上住宿和餐饮业餐费收入快156.3个百分点，比2018年提高81.1个百分点，对全市限额以上住宿和餐饮业餐费收入增长的贡献率达到84.8%，拉动限额以上住宿和餐饮业餐费收入增长7.3个百分点，占限额以上住宿和餐饮业餐费收入比重由2018年的4.4%上升到10.8%，提高了6.4个百分点。

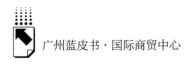

（六）从分区情况看，5个区的社零总额增速高于全市平均水平

2019 年，广州市各区中社零总额同比增速高于全市平均水平的共有 5 个，分别是：增城区增长 10.6%，南沙区增长 9.1%，荔湾区增长 8.5%，白云区增长 8.4%，从化区增长 8.3%。增速高出全市平均水平 0.5~2.8 个百分点。越秀区增长 7.8%，与全市社零总额同比增速平均水平持平。番禺、花都、黄埔、海珠、天河 5 个区的社零总额增速低于全市平均水平（见表 3）。与上年增长情况相比，广州市有 6 个区社零总额增速提高，5 个区增速出现 1.4~5.8 个百分点的不同程度回落。社零总额增速比上年提高的区：南沙区提高 3.1 个百分点，越秀和从化区均提高 1.8 个百分点，番禺、荔湾和白云区分别提高 1.2 个、0.5 个和 0.1 个百分点。社零总额增速比上年回落的区分别是增城、黄埔、天河、海珠和花都区，分别回落 5.8 个、2.1 个、2.0 个、1.4 个和 1.4 个百分点。

表 3 2019 年广州市消费品零售市场分区情况

单位：亿元，%

项 目	社零总额	同比增长	占全市比重
全 市	9975.59	7.8	100.0
荔湾区	687.49	8.5	6.9
越秀区	1469.12	7.8	14.7
海珠区	1099.44	7.0	11.0
天河区	1924.00	4.3	19.3
白云区	1111.37	8.4	11.1
黄埔区	996.95	7.1	10.0
番禺区	1350.88	7.7	13.5
花都区	564.41	7.6	5.7
南沙区	227.79	9.1	2.3
从化区	133.74	8.3	1.3
增城区	410.40	10.6	4.1

资料来源：广州市统计局。

三 2019年广州市消费品市场存在的问题

2019年,广州市社会消费品零售市场整体上呈现平稳发展态势,但仍存在一些值得关注的问题。

(一)社零总额增速低于全国、全省平均水平,5个区增速低于全市平均水平

广州市增速低于全国、全省平均水平。2019年,广州市社零总额同比增长7.8%,与全国(8.0%)、全省(8.0%)增速比较均低0.2个百分点。广州市社零总额增速在九大国内主要城市中,虽高于北京(增长4.4%)、上海(增长6.5%)、深圳(增长6.7%)和苏州(增长6.0%),但比重庆(增长8.7%)、杭州(增长8.8%)、天津(增长8.9%)和成都(增长9.9%)增速分别低0.9个、1.0个、1.1个和2.1个百分点。2019年广州市社零总额增速在全省21个市中列居第九位,增速比东莞(增长9.4%)、湛江(增长8.4%)、茂名(增长8.2%)、惠州(增长8.2%)、潮州(增长8.2%)、江门(增长8.0%)、韶关(增长8.0%)、汕尾(增长8.0%)8个市慢。

番禺、花都、黄埔、海珠、天河区增速低于全市平均水平。2019年,从分区数据看,全市11个区中有番禺、花都、黄埔、海珠、天河5个区的社零总额增速低于全市平均水平(见表3)。2019年,番禺区社零总额同比增长7.7%,花都区增长7.6%,黄埔区增长7.1%,海珠区增长7.0%,天河区增长4.3%,比全市社零总额增速平均水平低0.1~3.5个百分点。

(二)电子出版物及音像制品、建筑及装潢材料、五金电料等8类商品零售下降

2019年,从限额以上批发和零售业商品类别零售额分组数据看,全市21个商品大类中,有8个商品类别零售额同比增速下降:服装、鞋帽、针

纺织品类同比下降1.5%，石油及制品类下降6.8%，家具类下降9.1%，家用电器和音像器材类下降13.6%，机电产品及设备类下降21.4%，五金、电料类下降36.0%，建筑及装潢材料类下降47.8%，电子出版物及音像制品类下降50.8%。有10个商品类别零售额同比增速低于全市限额以上批发和零售业零售额增速。有12个商品类别零售额增速比2018年增速放缓、降幅扩大或由正转负。其中：汽车类增长0.3%，增速比上年回落6.1个百分点；石油及制品类增速由上年增长13.3%转为下降6.8%；服装、鞋帽、针纺织品类，通信器材类分别下降1.5%和增长4.8%，增速比上年分别回落9.8个和11.7个百分点。

（三）实物商品网上零售额增速回落

近年来，实物商品网上零售市场发展日趋成熟。2019年，广州市一些龙头电商企业在电商不断发展而网上实物零售市场竞争趋于更加激烈的情况下，市场饱和、零售情况不理想，导致实物商品网上零售额增速逐年出现回落，并对广州市社零总额增速有较明显影响。2019年广州市限额以上批发和零售业实物商品网上零售额增速为12.9%，拉动全市社零总额增长1.7个百分点，拉动力比上年减弱0.2个百分点；增速比上年回落5.5个百分点，而且低于2019年全国实物商品网上零售额的增速（增长19.5%）。

（四）批发业、住宿业零售额增速较低

2019年，全市批发业、住宿业零售额增速较低，同比分别仅增长2.0%和4.4%，增速低于全市社零总额增速平均水平5.8个和3.4个百分点。其中，占社零总额8.0%的全市批发业零售额增速比上年回落5.0个百分点，比重比上年减少0.5个百分点，对全市社零总额增长的拉动力（0.2个百分点）比上年减弱0.4个百分点。

（五）零售额百强企业零售增速回落，限额以上零售额增速较低且回落

零售额百强企业零售增速回落。2019年，全市零售额百强企业合计实

现零售额 2532.94 亿元（占全市社零总额的比重为 25.4%），同比增长 5.5%，增速比上年（增长 13.5%）回落 8.0 个百分点；拉动全市社零总额增长 1.4 个百分点，拉动力比上年（增长 3.3 个百分点）减少 1.9 个百分点。在全市零售额百强企业中，零售额比上年增长的企业共 61 家；零售额下降的企业共 39 家（比上年 40 家减少了 1 家）；合计实现零售额 521.87 亿元，同比下降 12.4%。

限额以上零售额增速较低且回落。2019 年，全市限额以上批发和零售业、住宿和餐饮业零售额为 4331.86 亿元，占全市社零总额的 43.4%，同比增长 3.9%（增速与全国增速持平），增速低于全市社零总额增速平均水平 3.9 个百分点，比上年（增长 8.6%）回落 4.7 个百分点。其中：批发业、零售业、住宿业限额以上法人企业零售额分别为 333.84 亿元、3641.62 亿元、38.43 亿元，同比分别下降 6.4%、增长 4.5% 和增长 2.8%，增速分别低于全市社零总额增速平均水平 14.2 个、3.3 个和 5.0 个百分点。

四 2020年广州消费品市场情况展望

（一）利好因素

经调查研究预判分析，2020 年广州市社零总额增长有三个利好因素。一是城乡居民收入稳步增加。2019 年广州市城镇常住居民和农村常住居民人均可支配收入分别为 65052 元和 28868 元，分别增长 8.5% 和 10.9%，居民收入与经济增长同步。根据中国社会科学院《2020 年中国经济形势分析与预测》预计，2020 年，我国农村居民人均纯收入实际增长 6.2%，城镇居民人均可支配收入实际增长 5.1%，农村居民人均纯收入实际增速持续多年高于城镇居民人均可支配收入实际增速。二是我国要着力稳定居民消费。我国政府目前正在着力扩大消费以对冲新冠肺炎疫情的影响，积极扩大内需，稳定汽车等传统大宗消费（鼓励汽车限购地区适当增加汽车号牌配额，以带动汽车及相关产品消费），加快释放新兴消费潜力，努力更好满足居民健

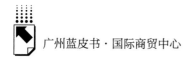

康生活消费需求。三是全球经济好转但前景不确定。据2020年1月20日国际货币基金组织（IMF）发布的《世界经济展望报告》更新内容预计，2019年全球经济增速为2.9%，2020年为3.3%，2021年为3.4%。

（二）不利因素

2020年，我国和广州市国民经济面临结构转型，经济下行压力持续加大。特别是当前新冠肺炎疫情，对2020年中国和广州市经济造成一定影响，对住宿、餐饮、交通、旅游、娱乐等主要消费及服务业直接影响明显，延迟复工复产对工业生产、外贸出口等方面也会造成影响，尤其是相对脆弱的民营中小企业首当其冲。我们分析了受"非典"疫情影响的2003年广州市社零总额数据：2003年，广州市社零总额同比增长9.0%，增速比2002年（增长9.8%）回落0.8个百分点。其中，全市住宿和餐饮业零售额同比增长6.0%，增速比2002年（增长10.9%）回落4.9个百分点；作为第三产业，受"非典"疫情的影响更大且恢复需要的时间更长。这次新冠肺炎疫情将给中国经济带来一定挑战。2020年春节以来，广州市居民家庭因疫情影响外出活动减少，消费支出下降。广州市不少商店、餐饮企业因疫情影响春节后延长放假。到2020年2月12日，广州市11个区全部暂停餐饮单位堂食服务，禁止一切聚集性用餐活动，住宿和餐饮业受到的影响最大。在目前疫情发展仍存在不确定性的情况下，我们对新冠肺炎疫情发展影响的初步研判是：估计疫情将会对2020年广州市社零总额增速，特别是对住宿和餐饮业零售额增速造成短期性较为明显的影响。另外，考虑到广州市近几年传统商业零售增长乏力、电商由于网上购物市场竞争趋于激烈而出现零售额增速不断回落的现状，预计2020年广州市消费品市场面临较大下行压力。

五　2020年广州实现消费稳增长的对策建议

2020年，面对新冠肺炎疫情等的不利影响，广州市应迎难而上，积极扩大消费，着力提升增长内生动力，增强经济发展韧性，推动广州商贸经济高质量发展。

（一）增强居民消费信心，着力稳定和扩大居民消费

食品安全、提高收入仍然是目前广大市民最关切的民生问题。增强居民消费信心、稳定和扩大居民消费是广州市实现 2020 年经济社会发展目标任务的重要举措。目前，广州市要努力确保经济平稳运行与社会和谐稳定，稳定就业增长，继续深化收入分配制度改革，多渠道增加居民收入，保持市场供应和物价基本稳定，扎实做好民生保障工作。加大市场监管、商品安全（特别是食品安全）、服务卫生的执法力度，尤其应加强对消费品市场（包括网上销售服务）各个环节的监管，严厉打击假冒伪劣商品、虚假宣传、网络欺诈等不法行为。努力营造安全放心、公平公正的良好市场消费环境，增强居民消费信心，激发居民消费潜力释放，稳定和扩大居民消费增长。

（二）推动传统商业转型升级，加大优质产品有效供给

要适应当今商品流通发展新趋势，以更好地满足消费者需求服务为中心，大力推进传统商贸业转型创新发展，引导百货商场、连锁超市、便利店等传统零售业优化业态结构，赋予门店更多体验功能和社交功能，以吸引顾客、留住顾客；鼓励发展新型消费业态，培育线上线下融合发展的新型市场主体，提高企业竞争力和为消费者提供优质服务的能力。同时，要深化消费领域供给侧结构性改革，顺应国内消费升级发展趋势，借助互联网技术、科技创新、文化艺术等因素，开发适销对路产品，开展精准服务、定制服务，培育创新产品、挖掘新的消费热点，加快释放新兴消费潜力，增加高质量、高水平、高附加值的优质产品和中高端消费品有效供给，以刺激扩大内需，满足个性化、多样化、不断升级的消费需求，并抑制"消费外溢"现象。

（三）擦亮广州城市名片，发挥广州商业发展优势

在粤港澳大湾区加快融合发展步伐的今天，广州市要进一步加强宏观规

划和政策引导，全面增强消费引领功能，发挥广州发展优势，擦亮广州市"千年商都""食在广州""住在广州""旅游名城""会展之都"等名片，精心规划、打造广州各具岭南文化特色与现代商业特质的商圈、商业街、美食街、旅游区等，着力在综合城市功能、城市文化综合实力、现代服务业、现代化国际化营商环境等方面，实现广州"老城市新活力""四个出新出彩"，将广州商业资源优势转化为产业发展优势，加快广州市建设国际消费中心城市的发展。同时，广州市要大力推进工农商旅文展等融合联动发展，发挥好各自优势，组织好各行业、各部门"同台大合唱"。继续办好"广州国际购物节""广州亚洲美食节""广州时尚周"等有广州"标志性"的节庆活动，以丰富广州市民的购物饮食文化生活，并吸引更多的中外游客到广州旅游、消费。

（四）大力打造良好营商环境，着力提高企业竞争能力

广州市应深入推进"放管服"改革，大力打造和优化企业发展的现代化国际化良好营商环境，着力提高商贸企业竞争能力。一方面，市场主体有活力，企业高质量发展才有源头活水。当前，广州市要认真抓好2020年初印发的《广州市对标国际先进水平、全面优化营商环境的若干措施》的贯彻执行。要努力为企业打造一个更加便利高效、公平公正公开竞争的良好营商环境，激发市场主体创新、创业、创造的积极性，破解制约企业发展的难题，制定好、实施好、落实好各项扶持促进企业发展的政策措施，促进市场活力释放，让商贸企业真正从政策中增强发展信心。另一方面，要引导商贸企业强化人才意识，实施"科技兴商"和"文化兴商"，加强企业经营管理，重视应用现代科学技术手段、实施品牌竞争战略、建设企业文化来拓展企业发展空间，提高创新能力，为客户提供"精准"优质服务，努力实现商贸企业经营管理水平、服务质量、经济效益、核心竞争力"四提高"，实现商贸企业做大、做优、做强，促进广州商贸业高质量发展。

B.5
关于加快广州家政服务业发展的探讨

刘 旭 朱德毅 莫小英*

摘 要： 发展家政服务业是改善民生、扩大内需、促进消费升级的重要途径之一。2019 年以来，国家相关部门出台了《关于促进家政服务业提质扩容的意见》及一系列政策措施，作为推动经济高质量发展的重要途径之一。本文阐述了家政服务业境内外发展状况，并分析广州市家政服务业发展面临的机遇和存在的主要问题，提出了加快家政服务业发展的思路和对策。

关键词： 家政 服务业 消费升级

加快发展家政服务业是改善民生、扩大内需、促进消费升级的民生工程，2019 年 6 月，国务院办公厅出台了《关于促进家政服务业提质扩容的意见》，对加快家政服务业发展、家政服务业规范化和国际化、推动经济高质量发展、满足人民群众对美好生活的追求，都具有十分重要的意义。

一 境内外家政服务业发展情况分析

（一）境外主要国家（地区）家政服务业发展情况

1. 美国

美国是近代家政学的发源地，许多大学设有家政专业进行家政管理培

---

* 刘旭，广州市商务局处长，研究方向是国际贸易、产业经济服务贸易；朱德毅，广州市家庭服务行业协会会长，研究方向为家政服务业；莫小英，广州市家庭服务行业协会原会长，研究方向为家政服务业。

训。家政服务公司主要分为三类：第一类为家政服务方案提供商，以电视和杂志等为媒介为有需求的家庭提供解决方案和服务；第二类为家政服务平台，借助互联网以O2O方式为家政服务人员与有需要的家庭提供对接服务；第三类为传统家政服务企业，依靠积累的家政服务人员资源为有需要的家庭提供家政服务。家政服务公司可提供信息咨询、保洁技术推广、清洁设备及环保产品、家政服务、保洁服务等。家政服务人员上岗前要接受培训，内容包括家政服务的范围和项目、清洁卫生的标准以及为老人服务的项目（如洗衣服、洗澡，陪老人看病取药）等。美国每年都有许多新移民涌入，家政服务公司偏爱雇请中年新移民做家政服务，只要培训合格上岗，公司就会提供免费的医疗保险，使新移民愿意从事家政服务。美国家政服务人员约有100万人，月工资约为2000美元（折合人民币约13400元）。

2. 日本

日本政府重视家政服务业，家政服务属于正式工种，培训注重细致和规范，家政服务人员若住家，每月工资最高达50万日元（折合人民币3万多元），故大部分以钟点工为主，每天11000日元（折合人民币660元）。日本中小学设立了家政必修课，学生高中毕业后可报考各类家政大学，使家政服务行业具有大学学历的高素质人才。日本的家政服务人员服务态度好，雇主若要解雇家政服务人员，需要提前30天告知，否则雇主要支付家政服务人员平均工资60%以上的歇业补贴。日本是世界上最长寿的国家之一，男性平均寿命约为80岁，女性平均寿命约为86岁。日本在家政养老理念、制度和服务标准等方面走在世界前列，政府建立了包含"养老保险、劳动保险、医疗保险、介护保险"的社会保障体系，制定了《职业安定法》、《劳动标准法》和《介护保险法》等重要的法律及相关培训标准，通过市场化运作，日本家政服务产业持续健康发展。

3. 菲律宾

菲律宾家政服务输出收入占该国外汇收入的约70%，占该国GDP的8%，每年向全球派出家政服务人员超过250万人，占据了中国香港地区很大部分的市场份额，并输出到日本、东南亚和美国等国家和地区。出国做家政服务工作在菲律宾是引以为豪的事情，工资远高于国内白领等一般职业。菲律宾家政服务人员服务技能和服务态度好，这些人员主要是拥有大专以上学历或在家政培训机构培训2年以上的女性，她们除能熟练操持家务外，还会护理老人、讲英语等，具有较好的国际声誉。菲律宾政府制定《劳工法典》，成立海外就业管理局负责组织劳务派遣，家政服务人员必须通过技能和外语专门培训并考核合格后，才能出国工作。近年，菲律宾家政服务人员也开始输入中国的上海、北京和广州等地区。随着中国对高端家政服务人员的需求不断增加，放宽菲律宾家政服务人员进入国内市场标准的呼声与日俱增。

4. 中国香港地区

香港地区有家政服务人员约30万人，其中外籍者约为20万人，主要是菲律宾籍10万人，此外还有印尼、缅甸和孟加拉籍家政服务人员。香港主要根据《劳工法例》和出入境事务相关管理条例对从香港以外地区聘用家政服务人员进行管理。其中，引进菲律宾家政服务人员的模式在国际上有较高的知名度。

（1）港方与菲方协商机制。中国香港特区政府与菲律宾劳工部商定引进菲律宾家政服务人员在出入境管理、用工范围雇主调查、最低工资、节假日安排、工作和住宿环境等方面的有关规定，并签署协议。

（2）港方审核和管理机制。一是雇主调查。包括调查雇工的背景、经济能力（雇佣1名菲律宾家政服务人员，雇工家庭月经济收入不能少于1.5万元）、有无犯罪或其他不良记录等情况。二是雇佣合同。香港居民雇佣菲律宾家政服务人员时需签订为期2年的雇佣合同，合同一式4份，香港入境事务处、菲律宾驻香港领事馆、雇主和菲律宾家政服务人员各执1份。三是雇佣工资。中国港方与菲律宾劳工部商定关于菲律宾家政服务人员的工资在雇佣合同中规定不少于4110港币（每年根据香港当年GDP增长率进行微调）。四是雇佣双方权利与义务。第一，雇主需承担菲律宾家政服务人员的体检费用、驻港领事馆核实费用、签证费、保险费和菲律宾海外人员雇佣费用等。第二，菲律宾家政服务人员需按照最低工资雇佣合同提供相关家政服务，可享受每周1天的劳工假期和其他法定假期。第三，菲律宾家政服务人员不能兼做私家司机，但可定点、专线接送小孩和买菜。第四，中国香港和菲律宾官方都委托有资质的第三方中介机构负责菲律宾家政服务人员引进的具体业务。

（3）雇佣流程。首先由香港雇主向劳工处等部门提出雇佣菲律宾家政服务人员请求，然后由香港劳工处委托有资质的中介机构对雇工情况进行核实调查，向菲律宾驻香港领事馆劳工处提出请求，菲律宾驻香港领事馆劳工处核实后，委托菲律宾中介机构对菲律宾家政服务人员进行适应香港生活的业务培训，再办理家政服务人员入境香港手续，并签署雇佣合同，菲律宾家政服务人员就可从事家政服务工作。

（二）境内主要城市家政服务业发展情况

近五年来，我国家政服务业产业规模持续扩大，持续保持 20% 以上的年增长率，家政服务企业超 65 万家，吸纳了超 2800 万名从业人员；服务模式不断创新，在保障民生、扩大内需和精准扶贫等方面作用日益明显。

1. 北京市

北京市家政服务企业有 5300 多家，从业人员超过 50 万人，近年出台了《关于鼓励发展家政服务业（"家七条"）的意见》和《关于鼓励家政服务企业实行员工制管理的试点意见》，鼓励家政服务企业试点实行员工制，给予社会保险补贴及员工培训补贴、免征中小企业发展专项资金等支持政策。开发和推广了员工制家庭服务企业信息管理系统，依托北京市社区服务平台96156 实现了家政服务信息共享。认定了市级家政服务员定点培训机构，开展家政服务员职业技能培训和鉴定工作，通过岗前培训和在职培训，提升家政服务的质量。

2. 上海市

上海市登记注册的家政服务机构约有 2400 家，从业人员近 50 万人。在全市范围内共创建 166 家示范性家政服务站，设立示范内容、创建标准、服务流程、投诉流程和督察制度以及培训制度等。开展家政服务培训并由家政服务公司统一颁发家政服务上门证，通过一人一证一码，实现家政服务安全和可追溯。制定了《家政服务机构管理要求》，推广使用《上海市家政服务合同示范文本》，通过上海示范性家政服务站的中央管理信息平台每季度首月向社会发布行业工资指导价供市民参考，提升家政服务标准化程度和服务品质。组织引入贫困地区的家政服务人力资源，拓宽了家政服务人员渠道。上海开放大学开设了家政管理专业，上海市家庭服务业行业协会与中国劳动社会保障出版社联合出版了《家政服务专项职业能力》《家政服务实用英语》等培训教材，举办家政技能培训班，增强了从业人员职业归属感，也提高了市民对家政服务的认可度和获得感。

3. 广州市

（1）制定标准推动行业规范发展

广州市家政服务企业有1490家，从业人员有60万人。广州市家庭服务行业协会于2009年编写了广州市地方标准《家庭服务业服务规范》，出台了全国首个家政服务三方合同标准文本。已制定《广州家庭服务业行业服务规范》《广州家庭服务业行业公约》《家政人员行为规范》等行业规范和标准，公布服务投诉电话，加强行业自律，调解消费纠纷。企业创品牌的意识有了较大提高，八成以上的企业注册了商标。开展企业等级评定工作，每年举办全市家庭服务行业技能竞赛，发布《广州市家庭服务行业发展报告》。开展家政服务精准扶贫对接工作，与广东省清远市和韶关市、贵州省毕节市、广西壮族自治区百色市等开展了贫困地区劳务人员输出的对接和交流活动。

（2）加强从业人员业务能力培训

推进家政服务从业人员培育，全市共有11所职业院校开设家政及养老服务护理等相关专业，36家民办培训机构开设保育员课程，11家民办培训机构开设养老护理员课程。依托商务部"家政服务工程"项目，认定有资质的家政服务培训机构开展从业人员技能培训。

（3）推动商务诚信建设

构建广州市家庭服务行业诚信管理体系，即"诚信信息查询平台""企业和家政员红黑名单""家政服务员诚信服务卡"三位一体的行业诚信体系。引导企业诚信经营，对经市场监督部门核实被列入经营异常名录满3年的企业，将列入严重违法失信企业名单，并在国家企业信用信息公示系统中向社会公示，对违法企业依法查处。推广使用"家政服务员诚信服务卡"，获诚信服务卡的家政服务人员人数已超过5000人；雇主通过手机扫码即可查询家政服务从业人员诚信服务记录，最大程度降低雇主用人和家政服务企业的经营风险。

（4）公共平台影响不断扩大

广州市家庭服务行业诚信自律平台拥有家政服务公司、家政服务人员及证书查询、行业诚信、法律咨询、投诉等23项功能，并在广东省"诚信粤商"公共平台和商务部"家政服务信用信息平台"正式上线。平台业务范围由广州市不断扩大到广东省各地级市，以及广东省外的北京、河北、天津、贵州、吉林、辽宁等地，平台进驻家政服务公司16579家，家政服务人员151.49万人，客户4.56万家；《广州日报》《羊城晚报》《南方都市报》等主流新闻媒体做了采访报道。

（5）促进"家政+养老"融合发展

把"家政+养老"服务列为全市社区居家养老服务改革试点的重点任务。成立了"家政+养老"专业委员会，制定了工作条例。扩大政府购买养老服务范围，对家政服务机构针对8类困难居家老年人开展上门助餐、助洁、助浴、洗涤、生活护理、陪伴就医、代办服务等生活照料服务的，给予服务补贴、价格减免、创办补贴、运营补贴、星级评定补贴等政策支持。

二 广州市发展家政服务业的环境分析

（一）广州市发展家政服务业面临的机遇

（1）国家顶层设计为家政服务业提质扩容提供了强大动力。习近平总书记在2018年"两会"期间参加山东代表团讨论时指出，家政服务业是朝阳产业，既满足了农村进城务工人员的就业需求，也满足了城市家庭育儿养老的现实需求，要把这个互利共赢的工作做实做好，办成爱心工程。国务院2019年6月出台了《关于促进家政服务业提质扩容的意见》（国办发〔2019〕30号），广东省2019年8月出台了《实施"南粤家政"工程促进就业工作方案》，广州市加快完善家政服务业相关政策措施，为加快家政服务业发展提供强大支撑。

（2）消费升级推动家政服务需求不断增长。广州市经济总量位列全国前三位，人均 GDP 也居于全国前列，使家政服务刚性需求不断增长。国家二孩政策的推行、人口老龄化加速使产后康复、婴幼儿照料、老年人陪护等家政服务需求不断增长，随着中国人均可支配收入迅速提高，消费能力和支付能力变强，对高素质家政服务的需求也迅速增加。

（3）外籍家政服务人员逐步开放有利于家政服务行业优胜劣汰和产业升级。一是香港已有 40 多年引进菲律宾家政服务人员的经验，建立了较完善的管理制度和保障措施，而广州与香港在文化语言、生活习俗、经济发展水平等方面很相似，可借鉴香港成功的业务模式；二是广州市是服务贸易创新发展试点城市，广东自贸区可在 CEPA 框架下扩大对港澳开放，借鉴香港引进菲律宾家政服务人员的业务模式，有利于进一步推动粤港澳大湾区服务贸易自由化；三是菲律宾设有驻广州总领事馆，有利于广州市政府职能部门与菲方沟通联系和对菲律宾家政服务人员进行有效管理；四是目前广州市从事家政服务业企业大部分经营理念落后，服务人员素质较低，无法提供市场急需的大量高素质家政服务人员，而引进菲律宾家政服务人员，既可提供市场急需的大量高素质家政服务人员，又可引发广州市家政服务业的鲇鱼效应，倒逼行业从业人员素质的提升，形成良性市场竞争。

（4）当前家政服务的需求已从原来的简单劳务型向知识技能型和管家型转变，家政服务行业应抓住机遇加速转型升级，强化从业人员业务素质和专业技能培训，以满足市场日益增长的专业化、个性化、高端化的服务需求。

（5）通过与贫困地区对接举办家政培训班，既可缓解家政服务人员短缺的问题，又能使贫困家庭一人从事家政服务全家脱贫，有利于打赢脱贫攻坚战，一举两得。

（二）广州市发展家政服务业面临的主要问题

（1）家政服务市场需求规模大但供给严重短缺。随着我国二孩政策的全面放开，老人陪护、病患护理和婴幼儿看护是需求量最大的家政服务，但广州市家政服务大企业占比不足10%，企业规模总体偏小，服务水平较低，供需严重不平衡。

（2）家政服务人员素质有待提升。从业人员职业化水平偏低，而且由于对家政服务存在职业偏见，农村转移劳动力和城市下岗职工中愿意从事家政服务的越来越少，使家政服务从业人员缺口越来越大。

（3）高端家政服务人员严重不足。随着我国年轻一代的家庭收入不断提高，消费升级使高端家政服务需求呈井喷式增长，目前高端家政服务内容已经不局限于日常清洁和饮食照料，越来越多的雇主希望家政服务人员能够掌握食品营养知识、育婴、早教和医疗护理等许多技能，同时对茶艺、西餐和日常英语等技能都有要求。但目前此类高端家政服务供给严重不足。

（4）存在菲律宾家政服务人员以不合规方式进入广州等内地市场的问题。近年来，已有越来越多的菲律宾家政服务人员进入内地高收入家庭，主要原因是内地工资（如广州市工资为6000元人民币以上）要比香港工资（4200港元以上）高，菲律宾家政服务人员服务技能和服务态度好，本土保姆的整体水准难以满足需求，而由于我国现行法规仅允许少量外籍家政服务人员进入北京、上海和广州等试点地区的外国投资者企业高管，或者海外归国高层次人才的家庭，并不允许菲律宾家政服务人员进入国内一般家庭的家政服务市场；加上家政服务市场管理欠规范，菲律宾家政服务人员实际上主要以三种途径变相进入内地家庭：一是以引进菲律宾籍教师或培训师名义，实际上从事家政服务的方式；二是旅游签证；三是跟随雇主或是名义上受雇于雇主所在的公司拿到每半年更换一次的商务签证，进入内地家庭打工。

（5）行业管理不够规范。家政服务行业培训市场较混乱，行业缺乏统一标准，培训机构不规范。劳动保障制度不健全，虽然早在1998年劳动部就已将家政服务员列为法定工种之一，但实际上许多家政服务人员一直没有建立劳动关系和办理社会保险，劳资纠纷事件屡有发生。

（6）医疗与养老服务衔接不好。目前，广州市60岁以上的户籍人口超120万人，但医养结合效果欠佳，由于政府职能部门多头管理，家政属商务部门管，医疗属卫生部门管，养老属民政部门管，部门之间的规定衔接欠佳，在社保卡项目报销、以房养老等方面存在很多障碍，虽然医养结合有强大的消费需求，但实际难有较好的市场供给。

三 广州市加快发展家政服务业的思路与对策

（一）发展思路

广州市贯彻落实《关于促进家政服务业提质扩容的意见》（国办发〔2019〕30号），以推进"南粤家政"工程为契机，出台家政服务业相关配套政策和措施，补短板，强弱项，创新体制机制，促进家政服务规范化、专业化和国际化，全面推动家政服务业高质量发展，努力满足人民群众日益增长的美好生活需要。

（二）发展目标

通过政策引导、制度创设和规范提升，加快建设街（镇）家政基层服务站，创建一批高水平的现代家政综合培训就业示范基地和家政服务培训示范基地，搭建公共服务平台，大力培育家政服务龙头企业和提质扩容"领跑者"企业，强化技能提升培训和商务诚信建设，全面提升广州市家政服务业的发展水平。

（三）广州市加快发展家政服务业的对策建议

1. 加强家政服务业领导和体制机制建设

成立广州市推进家政服务发展领导小组，由市领导担任组长，市人社、发展改革、商务、民政、卫生健康、妇联等部门，行业协会和各区政府为成员单位，建立统筹推进家政服务提质扩容的工作协同机制，加快完善家政服务业相关配套政策措施，组织认定家政服务龙头企业和示范基地，开展公共服务平台建设、扶贫对接、产业研究和促进活动等。

2. 加快家政服务业公共平台建设

（1）建设家政服务综合平台。发挥行业协会的桥梁作用，建设集家政服务、培训、就业、供需对接、信息发布、政策咨询、行业管理等功能于一体的广州市家政服务综合平台，推广使用集实名认证的身份信息、从业经历、培训等信息为一体的家政服务员诚信服务卡，健全家政服务行业诚信记录、跟踪评价和管理制度，利用动态数据对家政服务行业实现全面追溯管理。

（2）创建高水平的家政培训基地。鼓励各类高等院校、职业院校开设家政服务类专业，将其纳入广州市职业院校扶持专业目录，给予政策支持。推动职业院校与有实力的家政服务企业合作建立示范性实习实训基地，积极培育和开展产教融合型家政服务企业、新型学徒制订单培训，认定一批现代家政综合培训就业示范基地、家政服务培训示范基地。

（3）建立家政服务人才培养联盟。以家政和养老服务协会、企业、职业培训院校为主体，开展校企合作，共同开展家政人才培养和定向输送工作。创新家政服务人员技能提升机制，支持家政服务从业人员通过高职扩招专项考试、专升本等多种渠道，提升学历层次。符合条件的员工制家政服务企业可享受员工免费岗前培训和"回炉"培训。每年定期举办广州市家政服务行业技能竞赛，通过高水平竞赛培养高素质家政服务技能人才，形成技能培训操作、实训技能鉴定、就业服务一体化的服务体系。

3. 规范家政服务业管理

（1）建立家政服务领域技能评价标准体系。完善培训课程体系建设，健全职业资格评价、职业技能等级认定和专项职业能力考核等多层次技能人才评价方式，每年开展保育员、育婴员、妇婴护理员在职培训。在家政服务公司全面推广使用规范的合同文本。

（2）开展行业培训认证和建立行业岗位鉴定所的工作。有资质的校企合作、培训机构开展从业人员上岗培训，建立家政服务质量第三方认证和行业岗位鉴定机制，提高家政服务从业人员的整体素质。

（3）创建优质家政服务企业品牌。重点抓好母婴服务、居家服务、养老服务和医护护理等领域，实施技能提升、就业创业和品牌创建工作。培育家政服务龙头企业和提质扩容"领跑者"企业，鼓励家政服务企业实行员工制管理，对从业人员依据实际缴纳的社保费给予补贴。支持家政服务企业规范化和连锁化发展。规范商标标识，规范服务标准，规范合同文本，规范技能培训，规范信息系统。

4. 借鉴引入外籍家政服务的先进模式

借鉴香港管理机制，由商务、公安、人社等部门建立协调机制，出台引进外籍家政服务模式试点管理办法，加快培养本土高端家政服务人员，提升广州市家庭服务业的专业化、规范化和国际化水平。

（1）先在外籍和台港澳高层次人才的家庭范围内试点，符合相关条件的家庭原则上可申请 1 名外籍家政服务人员。外籍和台港澳高层次人才的认定标准：一是参照北京、上海的标准，确定为上年度工资性年收入 60 万元以上，且年缴纳个人所得税 12 万元以上的在穗就业外国人和台港澳人士；二是经市级以上（含市级）组织、人社等主管部门认定的外籍人才和台港澳高层次人才；三是获得广州市荣誉市民称号的外籍和台港澳人士；四是在广州市注册的全球 500 强企业、中国 500 强企业的外籍高级管理人士。

（2）待取得阶段性成果后逐步向广州市具备一定条件的更多家庭开放，主要有：一是上年度广州市排名前 500 位的纳税大户企业的中方高级管理人员；二是在广州市注册的全球 500 强企业、中国 500 强企业的中方高级管理人士；三是海归高层次人才；四是年收入 30 万元以上的家庭。

（3）加强与香港特别行政区政府驻粤经贸办、菲律宾驻广州总领事馆的沟通联系，学习香港引进菲律宾家政服务人员的管理制度，出台广州市外籍家政服务人员雇佣条例和实施细则，明确服务规范及相应标准，作为广州市管理外籍家政服务人员的法规依据。确定菲律宾家政服务人员服务合同范本，作为雇主与菲律宾家政服务人员共同遵守的约定。对菲律宾家政服务人员签证、工资标准等按照行业标准、业务规范、服务合同进行管理。

（4）培育并输出本土高端家政服务人员。在广州市职业学院开设高水平的家政服务专业，引进菲律宾和中国香港地区的先进课程设计、教学体系和培训模式，认定试点外籍家政服务企业和培训机构。重点培训熟练掌握外语和粤语且家政业务技能熟练的高端家政服务人员，定向输出到因海外华人增长而对家政服务人员有较大需求的美国、日本等国家及中国澳门地区。

5. 创新家政服务模式

（1）促进"家政＋养老"融合发展。做好"南粤家政"工程中的养老服务培训项目，创建一批"家政＋养老"实训示范基地，建立"家政＋养老"模式的行业标准和操作流程。开发养老护理员专业培训教材和职业培训包，举办养老护理员培训班，重点培养有医护和养老知识的护理员。放宽职业技能等级认定标准，提升培训层次。开展养老机构登记评定工作并实行"以奖代补"政策。充分发挥基层社工站作用，创新设置基层家政服务站、社区养老院和卫生服务中心，在本市各街镇（社区）建设家政基层服务站，打造"10分钟社区居家养老服务圈"。完善社区居家养老服务规范，努力实现社区（村）家政养老服务全覆盖。

（2）推进医养结合家政服务新模式。建立民政、卫生、商务、妇联等部门和各区联动的医养结合联动机制，整合社区家政、养老和医疗等服务资源，建立养老机构和医疗机构预约就诊、双向转诊等合作机制。健全以家庭为基础、社区为依托、机构充分发展、医养有机结合的多层次养老服务体系。发展老年康复医院，以及医养结合的养老机构，支持医学类院校、职业院校增设护理、康复、老年保健等专业课程。扩大培养养老护理人才，鼓励医护人员到养老机构内设医疗机构执业，其可在职称评定上享受同等待遇。鼓励更多的家庭医生上门为居家养老、社区养老和机构养老的老年人提供医护服务。鼓励居家养老服务指导中心建立养老护理方向的家政服务培训实训平台。支持社区卫生服务中心增加养老服务设施，加挂社区医院牌子，使社区养老机构能够为入住老人提供医疗卫生服务。鼓励养老机构、社会力量与二级以下医疗机构以及与康复和护理等机构合办医养结合机构。对医养结合的养老机构在房租、用水用电价格上给予政策优惠。引导保险机构开发医养类保险，探索开展长期护理保险试点，提升医养结合服务供给能力。形成居家养老、社区养老和机构养老三种形式相结合的医养结合服务模式。

（3）鼓励企业利用新技术和新业态提升家政服务水平。借鉴美国家政服务的先进经验，培育发展本土家政服务解决方案的提供商。鼓励企业利用互联网、大数据、云计算等信息技术，开发家政服务信息系统、App、家政电商平台等，提高家政服务公司、雇主与家政服务人员供需对接成功率。大力开发护理设备、康复设施、智能产品、辅助器具等家政和养老新产品。举办国际家政及康复医疗展览会，为家政服务企业扩大康复护理、智能家居等业务。鼓励保险公司开发家政服务责任保险、意外伤害保险产品，鼓励有条件的家政服务企业为从业人员统一投保。

6. 营造家政服务业良好的发展环境

（1）推进家政服务行业诚信体系建设。将家政服务诚信记录纳入社会信用体系，建立守信企业"红名单"和失信企业"黑名单"的信用分级管理制度。对存在违法违规和重大失信行为的家政服务企业及从业人员实行联合惩戒，并通过广州市家政服务行业诚信自律平台等渠道予以公布，构建以信用为核心的新型家政服务管理体系。

（2）健全家政服务领域劳动保障维权机制。大力发展员工制家政服务企业，鼓励家政服务人员作为灵活就业人员按规定自愿参加城镇职工社保或城乡居民社保。适时发布家政服务行业工资指导价，完善特殊工时制审批服务。充分发挥行业协会等社会组织作用，引导行业自律，为家政服务从业人员提供劳动争议仲裁、信访、法律援助等维权服务，确保家政服务业健康有序发展。

（3）建立家政扶贫对接帮扶机制。积极参与精准扶贫，拓宽家政服务人力资源渠道。推进广州市与梅州、清远市以及贵州、广西等省区市开展家政服务合作，支持在当地共建家政扶贫基地，吸纳当地人员包括贫困户来穗从事家政服务。鼓励广州市技工院校与对口帮扶地区特别是卫生院校开展合作，把家政服务作为职业技能的重要培训内容，扩大面向扶贫对口帮扶地区的自主招生规模，为广州市输出家政服务从业人员。

（4）加强宣传引导。加强"南粤家政"和"诚信粤商"等宣传活动，定期开展现场招聘和对接交流活动，通过深入开展家政服务提质扩容活动，激励更多劳动者投身家政服务业，为家政服务从业人员提高社会地位创造更好的条件，共同营造家政服务业良好的发展环境。

经 贸 篇

Economy and Trade Reports

B.6

"一带一路"倡议下广州企业境外
投资的风险与对策研究

陈 和 柴虎虎*

摘 要： "一带一路"倡议为广州企业境外投资提供更广阔的平台，
广州企业在迎来新机遇的同时面临更多风险和挑战。本文在
分析近年来广州企业境外投资现状的基础上，结合影响企业
境外投资风险的因素，从东道国、企业、母国和国际竞争视
角探讨了广州企业境外投资可能存在的风险，并从政府和企
业两个层面提出政策建议：政府应加强双方高层互访，出台
优惠政策解决境外企业融资降费难题，发挥广交会平台优势
和交通枢纽优势，加强与沿线国家在商贸、人员和文化上的

* 陈和，经济学博士，副教授，广东外语外贸大学国际服务外包研究院副院长；柴虎虎，广东
外语外贸大学经济贸易学院硕士研究生。

交流；企业可通过成立调研小组、借助海外商会和华侨力量全面了解东道国的国情、政情、商情和人情，同时企业要优化境外投资产品结构，培养国际化人才，自觉遵守当地法规，树立企业良好形象。

关键词： "一带一路" 境外投资风险 对外开放

一 引言

1978年以来，广州作为中国对外开放的"排头兵"和"领头羊"，为中国改革开放事业做出突出贡献，广州企业也在40年改革开放中积累了丰富的对外投资经验。2013年，国家提出"一带一路"倡议，鼓励企业积极到共建"一带一路"国家进行投资，广州是海上丝绸之路的重要港口，"一带一路"倡议赋予了广州新的历史机遇。2013年以来，随着中国政府与共建"一带一路"国家政府的正确谋划和双方企业的积极参与，共建"一带一路"国家的基础设施和营商环境得到很大程度改善，"一带一路"倡议越来越受到共建"一带一路"国家的欢迎。然而，共建"一带一路"国家众多，各国在经济发展水平、政治环境稳定性以及宗教信仰和文化习俗等方面存在诸多不同，这使广州企业对共建"一带一路"国家投资存在许多风险和不确定性因素，"一带一路"倡议在给企业带来历史发展机遇的同时带来许多挑战。本文在探讨广州企业"一带一路"境外投资风险的影响因素基础上，结合广州企业近几年来在共建"一带一路"国家境外投资实践，深入分析广州企业在共建"一带一路"国家投资可能面临的各种风险，并提出应对各种风险的对策建议，这将为今后广州企业更好地参与"一带一路"倡议提供借鉴。

二 广州企业参与"一带一路"倡议的外经贸现状

（一）广州企业与共建"一带一路"国家进出口情况

2010～2018 年，广州企业与共建"一带一路"国家的进出口总额持续增长（除 2016 年外），尤其是 2013 年国家提出"一带一路"倡议以来，广州企业与共建"一带一路"国家的进出口总额增长显著。从增速来看，广州企业与共建"一带一路"国家的进出口增速基本快于全市进出口增速；从广州企业与共建"一带一路"国家的进出口占全市进出口总额的比重可以看出，2013 年"一带一路"倡议提出以来，广州企业与共建"一带一路"国家的进出口比重不断提高，2017 年和 2018 年广州企业与共建"一带一路"国家的进出口额超过全市进出口总额的 1/4（见表 1），对共建"一带一路"国家的进出口已经成为拉动全市企业进出口的重要增长点。

表 1　2010～2018 年广州进出口情况

单位：亿美元，%

年份	全市进出口总额	增速	对共建"一带一路"国家进出口总额	增速	占比
2010	1037.76	—	197.97	—	19.08
2011	1161.72	11.94	231.95	17.16	19.97
2012	1171.31	0.83	236.76	2.07	20.21
2013	1188.88	1.51	260.37	9.97	21.91
2014	1306.00	9.85	299.07	14.86	22.90
2015	1338.70	2.51	332.12	11.05	24.81
2016	1297.06	-3.11	314.69	-5.25	24.26
2017	1431.85	10.39	369.96	17.56	25.84
2018	1484.83	3.71	374.31	1.18	25.24

资料来源：根据《广州市对外进出口简报》整理得出。

（二）广州企业在共建"一带一路"国家境外投资现状

1. 广州企业在共建"一带一路"国家境外投资的国别情况

广州是中国最早对外开放的城市之一，广州企业对共建"一带一路"国家投资起步较早。2001年中国加入WTO以来，广州境外投资伙伴国数量不断增加，如表2所示，2002年广州企业境外投资仅限于越南，2017年便同时对15个国家存在境外投资。广州企业对共建"一带一路"国家投资国别数量逐年增加，投资范围不断扩大。

表2　2002～2017年广州企业在共建"一带一路"国家境外投资的国别情况

年份	数量	当年投资国
2002	1	越南
2003	3	俄罗斯、乌克兰、伊朗
2004	3	泰国、柬埔寨、马来西亚
2005	5	波兰、印度尼西亚、越南、俄罗斯、阿联酋
2006	3	阿联酋、印度、越南
2007	2	越南、波兰
2008	3	乌兹别克斯坦、哈萨克斯坦、埃及
2009	7	马来西亚、越南、蒙古国、阿联酋、沙特阿拉伯、捷克、埃及
2010	6	泰国、柬埔寨、越南、印度尼西亚、新加坡、乌克兰
2011	13	柬埔寨、越南、印度尼西亚、新加坡、老挝、缅甸、沙特阿拉伯、阿联酋、孟加拉国、土耳其、印度、蒙古国、俄罗斯
2012	9	柬埔寨、印度尼西亚、新加坡、老挝、缅甸、阿联酋、马来西亚、科威特、捷克
2013	10	柬埔寨、印度尼西亚、新加坡、老挝、缅甸、阿联酋、马来西亚、沙特阿拉伯、印度、泰国
2014	14	巴基斯坦、柬埔寨、老挝、马来西亚、孟加拉国、尼泊尔、泰国、土耳其、新加坡、伊朗、印度、印度尼西亚、越南、埃及
2015	13	阿联酋、沙特阿拉伯、柬埔寨、马尔代夫、孟加拉国、泰国、土耳其、新加坡、印度、越南、俄罗斯、埃及、斐济
2016	11	阿联酋、柬埔寨、泰国、新加坡、印度、越南、缅甸、印度尼西亚、老挝、马来西亚、阿曼
2017	15	柬埔寨、泰国、新加坡、印度、越南、缅甸、印度尼西亚、老挝、马来西亚、沙特阿拉伯、波兰、白俄罗斯、拉脱维亚、俄罗斯、文莱

资料来源：根据《广州统计年鉴》（2003～2018年）整理得出。

2. 广州企业在共建"一带一路"国家历年新增境外投资情况

长期以来，广州企业境外投资主要集中在港澳地区和欧美发达国家，对共建"一带一路"国家投资相对较少，2010 年以前广州对共建"一带一路"国家每年新增投资项目均少于 10 项，占全市每年新增投资项目总数的比重不高。得益于"一带一路"倡议的提出，一方面，2014 年广州企业对共建"一带一路"国家的新增投资项目数增长最快，达到 29 项，2016 年以来每年新增境外投资项目均超过 30 项；另一方面，广州企业在共建"一带一路"国家境外投资金额也在逐年增加，广州企业在共建"一带一路"国家的投资金额占全市境外投资总额的比重也在不断提升。此外，在共建"一带一路"国家新增投资项目数占境外投资项目总数的比重在多数年份远低于对共建"一带一路"国家投资国别数占全市投资国别总数比重（见表 3），这意味着虽然广州企业对共建"一带一路"的多个国家存在投资，但总体而言参与境外投资企业相对较少，未来广州企业对共建"一带一路"国家的投资潜力较大。

表 3　2002～2017 年广州新增境外投资项目数量和投资国别情况

单位：个，%

年份	对共建"一带一路"国家新增项目数	境外投资新增项目总数	占比	对共建"一带一路"国家投资国别数量	投资国别总数	占比
2002	2	7	28.57	1	5	20.00
2003	5	10	50.00	3	6	50.00
2004	5	22	22.73	3	8	37.50
2005	5	17	29.41	5	9	55.56
2006	3	20	15.00	3	8	37.50
2007	3	22	13.64	2	11	18.18
2008	4	28	14.29	3	10	30.00
2009	9	74	12.16	7	20	35.00
2010	8	87	9.20	6	24	25.00
2011	21	86	24.42	13	29	44.83
2012	11	97	11.34	9	27	33.33
2013	12	96	12.50	10	29	34.48
2014	29	174	16.67	14	38	36.84
2015	29	309	9.39	13	40	32.50
2016	31	263	11.79	11	40	27.50
2017	32	149	21.48	15	36	41.67

资料来源：根据《广州统计年鉴》（2003～2018 年）整理得出。

3. 广州企业在共建"一带一路"国家每年新增中方投资额情况

2013 年"一带一路"倡议提出前,广州企业对共建"一带一路"国家每年新增中方投资额较少,且波动较大。"一带一路"倡议提出后,2014 年广州企业在共建"一带一路"国家新增中方投资额达到 76515 万美元,同比增长 284%,占全年全市新增中方投资总额的比重达到 24.64%。受国家外管局对中国企业海外投资风险监管加强的影响,2017 年广州企业境外投资新增中方投资额大幅降低,但对共建"一带一路"国家的新增投资额大幅上升,较上年同期增长 102%,占 2017 年全市新增中方投资额的 62.49%。2018 年广州企业境外投资新增中方投资额与在共建"一带一路"国家的新增投资额均出现不同程度下滑,在共建"一带一路"国家的新增投资额占当年全市新增投资总额比重也回落到 22.60%(见表 4)。总体来看,在"一带一路"倡议提出前,广州企业在共建"一带一路"国家每年新增中方投资额较少且波动性较大,2014 年后,广州企业对共建"一带一路"国家每年新增投资额增长较快,投资额占每年全市新增投资总额比重总体稳中有升。可见,共建"一带一路"国家已成为广州企业境外投资的重要目的地,且未来随着"一带一路"建设的深入推进,广州企业对共建"一带一路"国家的境外投资会进一步增多,双方合作的潜力也会日益增大。

表 4   2002~2018 年广州企业在共建"一带一路"国家每年新增中方投资额

单位:万美元,%

年份	对共建"一带一路"国家新增中方投资额	全年新增中方投资额	占全年新增投资额比重
2002	20	722	2.77
2003	95	362	26.24
2004	2698	3736	72.22
2005	80	5090	1.57
2006	8	8150	0.10
2007	198	767	25.81
2008	213	10724	1.99
2009	3800	41774	9.10
2010	976	46667	2.09

续表

年份	对共建"一带一路"国家新增中方投资额	全年新增中方投资额	占全年新增投资额比重
2011	12490	33277	37.53
2012	14950	46990	31.82
2013	19907	156539	12.72
2014	76515	310484	24.64
2015	84557	404813	20.89
2016	80490	528267	15.24
2017	162259	259672	62.49
2018	48800	215929	22.60

资料来源：根据《广州统计年鉴》（2003～2019年）整理得出。

同时，根据投资国别，本文将 2002～2017 年广州企业境外投资的每年新增中方投资额加总，并按照累计中方投资额进行排序，最终得到广州企业在共建"一带一路"国家境外投资历年累计中方投资额排名（见表5）。在30多个投资国中，累计中方投资额排名前五位的国家分别是沙特阿拉伯、马来西亚、斐济、新加坡和印度尼西亚，排名前11位的国家累计中方投资额均超过1亿美元。从投资国别可以看出，广州企业在共建"一带一路"国家投资主要集中在东盟国家和中东发展较好的国家，在欧洲投资的国家主要有波兰、白俄罗斯、俄罗斯、捷克、乌克兰和拉脱维亚等国，且累计中方投资额规模较小。总体来看，广州企业在共建"一带一路"国家和地区的投资范围和投资规模仍有很大上升空间。

表5　2002～2017年广州境外投资企业在共建"一带一路"国家累计中方投资额排名

单位：万美元

排名	投资国别	累计中方投资额	排名	投资国别	累计中方投资额
1	沙特阿拉伯	111534	7	印度	26744
2	马来西亚	71745	8	老挝	17436
3	斐济	48539	9	阿联酋	15723
4	新加坡	45034	10	泰国	13017
5	印度尼西亚	36846	11	越南	10109
6	柬埔寨	32226	12	波兰	9024

续表

排名	投资国别	累计中方投资额	排名	投资国别	累计中方投资额
13	埃及	6118	23	巴基斯坦	163
14	尼泊尔	5000	24	捷克	150
15	缅甸	3479	25	乌克兰	144
16	马尔代夫	3000	26	乌兹别克斯坦	89
17	孟加拉国	1101	27	拉脱维亚	64
18	蒙古国	604	28	科威特	50
19	白俄罗斯	500	29	哈萨克斯坦	6
20	土耳其	350	30	文莱	5
21	阿曼	240	31	伊朗	0
22	俄罗斯	198			

资料来源：根据《广州统计年鉴》整理得出。

三 "一带一路"倡议下广州企业境外投资的风险分析

共建"一带一路"国家主要分布在东南亚、中东以及东欧等地区，这些国家经济发展程度普遍不高，政府稳定性和经济政策延续性较差，在宗教、文化、社会习俗等方面与中国（广州）差异明显，因此广州企业对共建"一带一路"国家的境外投资面临较多风险。下文基于经济、政治和文化等视角分析广州企业在共建"一带一路"国家境外投资面临的主要风险。

（一）东道国经济风险视角

经济风险是指受东道国经济环境影响，广州企业在境外投资时面临的风险。引发广州企业在共建"一带一路"国家境外投资经济风险的原因众多，主要表现为东道国营商环境的变化、政府债务和信用状况以及来自东道国的贸易保护主义等。其中，东道国营商环境的变化是导致广州企业境外投资经济风险的主要因素，包括东道国的经济发达程度、金融环境、基础设施发展状况、贸易便利化程度、劳动力市场等。共建"一带一路"国家主要为发展中国家，普遍面临经济发展水平不高、基础设施建设发展滞后、贸易便利化程度不高、劳动力素质偏低等问题，这几方面的因素都增大了广州企业境外投资风险。东道国政府债务和信用状况则会影响东道国的汇率和金融业发展，汇率波动也是增大广州企业境外投资风险的重要因素。例如，2017年巴基斯坦、尼泊尔、马来西亚的汇率出现较大浮动，2018年卢布汇率大跌，这使得汇率波动等金融风险成为广州企业境外投资面临的重要风险。来自东道国的贸易保护主义指东道国政府为保护和扶持本国相关产业和企业而对外国企业的投资行为加以不同程度限制。本文从东道国经济方面的风险指标和贸易便利化水平角度来分析广州企业对共建"一带一路"国家投资时面临的经济风险①。本文同样将新加坡和中国的各项指标得分作为参照来分析广州企业对其余共建"一带一路"国家投资时面临的经济风险状况。从表6中可以看出广州企业在大部分共建"一带一路"投资国的整体经济风险指标得分高于中国，广州企业在共建"一带一路"国家境外投资的经济环境不如国内。此外，累计中方投资额较多的国家的整体经济风险指数低于投资额较少的国家，说明东道国经济风险是影响广州企业境外投资规模的重要因素。广州企业累计中方投资额排名前十位的国家中，柬埔寨、老挝的各项经济风险指数较高，企业在对这两个国家投资时要注意潜在的经济风险对企业投资的不良影响。共建"一带一路"其余国家中，埃及、蒙古国、乌克兰、巴基斯坦的各项风险指数偏高，阿曼和土耳其的汇兑风险较高，对这些国家存在投资或未来预期投资的广州企业应持续关注那些高经济风险指标，全方面把握东道国经济环境，合理规避潜在风险。

---

① 衡量东道国经济风险的指标包括宏观经济风险、财政债务风险、汇兑风险和银行系统风险。其中，宏观经济风险包括国民收入、经济增长、经济稳定性、经济结构多样性和经济增长波动率；财政债务风险包括东道国政府赤字率、债务负担、收入水平和债务承受能力；汇兑风险包括东道国贸易收支、外债及流动性和货币地位；银行系统风险包括监管力度、政府支持、银行系统、社会总信贷和私人信贷指标。

表6 广州企业在共建"一带一路"投资国的经济风险情况

排名	投资国	宏观经济风险	财政债务风险	汇兑风险	银行系统风险
1	沙特阿拉伯	41.55	22.22	19.44	35.00
2	马来西亚	5.43	50.79	29.44	34.00
3	斐济	—	—	—	—
4	新加坡	22.02	1.59	0.00	25.00
5	印度尼西亚	17.36	34.92	51.67	45.00
6	柬埔寨	53.49	29.21	57.22	60.00
7	印度	14.88	72.38	43.33	44.00
8	老挝	41.86	69.58	85.00	62.00
9	阿联酋	27.91	11.11	20.56	28.00
10	泰国	15.04	9.84	15.00	32.00
11	越南	33.64	42.86	29.44	53.00
12	波兰	2.79	19.05	46.67	35.00
13	埃及	37.67	86.35	71.11	53.00
14	尼泊尔	—	—	—	—
15	缅甸	42.95	33.75	57.78	60.00
16	马尔代夫	—	—	—	—
17	孟加拉国	30.7	46.03	36.67	58.00
18	蒙古国	64.34	63.17	82.22	63.00
19	白俄罗斯	65.43	11.11	62.78	66.00
20	土耳其	18.91	9.52	72.78	46.00
21	阿曼	48.68	29.52	71.11	44.00
22	俄罗斯	51.01	6.35	27.78	54.00
23	巴基斯坦	36.12	77.14	65.00	52.00
24	捷克	14.73	1.90	27.22	34.00
25	乌克兰	83.57	44.13	60.00	71.00
26	乌兹别克斯坦	44.03	10.42	18.33	64.00
27	拉脱维亚	52.25	10.48	42.22	36.00
28	科威特	35.66	0.00	17.22	43.00
29	哈萨克斯坦	34.42	20.63	66.67	55.00
30	文莱	—	—	—	—
31	伊朗	51.01	38.75	21.67	64.00
—	中国	0.00	27.62	6.67	47.00

资料来源:中诚信国际信用评级公司。

本文使用盛斌和靳晨鑫基于WTO《贸易便利化协定》的贸易便利化测度指标体系测算的共建"一带一路"国家贸易便利化水平（见表7）。广州企业在共建"一带一路"国家累计中方投资额排名前十位的国家中，印度尼西亚、柬埔寨和老挝贸易便利化水平低于共建"一带一路"国家的平均水平，总体而言，累计中方投资额较多的国家的贸易便利化水平高于投资额较少的国家，表明共建"一带一路"国家的贸易便利化程度是影响广州企业境外投资的重要因素，贸易便利化水平是今后广州企业在共建"一带一路"国家投资时需要参考的指标。

表7　广州企业在共建"一带一路"投资国的贸易便利水平情况

排名	国家	总得分	排名	国家	总得分
1	沙特阿拉伯	1.22	17	孟加拉国	0.78
2	马来西亚	1.27	18	蒙古国	1.17
3	斐济	—	19	白俄罗斯	0.52
4	新加坡	1.75	20	土耳其	1.48
5	印度尼西亚	1.13	21	阿曼	0.97
6	柬埔寨	0.92	22	俄罗斯	1.28
7	印度	1.25	23	巴基斯坦	1.17
8	老挝	0.70	24	捷克	1.55
9	阿联酋	1.35	25	乌克兰	1
10	泰国	1.38	26	乌兹别克斯坦	0.63
11	越南	1.36	27	拉脱维亚	1.60
12	波兰	1.66	28	科威特	0.74
13	埃及	1.19	29	哈萨克斯坦	0.98
14	尼泊尔	0.69	30	文莱	1.19
15	缅甸	0.54	31	伊朗	—
16	马尔代夫	0.51	—	中国	1.36
	57国平均值	1.14			

资料来源：参见盛斌、靳晨鑫《"一带一路"沿线国贸易便利化水平分析及中国的对策》，《国际贸易》2019年第4期。

（二）企业视角

1. 所有权差异对广州企业境外投资风险的影响

不同所有权的企业在应对境外投资风险时存在差异。孙焱林和覃飞的研究表明，"一带一路"倡议对非国有企业的对外投资风险的降低程度更显著。如图1所示，2015～2017年在共建"一带一路"国家投资的广州企业中，私营企业每年新增中方投资额最多，国有企业和外资企业的投资额相对较少。私营企业往往追求利润最大化，对风险极为敏感，一旦预期到外部风险便会迅速做出决策，但限于企业规模和对外投资经验，广州私营企业尤其是规模较小的企业缺乏国际化经营思维，加上多数私营企业境外投资普遍面临融资难问题，当外部发生突发风险时，私营企业境外投资便会遭受重大损失，甚至被迫退出东道国市场。尽管国有企业实力强且融资较容易，对风险的承受能力更强，对风险不如私营企业敏感，但部分国有企业的境外投资可能承担更多社会责任和政治目的，更容易受到东道国政府的安全审查。此外，受限于机制约束，国有企业境外投资要经上级部门审批，项目和出境人员的审批程序较为复杂，这些都使国有企业难以快速适应多变的国际环境，可能增加广州国有企业对外投资风险。外资企业对外投资经验丰富，具备专业的国际化人才，因此企业境外投资风险相对较低。总体上，在共建"一带一路"国家投资的广州企业以私营企业为主、外企次之、国企较少，这一特点使广州企业对共建"一带一路"国家投资时面临较高风险。对此，不同所有权的企业可以相互学习和借鉴对方的成功经验以应对复杂的国际投资环境。

2. 产品结构对广州企业境外投资风险的影响

现阶段广州企业境外投资的普遍短板是缺乏知名的国际品牌和核心技术，大部分广州企业是因为国内经营成本上升而被迫到经营成本相对较低的国家投资，广州企业将生产模式和运营方式搬到国外，这样的境外投资产品结构也表现为单一性和低端化，会降低企业的抗风险能力。一方面，产品结构的单一性和低端化会使广州企业境外投资面临竞争对手的冲击，如广州企业在东南亚的境外投资会面临来自日韩甚至国内同行业企业的竞争；另一方

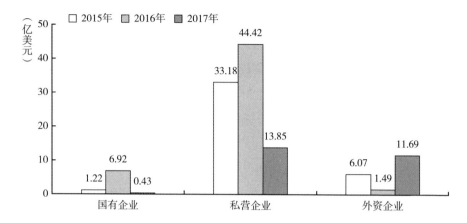

图1　2015～2017年广州不同所有权企业境外投资新增中方投资额情况

资料来源：根据《广州市对外进出口简报》整理。

面，产品结构的单一性和低端化会使投资门槛降低，东道国企业进入相对容易，一旦东道国企业加入同行业竞争，就会使广州企业境外投资面临东道国企业和政府的双重压力，加上国外复杂的政治和经济环境，广州企业境外投资的风险便会大增。此外，广州企业在电力、热力和交通运输等基础设施建设行业虽具有竞争优势，但这些基础设施行业的投资回收周期长，加上日韩企业的竞争压力和东道国投资环境的变化，都会增加广州企业境外投资的不确定性。因此，广州企业境外投资产品结构会影响的企业抗风险能力。

3. 企业内部其他因素对境外投资风险的影响

丰富的境外投资和跨国经营经验、快速高效的风险应对机制会减少广州企业在遭受外来风险时的损失。此外，具备国际化营运管理思维的专业人才有利于广州企业快速了解东道国的国情、政情、民情和人情，帮助企业结合自身需要做出最优决策。

（三）母国视角

影响广州企业境外投资风险的母国层面的因素主要包括母国的经济和制度环境以及境外投资政策的持续性等。2017年以来广州经济面临下行压力，2015～2018年广州企业进出口增速分别为2.51%、－3.11%、10.39%、

3.71%，可以看出广州近几年进出口波动较大。2019年受中美贸易摩擦的影响，广州企业进出口贸易下降的压力仍较大，许多企业在寻求产业升级和产业调整，这也使广州企业境外投资面临较大的资金压力和市场风险，一旦企业转型升级不成功或资金链断裂，都可能导致预期境外投资的资金和技术等资源不能顺利投资东道国市场，从而导致投资项目失败。此外，"一带一路"倡议对企业境外投资风险存在政策效应递减的趋势。广州市出台的政策能否持续为广州企业境外投资提供支持，这些都增加了广州企业境外投资的不确定性。

（四）国际竞争视角

广州企业境外投资的国际竞争主要来自其他发达国家以及东道国同类企业。技术落后和投资不及规模效应所引发的对外投资风险是广州企业与外国企业在竞争中处于劣势的主要原因。仅依靠共建"一带一路"国家廉价劳动力和政策优惠，缺乏具有国际影响力的品牌和核心技术，较低的投资门槛使广州企业经常面对来自发达国家跨国企业和东道国同类企业的双重竞争压力，缺乏竞争力的部分广州企业只能承担更多风险甚至退出国际市场。现阶段广州企业在共建"一带一路"国家境外投资的一个重要领域是基础设施建设和能源建设等大型项目，这些大型项目一旦因缺乏长远规划而使投资规模偏小，项目的规模效应就很难发挥作用。而外国竞争对手凭借完善的投资规划机制和强大的财力支持，大型投资项目能够形成规模效应，从而降低单位产品价格，部分广州企业在竞争时往往处于不利地位。此外，广州企业在共建"一带一路"国家投资还面临国内同行业企业的竞争。

四　对策建议

（一）政府层面

1. 加强双边政府高层互访，打造广州特色的"一带一路"伙伴关系网络

广州市政府要积极主动开展与共建"一带一路"国家和城市间的高

层互动，引导广州与更多共建"一带一路"城市建立友好城市关系，助力双方高质量和有针对性的双边贸易协定的签订，以政府信用为企业境外投资行为背书，增强广州企业在共建"一带一路"国家投资的信心。此外，广州市政府可通过建立针对共建"一带一路"国家的外事服务平台，为广州企业赴共建"一带一路"国家投资提供全面准确的安全风险提示、突发事件处置、投资预警、海外领事保护以及其他方面的商务服务等。

2. 发挥亚洲基础设施投资银行和广东丝路基金作用，出台针对特定企业和市场的金融扶持政策

广州市政府可以在亚洲基础设施投资银行和广东丝路基金的基础上，积极联合市内各大银行和相关金融服务机构出台针对特定企业和市场的金融扶持政策和税收优惠政策，解决广州企业境外投资最关心的融资降费问题。

3. 借助中国进出口商品交易会平台，密切广州与共建"一带一路"国家的商贸流通和人员交流

中国进出口商品交易会（以下简称"广交会"）是中国对外出口的窗口，广州要利用好这一优势平台，发挥广交会在推进"一带一路"倡议上的作用。在广交会期间举办系列宣传活动，提升广州企业在共建"一带一路"国家的知名度和影响力，为今后更多广州企业到共建"一带一路"国家投资打好基础。

4. 发挥广州交通枢纽优势，形成对共建"一带一路"国家海陆空立体交通联运格局

广州可以在白云国际机场已有国际航线的基础上，开设更多对共建"一带一路"国家的国际客货运航线。同时，可在现有"穗满俄"中欧中亚班列和大朗开往越南河内的中越班列的基础上，规划更多对共建"一带一路"国家的货运班列。此外，广州港已经与印度蒙德拉港、马来西亚巴生港等共建"一带一路"地区约40个港口建立了友好关系，在此基础上可开通更多外贸班轮航线，有利于实现对共建"一带一路"国家海陆空立体交

通联运布局，加强广州企业与共建"一带一路"国家的商贸和人员交流，尽可能减少企业境外投资的成本和风险，为广州企业境外投资创造更加便利的条件。

5. 加强广州与共建"一带一路"国家文化交流

广州与共建"一带一路"国家可以通过举办政府间和城市间的大型文化交流活动，促进两地企业和两国民众对对方文化的理解。还可以加强高校间的合作，广州高校一方面可以鼓励师生到共建"一带一路"国家交流学习；另一方面通过政府奖学金吸引更多共建"一带一路"国家留学生到广州学习生活，同时可以创新留学生培养模式，有条件的高校可以鼓励并资助有需求的留学生创业，形成以学促商、以商带学的良好氛围，培育未来致力于从事双边贸易的国际化人才。同时借助孔子学院，在共建"一带一路"国家和城市举办大型中国广州文化活动，进一步提升广州的国际形象，减少广州企业在共建"一带一路"国家投资的阻力。

（二）企业层面

1. 及时掌握共建"一带一路"国家各方面信息

一方面，广州企业可以通过政府文件、商会、合作伙伴、行业研究报告、网络报道等途径获得共建"一带一路"各国境外投资的相关信息；另一方面，广州企业内部可以成立调研小组，全面评估沿线国家的政治稳定性、汇兑、财政债务和银行系统等经济方面的风险以及宗教信仰、文化习俗等文化差异对广州企业境外投资风险的影响。

2. 借助海外商会，做好事先布局

海外粤籍华人华侨约有 3000 万人，占全球华人华侨的 60% 左右。广州企业可以借助海外粤籍华人华侨以及共建"一带一路"国家商会的优势资源，寻找合适的合作伙伴，在了解当地国情、政情、商情、人情的基础上，为企业进入当地市场做好事先布局，与当地政府和企业建立良好关系，避免当地机构和民众产生抵触情绪，树立良好形象和社会责任，降低未来可能面临的政治和经营风险。

3. 培养具有国际化运营思维的专业人才

广州企业可以借鉴国内外跨国公司的成功经验，培养国际化营销人才，锻炼国际化经营管理队伍。但共建"一带一路"部分国家的劳动力素质不高，缺乏健全的劳动力市场严重影响了广州企业的境外生产经营管理活动，对此，广州企业在共建"一带一路"国家投资可以加强当地员工的就业培训工作，并与当地高校保持密切合作，努力培养当地高素质人才。

4. 加强自身品牌建设，优化境外投资产品结构

广州企业在提升共建"一带一路"国家投资产品质量的同时要注重品牌建设，树立品牌意识，同时企业要不断优化境外投资产品结构，不断提升产品的竞争力。此外，广州企业在境外投资时要联合当地企业共同开发适合在当地销售的产品，增加消费者黏性，使广州企业不仅能"走出去"，还能走得稳、走得远。

5. 自觉遵守当地法规，树立企业良好形象

广州企业要自觉遵循国际通行规则，自觉遵守东道国的法律和行政法规，自觉纳税，保持与东道国政府良性联系。同时，企业应尊重当地文化习俗和宗教信仰，保障劳工权益，合理利用土地和其他资源，保护东道国生态环境，提升广州企业社会责任感，并逐步在当地民众中树立良好形象和口碑，减少当地民众的抵触情绪，降低广州企业在共建"一带一路"国家投资风险。

参考文献

郭建宏：《中国的境外投资风险及对策建议》，《国际商务研究》2017 年第 1 期。

蒋冠宏：《制度差异、文化距离与中国企业境外投资风险》，《世界经济研究》2015 年第 8 期。

孙焱林、覃飞：《"一带一路"倡议降低了企业对外直接投资风险吗》，《国际贸易问题》2018 年第 8 期。

太平、李姣：《开放型经济新体制下中国境外投资风险防范体系构建》，《亚太经济》2015年第4期。

谢孟军：《政治风险对中国对中国直接投资区位选择影响研究》，《国际经贸探索》2015年第9期。

宗方宇、路江涌、武常岐：《双边投资协定、制度环境和企业对外直接投资区位选择》，《经济研究》2012年第5期。

B.7
2019年广州外贸形势分析及2020年展望

摘　要： 在中美贸易摩擦的背景下，2019年广州外贸处于低迷态势。
进出口额同比增速为 -2.39%，其中出口为 -10.17%，进口
为8.00%，不如全国和广东外贸发展势头。2020年，新冠肺
炎疫情对广州外贸产生了巨大冲击，而且世界经济下行压力
增加，原材料和大宗商品价格下跌，世界经济危机或将发生。
中央和地方政府为了应对复杂的经贸环境，实施了一系列解
困政策，有助于广州外贸渡过难关。综合各方面因素来看，
2020年广州出口贸易下行风险将进一步扩大，进口额有望
上升。

关键词： 外贸形势　区域外贸　广州

一　2019年广州外贸发展现状

（一）广州出口额大幅度下降和进口额快速增长

近几年来，国际经贸环境并不稳定。2017～2019年，广州外贸进出口

---

* 陈万灵，广东外语外贸大学国际经济贸易研究中心主任，教授，博士生导师，研究方向为国际贸易与经济发展；郁萌，广东外语外贸大学国际经济贸易研究中心硕士研究生。

贸易额增速不断降低。2017年增速为10.43%，2018年低速增长，同比增长率为3.70%。2019年，广州进出口贸易额为1449.40亿美元，其中，出口额为762.20亿美元，进口额为687.20亿美元，分别比上年增长－2.39%、－10.17%、8.00%（见表1）。2019年，广州进出口贸易额同比增长率低于广东（－0.25%），低于全国（3.44%），其中出口额同比增长率低于广东（1.60%）和全国（5.00%），进口额同比增长率高于广东（－2.90%）和全国（1.62%）（见表2）。2019年，广州出口额同比增速为近年以来最低，出口额显著下降。可见中美贸易摩擦对广州出口造成了较大影响。另一方面广州积极扩大进口，进口额快速增长，有效对冲了外贸下行风险，为稳定广州外贸起到了重要作用。

表1 2014～2019年广州进出口贸易额变化情况

单位：亿美元，%

年份	进出口		出口		进口		顺差
	金额	同比增长率	金额	同比增长率	金额	同比增长率	
2014	1306.00	9.85	727.15	15.78	578.85	3.20	148.30
2015	1339.24	2.55	811.89	11.65	527.35	－8.90	284.54
2016	1297.06	－3.15	786.07	－3.18	510.99	－3.10	275.08
2017	1432.32	10.43	853.16	8.53	579.17	13.34	273.99
2018	1484.83	3.67	848.51	－0.55	636.32	9.87	212.19
2019	1449.40	－2.39	762.20	－10.17	687.20	8.00	75.00

资料来源：根据《广州地区进出口简报》整理，http://guangzhou.customs.gov.cn/guangzhou_customs/。

表2 2019年广州进出口贸易额与全国和广东的比较

单位：亿美元，%

地区	进出口		出口		进口	
	金额	同比增长率	金额	同比增长率	金额	同比增长率
全国	24981.47	3.44	20751.75	5.00	4229.73	1.62
广东	10354.97	－0.25	6287.95	1.60	4067.00	－2.90
广州	1449.40	－2.39	762.20	－10.17	687.20	8.00

资料来源：根据国家海关总署、广东省商务厅、广州市海关、广州市统计局、广东统计信息网网站数据整理。

（二）进出口产品结构优化趋势放缓

在中美贸易摩擦及复杂环境因素影响下，广州外贸结构改善不大。从出口看，2019年农产品出口额增长18.10%，机电产品出口额增长 -3.50%，高新技术产品出口额增长 -12.60%，在出口总额中占比分别为1.26%、51.36%和15.85%，分别比2018年上升0.16个百分点、1.00个百分点和0.41个百分点。从进口看，农产品进口额增长率为 -2.1%，机电产品进口额增长17.8%，高新技术产品进口额增长13.5%。其占比分别为8.18%、44.94%和29.47%，分别比2018年下降1.05个百分点、2.13个百分点和上升1.2个百分点（见表3）。

表3 2014～2019年广州进出口贸易产品结构变化

单位：亿美元，%

年份	出口				进口			
	出口额	农产品占比	机电产品占比	高新技术产品占比	进口额	农产品占比	机电产品占比	高新技术产品占比
2014	727.15	1.16	49.22	17.42	578.85	9.28	44.13	27.77
2015	811.9	0.91	50.71	16.95	527.30	11.47	45.21	28.80
2016	786.07	0.92	51.92	17.90	510.99	11.87	43.39	26.88
2017	853.16	0.91	51.52	17.18	579.17	10.36	43.90	27.39
2018	848.51	1.10	50.36	15.44	636.32	9.23	47.07	28.27
2019	762.20	1.26	51.36	15.85	687.20	8.18	44.94	29.47

资料来源：根据《广州地区进出口简报》（2014～2019年）整理，http://guangzhou.customs.gov.cn。

（三）各类外贸主体结构持续优化

为了应对中美贸易摩擦，国家及广东省政府采取了减税降费等对策，广州也增加了对营商环境的优化措施，加大对中小微外贸企业的扶持，对外贸主体经营活动起到了稳定作用，各类主体外贸活动进一步分化。2019年，国有企业进出口额同比增加 2.17%，占比为 13.62%；外资企业进出口额同比下降 3.65%，占比为 42.29%；民营企业进出口额同比增长 0.53%，占比为 44.19%（见表 4）。2014 年以来，民营企业进出口额所占比重稳步上升，这表明其外贸竞争优势不断增强。

表 4　2014~2019 年广州进出口主体结构情况

单位：亿美元，%

年份	进出口额	国有企业		民营企业		外资企业	
		进出口额	比重	进出口额	比重	进出口额	比重
2014	1306.00	233.35	17.87	377.38	28.90	678.05	51.92
2015	1339.24	241.01	17.99	450.04	33.61	644.90	48.16
2016	1297.06	206.82	15.95	488.13	37.63	599.14	46.19
2017	1432.32	212.23	14.82	591.24	41.28	611.18	42.67
2018	1484.83	193.18	13.01	637.11	42.91	636.20	42.85
2019	1449.40	197.37	13.62	640.50	44.19	612.95	42.29

资料来源：根据《广州地区进出口简报》（2014~2019 年）整理，http://guangzhou.customs.gov.cn。

（四）一般贸易进出口额上升和加工贸易进出口额下降的趋势不变

多年来国内外经济形势复杂多变，加工贸易额呈下滑趋势，一般贸易额保持了比较平稳的态势。2019 年，广州一般贸易额继续回升，一般贸易进出口额同比上升 1.93%，占比 48.97%；加工贸易进出口总额同比降低 9.91%，占比 24.99%。实际上，2014 年以来，广州加工贸易进出口额呈现增速下降、比重降低的趋势（见表 5）。从出口方式看，2019 年，广州一般贸易出口额同比增长 2.10%，比重为 42.00%，比上年提高 5.04 个百分点；加工贸易出口额同比下降 11.08%，占比为 28.20%，比上年减少 0.29 个百分点（见表 6）。从进口方式看，2019 年，广州一般贸易进口额继续增长，同比增长 1.80%，加工贸易进口额同比下降 8.45%，其占比分别为 56.71% 和 21.36%。可见，加工贸易继续萎缩的趋势更加明显（见表 7）。

表5　2014～2019年广州贸易方式变化

单位：亿美元，%

年份	贸易总额	一般贸易		加工贸易	
		金额	比重	金额	比重
2014	1306.00	591.48	45.29	487.50	37.33
2015	1338.69	584.51	43.66	465.97	34.81
2016	1297.06	567.73	43.77	417.70	32.21
2017	1432.32	647.99	45.24	404.10	28.21
2018	1484.83	696.36	46.90	402.08	27.08
2019	1449.40	709.82	48.97	362.24	24.99

资料来源：根据《广州地区进出口简报》（2014～2019年）整理，http：//guangzhou.customs.gov.cn。

表6　2014～2019年广州出口贸易方式变化

单位：亿美元，%

年份	出口额	一般贸易出口		加工贸易出口	
		金额	比重	金额	比重
2014	727.15	306.22	42.11	284.31	39.10
2015	811.69	313.84	38.67	279.50	34.43
2016	786.07	288.69	36.73	254.74	32.41
2017	853.16	301.91	35.39	247.98	29.07
2018	848.51	313.59	36.96	241.75	28.49
2019	762.20	320.16	42.00	214.97	28.20

资料来源：整理《广州地区进出口简报》（2014～2019年）整理，http：//guangzhou.customs.gov.cn。

表7　2014～2019年广州进口贸易方式变化

单位：亿美元，%

年份	进口额	一般贸易进口		加工贸易进口	
		金额	比重	金额	比重
2014	578.85	285.26	49.28	203.19	35.10
2015	527.01	270.67	51.36	186.47	35.38
2016	510.99	279.04	54.61	163.07	31.91

续表

年份	进口额	一般贸易进口		加工贸易进口	
		金额	比重	金额	比重
2017	579.17	346.07	59.75	156.12	26.96
2018	636.32	382.77	60.15	160.34	25.20
2019	687.20	389.66	56.71	146.79	21.36

资料来源：根据《广州地区进出口简报》（2014~2019年）整理，http://guangzhou.customs.gov.cn。

（五）广州贸易伙伴所占份额小幅调整

在中美贸易摩擦影响下，广州2019年贸易伙伴所占份额小幅调整。美国从之前广州第二大贸易伙伴降至第四位，东盟成为广州第二大贸易伙伴。广州前五大贸易伙伴仍然是欧盟、东盟、日本、美国、中国香港。进出口市场占比分别为16.4%、13.17%、11.98%、10.92%、7.68%，合计占比为60.15%。广州与非洲进出口总额同比下降5.7%，比重为7.74%，排名第六位；广州与拉美进出口额同比增长11.1%，市场份额为4.99%；与印度进出口总额同比下降12.2%，市场份额为1.8%，下降0.85个百分点；与墨西哥进出口总额同比上升21.6%，市场份额为2.05%，上升0.13个百分点。这说明为应对中美贸易摩擦的不利影响，广州加快推进外贸市场主体多元化步伐，降低外部风险。东盟、非洲、墨西哥及南美等新兴市场逐渐成为广州进出口保增长的重要市场。

从出口市场看，2015~2019年美国、欧盟、中国香港、东盟和非洲五大市场合计占比略有下降。其中，美国市场份额从2018年的14.68%降为13.17%；欧盟市场份额从2018年的14.46%上升为15.55%；东盟市场份额从2018年的14.13%上升为14.29%；非洲市场份额从2018年的9.98%上升到10.81%；日本市场份额为4.47%，没有明显变化。拉美、印度和韩国市场份额变化不大，墨西哥市场份额继续上升，2019年占出口市场份额为3.39%，同比上升0.47个百分点（见图1）。

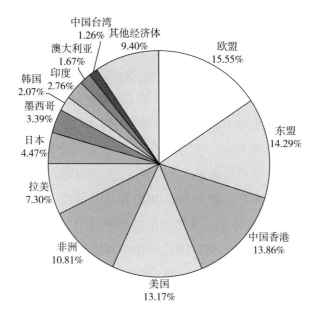

图1 2019年广州出口市场结构

资料来源：根据《2019年12月广州地区进出口简报》
（贸易伙伴部分）数据整理。

广州进口来源地构成更多元化，2019年广州进口规模排前五名的来源地分别是日本、欧盟、韩国、东盟和美国，分别占比20.42%、17.31%、12.90%、12.20%和8.74%，前五名合计约占比71.60%，比2018年提升1.53个百分点。广州与非洲、澳大利亚和中国台湾等市场依然保持了一定的进口规模，其市场占比分别为4.51%、5.75%和3.42%。

（六）外贸新业态进一步发展

在互联网技术支撑下，跨境电商服务受到消费者青睐，并得到国家和地方制度的鼓励，近几年来保持快速发展。广州跨境电商进口总值连续6年排在全国各城市首位。据广州海关统计数据，2019年广州跨境电商方式的货物外贸总额为385.90亿元，其中，进口253.20亿元，出口132.70亿元，分别排在全国第2位、第1位和第3位，同比增速分别为56.40%、27.90%和171.70%。与共建"一带一路"国家进行跨境电商贸易的商品出口额为

58.20 亿元，同比增长 98.40%，占广州关关区跨境电商出口总额的 27.90%。

广州 2013 年成为跨境电商试点城市，近几年来正逐步从跨境电商集聚区迈向枢纽基地，运营方式多元化，出现了网购保税进口、直购进口、一般出口、特殊监管区域出口等方式。广州开展跨境电商贸易的电商平台有天猫国际、京东全球购、唯品会、考拉海购等 56 家，其仓储面积逾 35 万平方米。至此，广州形成了平台集聚、物流便捷、政策优惠的跨境电子商务生态圈。广州两棵树网络科技有限公司于 2020 年 1 月被商务部认定为首家线上线下融合发展数字商务企业，这将助推广州本土品牌跨境电商企业发展。2020 年 1 月，跨境电商零售出口退货的首单货物在广州白云机场完成了联网核放，开启了跨境电商平台的"出口退货"功能，为广州跨境电商做大做强提供了有力支撑。

二 广州外贸发展的多重困境

（一）世界经济增速减缓

2019 年，世界经济增长速度明显减缓，国际贸易投资活动低迷，各主要经济体实行货币宽松政策以维持经济稳定。2020 年 1 月，国际货币基金组织（IMF）在《世界经济展望》中预计 2019 年世界经济增速为 3.3%，比 2018 年 10 月份的预测值降低了 0.1 个百分点。其中，发达经济体相对稳定，增速为 1.6%，比 2019 年增速同比降低 0.1 个百分点。预计美国经济增长率为 2.0%，比上次预测下调了 0.1 个百分点；欧元区经济增长率为 1.3%，比上次预测下调了 0.1 个百分点；日本经济增速仅为 0.7%，比上年增速少 0.3 个百分点。对英国"无协议脱欧"的担心减弱，提振了市场预期，经济增速可望达到 1.4%，比上年增速多 0.1 个百分点。

新兴市场国家承受了经济增速减缓的压力，但仍为全球经济上行的重要动力。新兴经济体的增速为 4.4%，比 2019 年增速同比上升 0.7 个百分点。

印度是亚洲第三大经济体，预计2020年将增长5.8%，比上年增速多1个百分点。东盟5国（印尼、马来西亚、菲律宾、泰国和越南）增速为4.8%，比上年增速多0.1个百分点。俄罗斯经济增长1.9%，比上年增速多0.8个百分点；巴西经济增长2.2%，比上年增速多1个百分点；南非经济增长0.8%，比上年增速多0.4个百分点。

从世界贸易看，IMF预期国际贸易正在触底反弹，还没有达到增长的转折点。2020年世界货物与服务贸易增速为2.9%，比10月的预测降低了0.3个百分点。其中，发达经济体贸易增速为2.2%，新兴经济体贸易增速为4.2%。预测石油2020年的价格将降低4.3%。《世界经济黄皮书·2020年世界经济形势分析与预测》预测，燃料价格和农业原料价格将下跌，而食物价格和矿物与金属类商品价格将上涨。

总的来说，未来世界经济仍然存在不利于宏观经济稳定的因素。其中包括：低利率和负利率环境下各国竞争性货币政策将引起经济动荡，地缘政治冲突以及部分国家的国内政治冲突也可能会给世界经济带来不确定风险。

（二）中美贸易阶段性协议对贸易摩擦及外贸风险的抑制

从2017年上半年开始，美国援引其贸易法发起了一系列针对中国贸易的调查和惩罚。2018年7月6日，美国对中国实施"第1轮加征关税"措施，税率为25%，涉及中国对美国出口的"约500亿美元"的产品，该措施分两批实施：先对"约340亿美元"产品（第1批）加征关税；随之，8月23日对"约160亿美元"产品（第2批）加征关税。9月24日，实施"第二轮加征关税"措施，对"约2000亿美元中国输美产品"（第3批）加征10%的关税，并于2019年5月10日提高至25%（延迟到货物在美国到岸的时间6月15日实施）。对中国出口美国余下的约3000亿美元商品（第4批）征收15%的关税，分两部分于9月1日（4A清单，约1600亿美元）和12月15日（4B清单）实施。将2500亿美元产品（第1~3批）的关税税率从25%提高到30%，并从10月1日延迟至15日实施。因中美第13轮高级别经贸磋商初步达成第一阶段经贸协议（10月11日达成），这一决定被暂停执行，维持25%的税率。2020年1月15日，中美第1阶段经贸协议签署。截至2020年1月底，美国已经对来自中国的几乎全部商品（价值5500亿美元）加征了关税，即美国正在对中国价值大约2500亿美元的商品征收25%的关税和对价值3000亿美元的商品加征15%的关税。

中美双方共同签署第一阶段经贸协议，有助于稳定出口市场，也可有效提振国内企业、居民的投资和消费信心。按照协议，美方将停止对华商品加征关税，中国将扩大从美国进口产品，进一步加大对美国农产品、能源、制成品、服务等产品的采购。自美进口的下降态势可望得到逆转。

中美第一阶段经贸协议缓和了双边经贸关系，但是美国对中国的约2500亿美元商品加征25%的关税和对约3000亿美元商品加征15%的关税的决定仍然被保留下来，出口成本中仍然保有较高的关税成本。中美贸易摩擦的最大问题是，关税变化及其不确定性影响供应链上下游企业成本变化，给企业运作带来巨大风险，为了规避风险，供应链上下游企业会减少货物订单和贸易合作。另外，中美贸易摩擦的核心是关税成本影响合作双方利润，从而导致一些贸易订单流失。所以，中美达成阶段性协议，表明双方停止加征关税，对外贸风险有一定抑制作用。

（三）新型冠状病毒肺炎疫情对国际经贸环境的影响

2020年1月以来，"新型冠状病毒"肺炎（以下简称"新冠肺炎"，英文为COVID-19）疫情异常严峻，其传染性强、致病率高、潜伏期长、死亡率高，迅速蔓延到全国。1月下旬，大部分省区市宣布启动重大公共突发卫生事件应急一级响应机制。世界卫生组织（WHO）于1月30日将在中国武汉爆发的新冠肺炎疫情列为"国际关注的突发公共卫生事件"（PHEIC）。2月中旬，新冠肺炎疫情达到最严峻时期，12日全国新增确诊新冠肺炎病例达到最高值15152例，之后几天新增病例都在1000以上，直到2月19日下降为1000以下，之后逐步降低，疫情得到缓解。2月22

日起，一些省区市开始把一级响应机制调整为二级响应机制，新冠肺炎疫情得到基本控制。

正值中国取得防控新冠肺炎疫情的初步成功之际，2月下旬以来，新冠肺炎疫情在全球蔓延，呈现加速扩散的态势，在韩国、日本、新加坡等亚洲国家迅速蔓延。2月28日，WHO宣布将全球范围内新冠肺炎传播和影响的风险评估提高到最高级别。3月初开始，新冠肺炎疫情已经从亚洲蔓延到欧洲、北美洲、南美洲和非洲。WHO于3月11日宣布新冠肺炎疫情"大流行"。可见，新冠肺炎疫情的传播性和危害性非常大。

新冠肺炎疫情不是对单个国家，而是对整个世界都产生了影响。对世界经贸形势的影响不是短期冲击，而是一个较长期的影响。这不仅与新冠肺炎疫情本身有关，而且与其引起的各方面次生因素有关，还有各国复杂的政治和文化因素的影响。其不是只对某类企业产生了影响，而是对所有企业产生了影响，因为每个企业都处于产业链上，全球化把各个国家都捆绑在产业链上。各国新冠肺炎疫情控制程度不一致，甚至会影响多个供应链运行。

从国内环境看，新冠肺炎疫情的全面防控措施对国内供应链运行产生了较大影响，直接影响外贸企业2~3月份生产经营。春节休假期满的2月1日原本是企业复工的时间，疫情全面防控措施使得全国各地绝大部分外贸企业迟迟不能全面复工，这与春节后"招工难"叠加。即使全面复工，员工到岗率也不高，因此截至3月上旬大部分外贸企业仍然处于半停产状态。另外，前期的原材料价格上涨，加上市场销路受阻，导致资金链紧张。这对外贸企业生产经营带来了非常大的困难。

新冠肺炎疫情蔓延到世界各国，影响利用外资的国际环境，阻碍了国际供应链运行，并影响外资企业3~6月份出口市场经营预期。3月以来，新冠肺炎疫情已经蔓延到韩国、日本、新加坡及东南亚、印度及南亚、中东、欧洲各国、美国等，截至3月10日，中国境外共109个国家和地区累计确诊32778例，各国尚未有效遏制疫情蔓延。伊朗及中东、意大利成为重灾区，美国的新冠肺炎疫情也呈现蔓延之势。对此，世界各国采取不同程度的防控措施，比如交通限制、入境限制及检疫隔离等严厉措施，这将影响国际经济活动，阻碍国际商务交流、货物运输及供应链运行。

就中国而言，新冠肺炎疫情先后"两期"影响中国与世界各国的经贸合作。早期（2020年2~3月）对中国企业生产经营造成了冲击，从供应链角度影响中国对外贸易、投资及经济合作；后期（2020年3~6月）蔓延到各国，反过来，从市场角度影响世界各国与中国经贸的合作。

（四）世界性不确定性和经济危机

在全球化背景下，纵横交错的供应链影响世界各国及其企业的运行。新冠肺炎疫情蔓延态势将在未来较长时间里影响经济发展预期，其必然导致企业生产经营的停滞、原材料需求不足，影响大宗商品特别是石油需求和价格的走势。欧佩克组织、俄罗斯和美国作为原油市场的供给主力，相互展开激烈竞争，导致原油价格大幅度下跌。3月9日，国际原油价格暴跌，布伦特原油期货价格下跌多达31%，至31.02美元/桶，降至2016年以来的最低水平。与此同时，美国新冠肺炎疫情的蔓延进一步加大了美国政府财政负担和债务风险，引起了美国股市和期货市场的剧烈波动，股价大幅度下跌至数次熔断。近期美联储连续降低利率，3月3日美联储曾降息50个基点，将基准利率降至1.00%~1.25%；3月15日，美联储突然再次宣布降息至接近零水平，并启动一项规模达7000亿美元的大规模量化宽松（QE）货币政策计划，以应对新冠肺炎疫情对美国经济造成的影响。之后，澳大利亚、韩国、加拿大、英国、沙特阿拉伯、智利、中国香港、中国澳门等多个国家和地区跟随降息。这对世界经济会造成致命的打击，将不可避免地引发全球经济动荡和危机。

新冠肺炎疫情蔓延对本来走低的世界经济带来更致命的打击，引起世界性不确定性和全球经济危机，必然破坏世界经济秩序和全球价值链，从而影响中国外贸环境。

（五）小结：外贸发展的多重困境

综上所述，世界经济不振、中美贸易摩擦、新冠肺炎疫情及世界经济危机给中国带来了"多重"困境。近几年来，世界经济原本处于萎靡不振的态势，尽管美国处于繁荣状态，但其发起的全球贸易摩擦和保护主义，阻碍了世界经济发展。近几年中美贸易摩擦及美国保护主义的负面影响正在逐渐显现，其使中国企业生产运营成本大幅度上升，并带来极大不确定性，引起全球产业链的重新布局。正当中美达成阶段性协议，停止贸易摩擦升级，各自扩大排除加征关税的产品清单，向正常的经贸合作方向发展之际，新冠肺炎疫情在中国爆发，这与中美贸易摩擦的影响"叠加"，对中国外贸发展带来了巨大冲击。接着，新冠肺炎疫情在全球蔓延，使美国、英国、意大利、日本、澳大利亚、韩国、新加坡、马来西亚、印尼等经济体采取财政、货币宽松政策，也有可能进一步采取降息的货币政策，加剧了日本、欧洲的衰退预期，甚至引起美国经济衰退，发达经济体问题愈加严峻。世界经济危机和衰退使国际需求和全球价值链都遭受巨大打击，中国外贸发展和开放型经济建设陷入巨大困境。

三　中央及地方政府经贸政策助推广州外贸解困

近几年来，中美贸易摩擦引起国际经贸环境的不稳定预期，为了抑制经贸环境变化和中美贸易摩擦的负面影响，从中央到地方政府采取了不少措施，出台了一系列文件，从早先的"放管服"改革到降税减负，为稳外贸、稳外资营造了良好环境。

（一）国家改革开放政策及措施营造了良好的宏观经济环境

1. 在开放制度环境方面营造了良好的投资环境

首先，十三届全国人大二次会议审议通过的《中华人民共和国外商投资法》（2019年3月）及《中华人民共和国外商投资法实施条例》（2019年12月），是保障保护外商投资合法权益、投资自由化和便利化的规范制度。特别是对外商投资实行准入前国民待遇加负面清单管理制度，为外资企业营造了一个稳定、透明、可预期的投资环境。其对中国外商投资法律制度做了重大创新和完善，促成了更高水平的对外开放，发挥了固根本、稳预期、利长远的法治保障作用。

2. 中共中央和国务院推出优化营商环境和促进外贸高质量发展的政策

2019 年 11 月，中共中央、国务院发布《关于推进贸易高质量发展的指导意见》，目的是加快培育贸易竞争新优势、推进贸易高质量发展。该意见特别强调营造法治化、国际化、便利化的贸易环境，鼓励拓展贸易发展新空间。另外，中共中央和国务院及其各部门从完善财税政策、强化金融支持、发展跨境电商等多个方面提出一系列政策。2019 年 6 月和 7 月，国务院召开国务院常务会议要求进一步优化营商环境，确定进一步稳外贸措施。6 月 27 日，海关总署会同财政部、自然资源部、交通运输部等 10 个相关部门联合发布《关于加快提升通关便利化水平的通知》，对优化口岸营商环境、加快提升通关便利化水平提出新的要求。10 月，财政部税务总局发布《关于跨境电子商务综合试验区零售出口企业所得税核定征收有关问题的公告》，为综试区内跨境电商企业提供更为便利的操作办法；同时，有条件的企业还可以享受《关于实施小微企业普惠性税收减免政策的通知》（财税〔2019〕13 号）规定的小型微利企业所得税优惠政策。商务部发布《关于切实做好外贸领域减证便民、优化服务有关工作的通知》（商贸函〔2019〕626 号），要求各地商务主管部门取消 19 项由规章设定的证明事项和 15 项由规范性文件设定的证明事项。这一系列政策的目的是进一步转变外贸管理方式，强化制度执行，规范行政行为。

总体来看，一是继续优化进出口流程和压缩通关时间，提升口岸信息化水平，落实近几年降低口岸收费和进口关税的各项方案。二是完善出口退税政策，加快退税进度。三是引导金融机构加大对中小企业外贸融资支持，扩大出口信用保险覆盖面。四是切实降低社保费率，确保稳定的缴费方式以及职工基本养老保险单位缴费比例不高于 16%。五是对加工贸易保税维修、市场采购贸易等外贸新业态、新模式进行扶持。六是关于加快发展跨境电商方面的政策。鼓励搭建服务跨境电商发展的平台，加强知识产权维权服务，建立配套物流等服务体系，支持建设和完善海外仓。

3. 近期关于应对新冠肺炎疫情的外经贸政策

为了应对新冠疫情影响和促进社会经济平稳运行，国务院及各部门出台了一系列惠企、惠民政策措施。国务院于 2020 年 3 月 3 日召开常务会议，部署完善"六稳"——稳就业、稳金融、稳外贸、稳外资、稳投资、稳预期的协调机制。其中，稳外贸、稳外资都与外贸发展有关。特别提出阶段性加大减税降费力度措施，即 3~6 月份，免收进出口货物港口建设费，取消非油轮货船强制应急响应服务及收费，将港务费、港口设施保安费等收费标准降低 20%，减半收取铁路保价、集装箱延期使用和货车滞留费用等。

另外，国务院各部门也出台了系列政策措施应对新冠肺炎疫情。商务部于 2 月先后发布《关于应对新冠肺炎疫情做好稳外贸稳外资促消费工作的通知》（商综发〔2020〕30 号）、《关于积极应对新冠肺炎疫情加强外资企业服务和招商引资工作的通知》、《关于帮助外贸企业应对疫情克服困难减少损失的通知》、《商务部 中国出口信用保险公司关于做好 2020 年短期出口信用保险相关工作 全力支持外贸企业应对新冠肺炎疫情影响的通知》等多项措施。财政部及国家税务总局也发布了系列文件，比如《国家税务总局关于做好新型冠状病毒感染的肺炎疫情防控期间出口退（免）税有关工作的通知》（税总函〔2020〕28 号）、《关于防控新型冠状病毒感染的肺炎疫情进口物资免税政策的公告》（财政部公告 2020 年第 6 号）等。另外，为支持实体经济的恢复发展，中国人民银行决定于 2020 年 3 月 16 日实施"普惠金融定向降准"，对达到条件的银行定向降准 0.5~1 个百分点，释放长期资金 5500 亿元，保证货币流动性。

（二）广东省政府为落实中央政策的配套措施

广东省政府为落实中央各项政策，实施了一系列配套措施。2019 年 6 月发布了《广东省推进外贸高质量稳定发展若干措施》，其中包括主动扩大进口、出口市场多元化、综合保税区监管创新和贸易便利化等四个方面共

32 条举措。比如在广州、深圳试点和推广二手车出口业务；对广州、佛山、中山市场的采购贸易方式加大试点扶持力度；将国际贸易"单一窗口"功能覆盖到其他的海关特殊监管区和跨境电子商务综合试验区；优化跨境电商监管政策，扶持一批覆盖重点国别和地区的跨境电商公共海外仓；扩大政策性出口信用保险覆盖面，降低出口信用保险费率，支持外贸中小企业直接贷款和保单融资；进一步降低进出口环节合规成本，推动降低和取消港口建设费，推动简化船运公司在中国港口的收费项目、降低收费标准，公开通关流程及物流作业时限。这一系列举措有助于提升便利化水平。2018 年 9 月发布的《广东省进一步扩大对外开放积极利用外资若干政策措施（修订版）》（广东"外资十条"），在进一步扩大市场准入领域、鼓励利用外资、保障用地、保护知识产权、优化重点园区吸收外资环境等 10 个方面，提出了一系列有效的政策措施。

关于粤港澳大湾区的政策有助于长期推动广东外贸发展。2019 年 2 月，中共中央国务院印发《粤港澳大湾区发展规划纲要》；3 月，财政部、税务总局发布《关于粤港澳大湾区个人所得税优惠政策的通知》（财税〔2019〕31 号）；广东省委、省政府出台了《关于贯彻落实〈粤港澳大湾区发展规划纲要〉的实施意见》《广东省推进粤港澳大湾区建设三年行动计划（2018—2020 年）》等。这些文件对广东外贸发展有重要指导作用。

为了应对近期的新冠肺炎疫情、大力支持各类企业复工复产，广东省政府于 2 月 6 日发布《关于应对新型冠状病毒感染的肺炎疫情支持企业复工复产的若干政策措施》，提出了保障企业复工复产工作力度、降低企业用工成本、减轻企业经营负担、加大财政金融支持、优化政府服务等五方面共 20 项政策措施。另外，还支持建立境外采购快速通道，建立防疫物资进口通关"绿色通道"，确保通关"零延时"。这些政策有助于外贸企业解困。

（三）广州对外贸稳定发展的支撑作用

广州市政府为了应对中美贸易摩擦和新冠肺炎疫情的影响，采取了一系列政策措施，落实国家和省政府有关政策。

1. 广东经贸环境因素对广州"稳外贸""稳外资"的支撑作用

粤港澳大湾区发展规划进入实施阶段，为广州构筑了良好的外贸环境。前期，广东省推进外贸高质量稳定发展，积极利用"外资十条"，对外贸企业有一定鼓励作用，能够提升外贸企业的便利化水平、降低经营成本和贸易成本。近几年来，广东省鼓励高新技术和自主品牌产品出口，扩大资源性产品和优质产品进口等；加大科技领域开放合作，支持企业加快转型升级；加大国家有关深化服务贸易创新发展试点的政策措施的落实力度，推进国家跨境电商综合试验区建设，创新通关模式，出台跨境电商扶持政策；大力支持跨境电商、市场采购、融资租赁、汽车平行进口等贸易方式的发展，协助企业加快开拓多元化市场。这些政策将推动广州外贸发展。

2. 广州采取一系列措施抑制外贸下滑

2月份，广州市人民政府为了落实各级政策，发布了《关于支持中小微企业在打赢疫情防控阻击战过程中健康发展的十五条措施》，从金融支持、财政支持、减免缓缴税费、降低房租成本、援企稳岗等方面，支持中小微企业稳定生产经营，实现纾难解困。另外，广州黄埔区、广州开发区实施"暖企"八条，从应急保障、生产保障、攻关奖励、金融纾困、投产奖励、租金减免、稳岗就业、创新扶持等方面，支持企业兼顾疫情防控和全面复工复产。

3. 广州落实一批产业项目，为外贸发展提供了基础

2019年，广州落实了一批新一代信息技术产业，包括人工智能及装备制造、汽车制造、生物医药制造等高端产业项目，并将在2020年发挥效应，比如，8K高精度曝光机、第10.5代TFT-LCD显示器、康宁显示科技（广州）有限公司G10.5液晶显示玻璃、LG偏化学光片、广州GE生物科技园首期项目等生产项目将于2020年竣工或投产。这些项目的落实也将推动广州外贸高质量发展。

四 2020年广州外贸形势展望

（一）多重困境之"危中有机"

通过上述分析，可以判断广州2020年面临的对外经贸环境非常艰难，深陷多重困境之中。但是，"危中有机"，困境中的机会可以推动外贸在危机中求生存、求发展。

（1）新冠肺炎疫情及全球经济危机中的有利因素。首先，在新冠肺炎疫情全球蔓延背景下，国际产业链从中国转移的压力得到缓解。全球新冠肺炎疫情直接导致世界各国生产经营和消费需求暂停和萎缩，引起大宗商品市场的震荡，石油价格大幅度下降，带动其他相关原材料价格下降，有助于中国企业降低成本，缓解原材料价格及成本上升的压力。其次，中国新冠肺炎疫情得到控制，本身市场容量大可支撑经济迅速恢复，稳定经济环境，而且全球新冠肺炎疫情蔓延引起的经济危机提升了人民币升值压力，有助于引进外资，缓解一些跨国企业和外资企业专业产业链的压力。这一是因为一些大型跨国企业可能推迟调整供应链，继续留在中国市场有助于降低全球供应链风险；二是因为一些疫情重点国家和地区的产业可能向疫情得到控制的中国转移。

（2）中国营商环境得到迅速恢复和改善。早先的中美贸易摩擦推动外部市场和资本带动产业转移，特别是在中国陷入严重新冠肺炎疫情之际，这种产业转移的压力更大。随后，新冠肺炎疫情在中国得到控制，使产业转移的压力得到缓解。相对而言，在疫情防控之后，中国营商环境得到迅速恢复和改善，中国的营商环境更适合跨国企业、外贸企业的生存和发展。

（3）新冠肺炎救治及疫情防控使医疗和防护用品需求迅速扩大，给传统行业带来新的发展机遇。为应对抗击新冠肺炎疫情的需求，口罩、手套及防护服等防护品，测试剂，药品，医疗仪器等需求大幅度上升。一些相关企业迅速转产，进出口业务也迅速增加，促使一些传统产业链得到恢复和发展。

（4）抗击新冠肺炎疫情的需求催生出许多新的服务需求。基于在线视频的医疗诊断、教育、远程办公和会议、信息传递等服务迅速增加。跨境电商服务、商品跨境配送服务需求显著增加，这些需求为新兴行业的发展提供了机遇。

（5）中国抗击新冠肺炎疫情的经验、方案及对共建"一带一路"国家的援助使得中国企业的外部环境得到迅速改善，有助于中国的外贸企业、对外投资和跨国企业获得更多商机和拓展市场。

因此，2020年广州可以抓住机遇，恢复和改善营商环境，继续改善对外资及外贸企业的服务，恢复生产运营，帮助其开拓市场，助推一些企业转产转业，推动产业转型升级，推动引进高端产业，提升对外贸易发展和外资利用质量。

（二）2020年广州外贸发展趋势

从2019年广州外贸月度增长趋势看，进出口额同比下降月份比上涨月份多。除1月、7月和12月外，其他月份同比增速均为负值，最大下降幅度为2月份的－21.85%，12月出现大幅度反弹，增速为34.03%。其中，出口增速震荡剧烈，除6月、7月和12月外，其他月份的同比增速均为负值，最大下降幅度为2月份的－47.73%，12月同比增速为42.06%。进口增速波动频繁，除3月、6月、7月为负增长外，其他月份为正增长，2月增速最大为33.12%（见图2）。12月表现出"翘尾"现象，其原因不排除政府干预和政策措施所发挥的作用。由此可见，2019年广州外贸总额同比增速比较低迷。由此判断2020年趋势：年初外贸可能会出现周期性向下波动；受新冠肺炎疫情滞后性影响，3～6月份还会出现深度下跌，下半年可能会出现反弹，但反弹幅度不会太大。

综合判断，2020年广州出口贸易下行风险将进一步扩大，进口有望上升。全年外贸维持在零增长，范围在正负5%左右。其中，出口小幅度反弹，维持在零增长上下，进口出现低幅度上涨，上涨幅度大约5%。对其趋势分析如下。

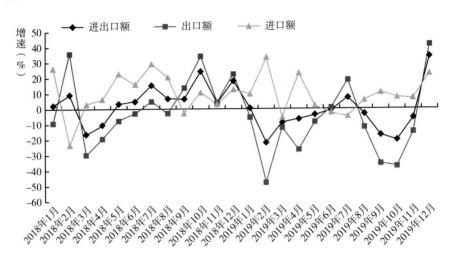

图2　2018~2019年广州外贸月度增速变化态势（美元计价）

资料来源：根据《广州地区进出口统计简报》（2018~2019年）整理，http://guangzhou.customs.gov.cn。

一是2018~2019年连续两年出口额下降，其压力得到释放，基数比较小，反弹可能性上升。但是受新冠肺炎疫情的影响，国际市场需求不会上升太多。2020年前半年清库存，广州出口将大幅度降低；后半年补充库存，广州出口贸易反弹的可能性比较大，对上半年萎缩有一定弥补。因此，全年出口将维持零增长。

二是2018~2019年进口额连续两年大幅上涨。除原材料及中间品具有一定需求刚性外，原材料价格上涨也推动进口值上升。2020年大宗商品价格波动幅度比较大，原材料价格下跌，可能出现进口量大、货值不高的情况，对贸易额上升有所抑制。因此，2020年广州进口额大幅度上升可能性不大，上升幅度维持在5%以内。

参考文献

张宇燕主编《世界经济黄皮书·2020年世界经济形势分析与预测》，社会科学文献出版社，2020。

李文龙：《新冠肺炎疫情与非典疫情的对比及对中国经济的影响》，《第一财经日报》2020年2月5日 A11。

赵方圆：《2019年广州跨境电商总规模全国第一　跨境电商已形成"广州模式"》，《广州日报》2020年1月20日。

刘英：《新冠疫情对中国经济影响多大?》，《21世纪经济报道》2020年2月7日。

宿亮、许缘、高攀：《全球热点：美联储降息至零利率　美经济面临疫情考验》，新华网，http://world.people.com.cn/n1/2020/0316/c1002-31634690。

B.8
深化市场采购贸易方式试点以新业态
助力广州外贸克难前行

揭　昊*

摘　要：　自2016年9月纳入国家试点以来，市场采购贸易方式已成为广州第三大贸易方式，其贸易规模稳居14个试点城市第二位。在疫情防控背景下深化市场采购贸易方式试点，对稳住广州外贸基本盘，帮扶中小微企业发展，推动实现老城市新活力和"四个出新出彩"具有重要意义。广州要学习借鉴义乌重视规则引领、温州亲商安商富商、临沂试点工程物资出口和泉州试点预包装食品出口等做法和经验。同时，在深化试点中把握好五个方面，即规模数量与发展质量、市场主导与政府扶持、本地发展与周边带动、安全底线与包容监管、考核激励与容错免责。下一步，要按照中央关于做好"六保"工作部署，在与其他试点城市互学互鉴中加快创新、破解难题，为贸易强市、贸易强省做出更大贡献。

关键词：　市场采购贸易　外贸新业态　广州外贸

市场采购贸易方式具有中国特色和创新价值，它是指在经国家有关部门认定的市场集聚区内采购、单票报关单的商品货值不超过15万美元，并由符合条件的经营者办理出口商品通关手续的贸易方式。2019年11月印发的《中共中央　国务院关于推进贸易高质量发展的指导意见》要求促进贸易新业态

---

*　揭昊，广州市社会科学院现代市场研究所高级经济师，研究方向为"一带一路"建设、对外贸易。

发展，在总结试点经验基础上，完善管理体制和政策措施，推进市场采购贸易方式试点。广州于 2016 年 9 月获批花都皮革皮具市场试点，2017 年 3 月正式启动，2018 年市场采购出口额即达 1580.9 亿元，2019 年虽受政策调控影响出口略有下降，但仍占同期广州外贸出口总值的 1/4 强。特别是受疫情冲击，2020 年 1~2 月广州外贸进出口总值 1303.3 亿元，同比下降 7.6%。但同期市场采购出口 224.8 亿元，增长 74.5%，为全市稳外需、稳外贸发挥了重要支撑作用。① 在此背景下深化市场采购贸易方式试点工作，具有特殊重要意义。

一 各地试点情况和主要做法

2013 年以来，国家分四批共批准 14 个城市开展市场采购贸易方式试点（见表 1）。据商务部数据，2019 年我国市场采购出口 5629.5 亿元，同比增长 19.7%，累计备案市场采购贸易经营主体超过 14 万家。截至 2019 年，全国市场采购贸易已连续 6 年保持增长，成为外贸稳增长调结构新动能。从省份看，浙江与广东的市场采购出口额合计占全国的近九成。其中，浙江省市场采购出口 2598.0 亿元，同比增长 27.4%，出口贡献率近三成，成为仅次于一般贸易的全省第二大贸易方式；广东省市场采购出口 2393.4 亿元，比 2018 年微降。从试点城市看，义乌（金华）和广州是仅有的两个市场采购出口超千亿元的城市，其后依次为佛山、温州、临沂、泉州、中山等。

表 1 市场采购贸易方式试点情况

批次	试点地方	实施范围	特色	启动时间
第一批	浙江义乌	经认定的市场集聚区	全球最大的小商品集散中心	2014 年 11 月 1 日
第二批	江苏南通	江苏海门叠石桥国际家纺城	全球最大的家纺专业市场	2015 年 11 月 3 日
	浙江嘉兴	浙江海宁皮革城	中国皮革业龙头市场	2016 年 1 月 25 日

---

① 本文市场采购贸易数据均为海关或商务部门发布，不再做单独说明。

续表

批次	试点地方	实施范围	特色	启动时间
第三批	江苏苏州	江苏常熟服装城	中国最大的服装市场	2017年2月24日
	广东广州	广州花都皮革皮具市场	中国皮具之都	2017年3月6日
	山东临沂	山东临沂商城工程物资市场	首家获批的生产资料市场	2016年11月7日
	湖北武汉	武汉汉口北国际商品交易中心	大型综合性批发市场	2016年10月12日
	河北保定	河北白沟箱包市场	全国最大的箱包专业市场	2016年11月30日
第四批	浙江温州	温州(鹿城)轻工产品交易中心	轻工产品专业市场集群	2018年11月28日
	福建泉州	泉州石狮服装城	中国服装集散中心之一	2018年11月15日
第四批	湖南长沙	湖南高桥大市场	全国第三大综合性批发市场	2019年3月5日
	广东佛山	亚洲国际家具材料交易中心	大型家具材料专业交易中心	2018年12月20日
	广东中山	中山市利和灯博中心	全球灯饰照明产业升级平台	2018年12月20日
	四川成都	成都国际商贸城	中西部最大的商贸平台	2019年3月28日

（一）义乌：率先探索实践，强化标准引领

市场采购贸易方式源于义乌市并在全国复制推广。2011年3月，国务院批复同意义乌国际贸易综合改革试点，探索建立新型贸易方式是首要试点任务。2013年4月，国家八部门批复在义乌试行市场采购贸易方式。2014年7月，海关总署发布《市场采购贸易海关监管办法》，增列市场采购海关监管方式（代码1039）。2014年11月1日，首票以市场采购贸易方式申报出口的货物在义乌完成通关手续，市场采购贸易方式正式落地实施。2019年，义乌市场采购出口2324.9亿元，同比增长14.1%，增幅为2016年以来

最高，占全市外贸出口总额的 81.1%，占浙江省市场采购出口总额的 89.5%。

加强顶层设计。2019 年初，浙江省启动以义乌全域联动金华义乌都市区建设义乌国际贸易综合改革试验区，从综合改革试点向综合改革试验区深化，以"经济区"概念跨越行政区域藩篱。试验区管委会作为浙江省政府派出机构，被赋予国际贸易改革领域省级权限。为确保重大改革于法有据、有法可依，浙江省人大常委会审议通过《义乌国际贸易综合改革试验区条例》，于 2020 年 1 月 1 日起正式施行，其中第 16 ~ 20 条对市场采购贸易的海关、税务、外汇、信用管理等监管措施进行了规范。

加快先行先试。构建市场采购陆海联运、铁海联运、铁路运输、空运等全物流运输模式，"义新欧"班列成为国内少有的以民营企业为主体的运营平台；与 eWTP 阿里巴巴国际站合作，加快探索市场采购与跨境电商融合发展新模式；开拓"市场采购 + 综保区加工"出口模式，叠加市场采购出口免税政策和综保区加工免税政策，为低退税率或者零退税率产品低成本免税出口开辟合规可行通道。探索日用消费"正面清单制度"，研究"寄售代销"模式和"市场采购 + 转口"新模式。创新市场采购进口贸易机制，八部门联合发文同意义乌开展市场采购进口贸易机制创新，落地汇总征税、关税担保等改革举措。为积极应对疫情冲击，义乌于 2020 年 3 月出台《关于应对疫情支持开放型经济发展的政策细则》，安排 2000 万元资金用于设立市场采购政策险；发布《促进市场繁荣第一批 20 项行动》，强化境外采购商招引和服务，推动市场贸易展示外延，建立商户与海外仓展销对接机制。

重视标准引领。打造市场采购贸易方式的义乌标准样板，《义乌标准城市建设规划（2019 ~ 2025 年）》提出"市场采购贸易方式标杆引领工程"，通过标准规范市场采购贸易方式的术语定义、流程要求和管理服务等，争取相关地方标准转化为国家标准或行业标准，并推动在其他试点地方推广应用。率先建立市场采购贸易组货人制度，将真实的组货单位纳入市场采购贸易管理体系属地管理，推动市场采购贸易主体规范申报。制定《市场采购贸易代理服务规范》，将协助采购商在市场采购商品的这一类外贸主体单列出来，规范服务流程、服务标准、服务质量等，扶持推动贸易中介服务行业健康发展。制定《市场采购空运模式》，推动新型空运出口模式落地，打通海陆空多渠道市场采购运输通道。

（二）温州：发挥产地优势，激发市场活力

温州是中国轻工产品主要生产基地之一，拥有"中国鞋都""中国电器之都""中国锁都""中国制笔之都"等称号。在试点获批前，温州每年通过义乌出口的小商品至少有 15 亿美元。2019 年，温州市场采购出口 272.9 亿元，比上年增加 150 多倍，[①] 拉动全省市场采购出口增长 13.4 个百分点，拉动全省外贸出口增长 1.3 个百分点。2020 年，温州市场采购出口目标为 45 亿美元。

促进物流畅通。严格划定上级要求的 3.6 平方公里试点范围，在全国率先建立"电子围网"系统，确保所有交易行为来自试点区域内。以"缩短车辆备案时间"和"提高通关报关效率"为重点突破环节，率先实施水路转关试点，全面优化水路、陆路、空运三条路径，陆路施封时间从 50 分钟压缩到 30 分钟，温州到宁波船只靠泊时间从 30 小时缩短到 12 小时之内，陆路转关、水路转关、水运直航日均出口货柜量均成倍增加。在联网信息平台开通组货拼箱功能，提供组货拼箱通道，实现货物的进仓、管理、出仓全流程监管。新建并启用市场采购贸易组货拼箱中心，预计为出口企业降低近 70% 的时间成本和 30% 的运输成本。

做好亲商安商。对个体户提前注册、虚拟运行、免除租金，通过政策补助 2 万元商铺定金让个体户"零成本"入驻。市场主体平台备案时间从 5 天压缩到 1 天，2020 年 3 月平台完成首单个体户"一次都不用跑"无接触办理注册业务，两个小时内完成线上提交资料、填单注册到生成并申领电子版营业执照的全流程。通过政府购买服务的形式免除每个货柜 400 元的施封费用，经陆路转关出口单个货柜的利润从 500 元上升到 1500 元。支持"温

---

① 由于温州 2018 年 11 月 28 日正式启动试点，因此 2019 年数据同比增幅偏大。

贸通""外贸通""一达通"等外贸综合服务平台扩大服务领域，为中小微企业提供通关、结汇、退税、融资等服务。

（三）临沂：聚焦工程物资，带动本地产业

临沂商城是全国唯一工程物资类试点市场，主要出口商品为建材、板材、纺织服装鞋帽、小商品、化工、陶瓷、机械设备及配件、五金等，地产品出口占比达80%。2019年，临沂市场采购出口186.2亿元，同比增长153.6%。2020年，临沂市场采购出口目标为突破350亿元。

培育市场主体。开展供货商集聚、采购商招引、便利化服务三项重点工作，围绕劳保、建陶、五金、机械配件等特色行业，引进优质企业和供应商入驻。优化"市场采购＋海外商城"模式，启动联网信息平台二期开发建设，重点提升"沂采通"电商平台，积极拓宽工程物资海外营销渠道。出台加快培育外贸综合服务企业的实施意见，培育认定了新联纺等一批省、市外贸综合服务企业。优化财政资金扶持方向，综合考虑出口贡献，对出口额过亿美元、本地产品出口占比高且收结汇率较高的外贸综合服务企业，在享受正常政策的前提下给予额外奖励。平台备案管理审批权限全部下放至各县区商务主管部门，设立出口商品负面清单，启用出口商品价格比对功能，采取"预警＋约谈"工作机制，及时处置市场采购出口花岗岩及制品存在的虚假贸易风险。

创新监管模式。2017年9月，青岛关区实行"采购地申报、口岸验放"通关一体化监管模式，释放了市场活力；下属临沂海关进一步深化"属地申报、口岸验放"举措，除青岛港外威海港、烟台港成为出口货物新通道。在"一划定、三备案、一联网"管理基础上提出"试行预包装食品、引导低退税商品、验证第三方检验、入库即开始监管"的工作模式，防范制度、执法和廉政风险，降低知识产权侵权、瞒骗夹带和虚假贸易业务风险。应用科技手段创新物流监管方式，有效解决市场采购货物在非试行关区口岸通关不畅问题；为临沂港运营方争取到60把电子关锁，免费试行安全智能锁在途监管，集装箱车辆闸口不停车验核放行；运行监管场所集装箱动态联网系统，做到"分得清、管得住、通得快"。

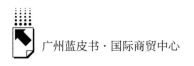

（四）泉州：试点食品出口，助力复工复产

泉州是我国三大食品生产基地之一，行业年产值超千亿元。泉州石狮是第四批 6 个试点中首个印发试点工作方案、首个启动试点工作、首个开展首单通关、首个通过国税总局联网信息平台免税子系统验收的试点市场。2019年，泉州市场采购出口 177 亿元。主要出口商品包括家纺织物、服装织物、矿产类产品、机械类制品、日用百货、精密仪器设备以及皮革类制品等。2020 年，泉州目标完成市场采购出口 250 亿元。

抢抓试点机遇。2019 年 9 月，海关总署批复同意在石狮服装城开展全国首个市场采购贸易方式出口预包装食品试点，允许在试点市场范围内采购的、厦门关区内生产的预包装食品以市场采购贸易方式出口，实现对原有"出口食品生产企业备案"和"产地检验"两项食品出口管理制度的突破创新。印发《泉州石狮服装城市场采购贸易方式出口预包装食品质量安全监督管理规定（试行）》《泉州石狮服装城市场采购贸易方式出口预包装食品质量安全市场监管工作规程（试行）》，启动"中国石狮国际食品城"项目，为省内从事预包装食品市场采购贸易的生产企业、供货商提供特色产品馆、产业集群馆入驻服务。自 2019 年 11 月 14 日首批出口至当年底，共监管出口食品 85 批次、货值 1478 万元，主要为糖食、甜饼干、烘焙糕饼、啤酒等。

积极应对疫情。强化部门协调联动，做好市场运营区、监管场所的疫情防控，设立复工复产联络员、骨干团队驻点帮扶等。石狮市商务局与中国信保公司泉州办事处共同创新，在全国首创承保个人买家付款风险的出口信保产品。发挥信息技术优势，提供市场采购信息平台备案、审批、外汇、通关全流程"一站式云办理"。针对预包装食品出口试点，海关及时收集并向企业通报境外因疫情采取的临时限制措施，并提供检验检疫技术支持。市场管理方对承租市属国有资产的商铺免收 2 个月租金，对购买商铺、安置店铺、整体承包的商铺及享受市场采购贸易、"五年免三年"等特殊招商优惠政策的经营户免收 2020 年 2~4 月份物业费。

二　对深化试点工作的若干思考

面对严峻复杂的全球疫情防控形势，中央要求做好较长时间应对外部环境变化的思想准备和工作准备，多次强调做好稳外贸工作，特别是 2020 年 4 月 7 日国务院常务会议明确提出要积极发挥新业态优势助力外贸克难前行。深化市场采购贸易方式试点工作，已不仅仅是完成国家下达的既定工作任务，更是地方政府化危为机推进治理能力现代化的重要实践。

（一）既要数量规模领先，也要制度创新引领

自试点开展以来，广州市场采购出口规模一直保持在第一方阵，形成对义乌的全面追赶之势。相关部门主动作为，推出"花都申报、多口岸接单""花都申报，异地转关"模式，不断提高集约化监管水平，有效压缩货物通关时间，通过"集群注册"和"场内注册、场外经营"增强对全省辐射带动能力，在完善相关政策体系、开展价格管理、探索多种运输方式方面也可圈可点。但对比义乌，广州的差距不在出口额还在制度创新方面，浙江省以义乌市域为主体设立综合改革试验区、省人大常委会为保障国际贸易改革创新进行单独立法，义乌以市场采购贸易方式试点牵引整体对外开放，不管平台管理、通关便利化、外汇管理等都走在全国前列，特别是创新市场采购进口贸易机制、强化境外采购商招引和服务、实施市场采购贸易方式标杆引领工程等值得学习。

（二）既要市场力量主导，也要政府扶持发展

市场采购贸易做大做强必然要发挥市场的主导作用，但在试点初期硬件场地建设、软件信息平台构建、供应商集聚和外贸综合服务平台培育等方面仍需要政府支持。在实施补贴方面，地方政府面临博弈困局，没有哪一方敢轻言退出。随着试点范围扩大，特别是中西部省市之前在培育中欧班列发展上取得良好回报，推动市场采购贸易方式试点更会不遗余力。长沙市财政局

在开展试点第一年即 2019 年，就分两批共下达 3610 万元试点扶持资金。临沂 2018 年兑现企业补贴奖励资金 3600 余万元，2019 年克服地方财政困难安排专项资金 6000 万元用于推进试点工作。浙江义乌 2019 年财政预算列支约 6 亿元市场采购出口奖励，2020 年地方财政支持力度基本不变。在目前外贸困境下，广州要确保补贴力度不减弱，重在协调省内试点的补贴标准、优化补贴环节、补贴对象。

（三）既要培育本地产业，也要辐射带动周边

此次疫情在全球蔓延暴露出很多国家和地区在制造业方面的短板，仅靠虚拟经济、服务经济很难保障经济安全和社会稳定，即便是在政治经济高度一体化的欧盟也是如此，这对广州这样的超大城市同样适用。广州市委十一届十次全会提出，要高质量建设具有全球竞争力的先进制造业强市，我们不但需要广汽智能网联新能源、乐金显示 OLED、粤芯芯片等重大项目示范引领，也需要为数众多的中小企业在战略性新兴产业耕耘，在传统产业打造隐形冠军。市场采购贸易方式在支持中小制造业企业开展外贸方面具有天然优势，山东临沂通过政策设计鼓励出口本地制造产品的做法有借鉴意义。广州建设国际商贸中心城市，大力发展市场采购贸易，广纳各方优质产品，提供展示平台和交易渠道是题中之义，但要关注扶持带动本地制造业发展，单纯做通道经济赚取场地租金、物流费用等，很难对城市能级提升起到关键作用。

（四）既要守牢安全底线，也要包容审慎监管

市场采购贸易货物流、资金流、信息流等信息不对称、流动不畅通，导致对经营主体监管难度大。"多品种、多批次、小批量"的特点造成货值审核难，实际货物与报关单不相符，侵犯知识产权的情况时有发生。同时，由于出口、收汇主体不一致，收汇率一直不高，监管部门无法全盘掌握资金流向。要坚持底线思维，对虚假贸易、洗钱等非法行为要依法进行打击，但也不能因噎废食，以相关业务停滞为代价追求绝对的安全，避免试点地区市场采购贸易额大起大落，特别是在稳增长保就业的关键时期。对此，自 2020

年1月1日起施行的《优化营商环境条例》已有明确规定，要求政府及其有关部门应当按照鼓励创新的原则，对新技术、新产业、新业态、新模式等实行包容审慎监管，不得简单化予以禁止或者不予监管。

（五）既要重视考核激励，也要给予容错免责

要以市场主体获得感为导向，构建市场采购贸易试点绩效评价体系，综合运用上级部门评价、交叉评价和第三方评价等方式，定性与定量评估相结合，不唯数字论成绩。也要考虑到在监管政策设计不完善的情况下，关、税、汇等部门在推进市场采购贸易时面临两难处境，一方面是地方政府和市场主体的发展诉求，另一方面是工作偏差可能被追责的风险。浙江省委办公厅2019年底印发《关于建立健全"干部为事业担当、组织为干部担当"良性互动机制的意见》，促进形成"两个担当"良性互动的机制体系，鼓励在试点探索的基础上，建立容错纠错裁定机制，做法可资借鉴。要根据习近平总书记关于"三个区分开来"的重要论述，通过制度设计予以市场采购贸易方式试点创新容错免责，树立鼓励主动作为、支持善作善为、纠正无所作为的鲜明导向，扭住新发展理念推动贸易新业态高质量发展。

三　打造广州试点新标杆的建议

广州是唯一开展市场采购贸易方式试点的一线城市，从"千年商都"到国际商贸中心，无论城市能级还是资源整合能力都在14个试点城市中首屈一指。广州深化市场采购贸易方式试点要有高标准高要求，在敢担当、善作为上有新突破，解决前进中的问题，在前进中解决问题，以制度创新为加快实现老城市新活力、"四个出新出彩"形成支撑，为推动形成全面开放新格局、建设外贸强市增强动力。

（一）申建综改试验区，扩大试点区域

除市场采购贸易方式试点，广州还获批自由贸易试验区、国家跨境电商

综合试验区、国家服务贸易创新发展试点、国内贸易流通体制改革发展综合试点等，建议整合上述资源申请设立国家内外贸协同发展综合配套改革试验区，率先构建内外联动的开放型经济新体制，全面提升城市能级和核心竞争力，为服务全国全省发展大局贡献广州力量。争取扩大市场采购贸易方式试点市场区域和商品范围，开展预包装食品、化妆品、锂电子产品出口，并向生产资料领域拓展。促进市场采购贸易与跨境电商融合发展，构建跨境电商、市场采购、一般贸易"三位一体"发展格局。深化市场采购贸易业态研究，开展市场采购进口贸易机制创新，探索市场采购贸易与转口、保税加工等其他贸易方式协同发展。

（二）包容审慎监管，保持政策稳定

推进出口流程、货值核算和监管方式的标准化、便利化，适时增加一体化通关模式的口岸。探索实施市场采购"一柜多票"报关模式，允许"市场采购＋一般贸易"或两票市场采购货物组柜出口。发挥行业协会在协调、沟通和信息方面的优势，高效开展市场采购出口商品质量监管，扩大全球质量溯源体系对市场采购贸易出口商品的覆盖面。鉴于市场采购贸易资金流与货物流分离的特征，外汇管理重在形成对交易流程、资金流向的全流程监管，不宜简单以结汇率进行考核，按照"先适应、后引导、再规范"模式，推动完善顶层设计。优化市场采购贸易联网信息平台，完善出口商品价格监管机制，建立基于信息平台的部门间信息共享系统，实现全部门的动态监管、信息全共享，对经营主体联合实施相应的激励和惩戒措施。建立本地商务、市场监管、发改等职能部门与海关、税务、外管等垂直管理部门干部交流机制。

（三）把握业态特征，培育市场主体

引导本地商户从单纯批发商贸向综合服务迈进，提升商品档次、拓展国际营销渠道。促进广州皮革皮具、塑料制品、纺织服装等特色轻工产业集群的快速反应和柔性生产改造，贯通从营销到设计研发和智能制造的高效采供

体系，生产、贸易、会展相互促进。扶持外贸综合服务企业创新发展，培育"圣贸通""富贸通"等适应市场采购贸易需求、有利于规范化运作的综合服务体，在通关、税收、政策扶持上给予更多支持。根据业态特点，实施差异化税收政策，将市场采购贸易供货商视为小规模纳税人核定征税。帮助企业规避国际贸易风险，扩大出口信用保险覆盖面，承保个人买家付款风险。对接金融机构，开发适应市场采购贸易发展需求的金融保险产品。强化对共建"一带一路"国家和华人华侨聚居国家的市场推广和招商，吸引国外专业采购商、商协会、电商平台前来参观考察、对接采购、设点办公。

（四）强化公共服务，保护知识产权

在行政审批、注册备案、政策咨询等政务服务基础上，丰富大数据分析、政策研究等公共服务。通过政府购买服务方式引入社会化力量，对市场采购贸易目标市场开展个性化研究，为决策提供支撑。开放市场基础数据及应用场景，利用系统进行数据整合和分析，提取价值客户，挖掘潜在客户，为客户提供安全、快捷、高效的采购体验。打造智能风控系统，完善采购商信用评价体系和市场商业数据分析，促进采购方和供货相关行业自律。实行严格的知识产权保护制度，从供应商、采购商、外贸公司等多环节分析市场采购贸易特性，确定易出现侵权重点环节，加大对敏感企业和出口地区的货物查验力度。强化中国广州花都（皮革皮具）知识产权快速维权中心的快速授权、快速维权功能，打造国内一流、对接国际的知识产权综合服务平台。

（五）优化出口补贴，支持创新发展

地方政府采取财政资金支持市场采购贸易发展本无可厚非，但应避免以出口实绩为标准的红箱补贴，加大对业务创新和基础设施建设的支持力度。根据WTO《补贴与反补贴措施协议》的定义，"法律或事实上视出口实绩为唯一条件或多种其他条件之一而给予的补贴"为禁止类补贴，容易招致美欧对我国企业发起反补贴调查和在多双边机制下对中国政府施压。同时，

受补贴诱惑，市场经营户容易钻政策空子，采取出口货值低值高报方式，加大财政的压力。对现有补贴政策应不发文、不公开宣传，逐步梳理、清理，避免授人以柄。做好贸易政策合规工作，把禁止类补贴尽量转化为不可诉补贴，比如不具有专向性的补贴、研发类补贴等。

（六）完善基础设施，提高物流效率

综合运用信息化、大数据、人工智能等技术手段，建设采购商大数据管理应用平台（CRM系统）。通过人脸识别、无线探针等掌握市场采购客商的基准数据，逐步完善采购商大数据库。结合市场采购贸易货物品类多、车次多等特点，优化仓储、组货、交易、拼箱等环节，形成高效物流体系。制定仓储规划，提高仓储标准化、信息化水平，建设集仓储、组货、拼箱、物流等功能于一体的海关监管仓库。依托广州北站和白云机场，加快建设空铁联运绿色交通枢纽，推动铁路、航空、临港物流发展。选择重点贸易伙伴开设贸易专区和物流专线，常态化开行中亚、中欧班列市场采购贸易专列。

B.9
浅析广州市场采购贸易方式试点
现状及发展趋势

梁志锐 *

摘　要： 市场采购作为外贸新业态，在广州试点各项工作取得一定成
效，但在顶层设计以及实际工作推进过程中仍存在一些不完
善之处。随着广州试点不断深入推进，加上2020年年初以来
新冠肺炎疫情对外贸企业、专业批发市场影响越发严重，市
场采购贸易方式试点发展模式亟待优化、试点区域范围局限
等情况也逐步显露出来。笔者尝试结合广州试点启动3年以
来的发展情况，建议从加强部门监管协作、加快编制长远规
划、积极扩展市场集聚区、推动成立行业协会、做好企业服
务等方面入手，内外发力、综合施策，推动广州试点持续健
康发展，为国家试点发展提供"广州模式"。

关键词： 市场采购　贸易新业态　专业批发市场

为加快培育贸易新业态新模式，促进外贸创新发展，2013年商务部等8
部委联合印发了《关于同意在浙江省义乌市试行市场采购贸易方式的函》，
标志着我国正式启动市场采购贸易方式试点。随后，商务部会同海关、税务
等部门先后在江苏海门、浙江海宁、广东花都、江苏常熟、山东临沂、湖北

---

* 梁志锐，广州市商务局对外贸易发展处副处长。

武汉、河北白沟等地的市场开展国家级市场采购贸易方式试点。至 2018 年 9 月，国家级市场采购贸易方式试点已获批四批共 14 个试点。其中，广州市花都皮革皮具市场于 2016 年 9 月获批成为第三批试点。自 2017 年 3 月广州试点启动以来，商务、海关、税务、外汇管理等部门密切沟通、市区两级积极协同推进，市场采购贸易方式在全市稳外贸工作中一直发挥着举足轻重的作用。

一 广州市场采购贸易方式试点发展现状

（一）广州试点情况

1. 试点市场概况

广州花都皮革皮具市场于 2016 年 9 月获批成为广东省首个国家级市场采购贸易方式试点，目前试点市场集聚区约 2000 亩，包括狮岭（国际）皮革皮具城、狮岭皮革五金龙头市场、圣地环球商品贸易港、富力环球商品贸易港等区域。现已集聚生产型企业 8000 多家、经营性商户 18000 家、从业人员 30 多万人，年产皮具 7 亿只，产值 200 多亿元，70% 以上产品出口，皮具箱包营销市场辐射全国各地乃至世界五大洲 136 个国家和地区，占欧美大众流行箱包市场 60% 的份额。

2. 广州试点发展情况

2017 年 3 月试点启动，广州市正式开展市场采购出口业务。三年多以来，广州市通过建立全流程多部门网络联合监管体系，加快试点市场升级改造，推进线上线下融合发展等措施，有力推动了市场采购试点各项工作。一方面，作为千年商都的广州拥有数量庞大的专业批发市场，是珠三角乃至华南地区小商品的主要集散地，商品品种繁多、交通物流便捷、价格优势明显，非常适合开展市场采购出口业务。另一方面，市场采购试点也对广州建设国际航运枢纽、航空枢纽和物流中心形成有力的支撑。至 2018 年，广州市场采购出口额达 1580.9 亿元，位居全国第二，已成为广州市继一般贸易、加工贸易之后的第三大出口贸易方式（占年度出口总额的28%）。实践也证明，广州组织外贸企业开展市场采购出口业务在稳外贸方面发挥了重要作用，且市场采购贸易方式能很好地发挥广州千年商都的优势，极大地促进了广州小商品销往世界各地。商务部、海关总署领导曾多次来广州市调研市场采购贸易方式试点推进情况，对广州试点的创新做法和经验给予高度肯定。

（二）广州试点在省内发展对比情况

随着政策红利不断凸显，为促进外贸创新发展，广东省内市场采购贸易试点范围已从原来仅有的花都扩大至佛山顺德和中山试点。2018年9月，佛山市顺德区亚洲国际家具材料交易中心、中山市利和灯博中心分别获批成为第四批国家级市场采购贸易方式试点市场。至此，广东省内共有广州、佛山和中山等3个国家级市场采购贸易方式试点，两个新增试点城市的市场采购贸易方式出口业务发展迅猛，现省内已形成三足鼎立之势。

2019年，3个试点城市的外贸进出口情况（据海关数据统计）如下。

广州市外贸进出口总值9995.8亿元，同比增长1.9%。其中出口5258.0亿元，同比下降6.2%；进口4737.8亿元，同比增长12.7%。佛山市外贸进出口总值4827.6亿元，同比增长5.0%。其中出口3727.7亿元，同比增长5.7%；进口1099.9亿元，同比增长2.6%。中山市外贸进出口总值2387.2亿元，同比增长1.9%。其中出口1929.2亿元，同比增长7.1%；进口458.0亿元，同比下降15.2%（见图1）。

（1）从体量角度看，广州市场采购贸易方式出口量在广东省内居首位。据海关数据统计，2019年1~12月广东省市场采购出口2393.4亿元。其中，广州市以市场采购贸易方式出口1178.4亿元，占全省市场采购出口额的49.24%；佛山市以市场采购贸易方式出口868.0亿元，占全省的36.27%；中山市以市场采购贸易方式出口116.9亿元，占全省的4.88%（见图2）。在14个试点城市中，广州以市场采购贸易方式出口的体量居广东省开展市场采购出口城市的首位，同时列全国试点城市的第二位，仅次于义乌市场采购的出口额。

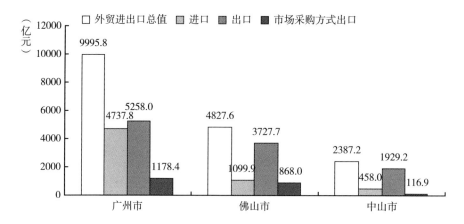

图1　2019年广州、佛山、中山三地外贸情况比较

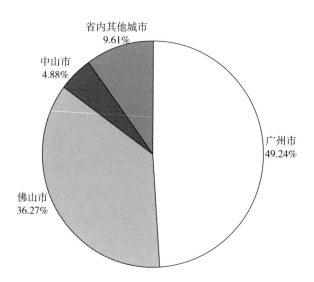

图2　2019年1～12月广东省市场采购出口情况

（2）从外贸占比角度看，广州与佛山基本持平。据海关数据统计，2019年广州以市场采购方式出口额占全市外贸进出口的11.79%、占全市出口的22.41%；佛山以市场采购贸易方式出口额占全市外贸进出口的17.98%、占全市出口的23.29%；中山市以市场采购贸易方式出口额占全市外贸进出口的4.90%、占全市出口的6.06%（见图3）。佛山市场采购贸

易方式出口额占当年全市外贸进出口额、出口额的比重，均为 3 个试点城市中最大，广州、中山的占比次之。

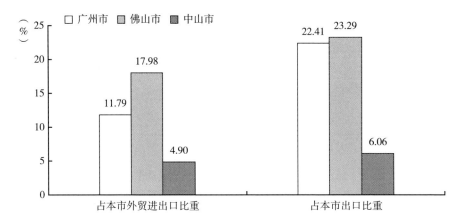

图 3 2019 年广州、佛山、中山三地市场采购贸易方式占比情况

（3）从数据稳定性角度看，广州市场采购出口额近年出现较大波动。2017 年试点首年，广州市场采购贸易方式出口额为 618.3 亿元；2018 年攀升至 1580.9 亿元，同比增长 155.68%；但 2019 年受监管政策以及扶持政策调整影响，出现了两次较大波动，全年市场采购贸易方式出口额仅为 1178.4 亿元，同比大幅下跌 25.5%（见图 4）。2019 年，是佛山、中山两市获批试点后的首年，以市场采购贸易方式出口业务表现理想。其中佛山稳中有增，同比增长 14%（中山 2018 年没有开展市场采购出口业务，无同比数据）。

（4）从商品品类看，广州小商品品类最齐全。广州试点市场集聚区所在的花都区是知名的时尚产业集聚区，拥有中国皮具之都、音响之都、珠宝之都、化妆品之都美誉。凭借完备的产业供应链优势，全市范围内数量庞大的专业批发市场，以及四通八达的交通网络，广州市场采购贸易方式试点迅速将各类小商品销往全球。除了皮具箱包、服装之外，广州试点还出口灯具、家具、家电、玩具、五金制品、纸制品、卫生洁具、塑胶制品、鞋类、陶瓷制品、纺织产品、不锈钢厨具等小商品。佛山试点主要出口家具，同时

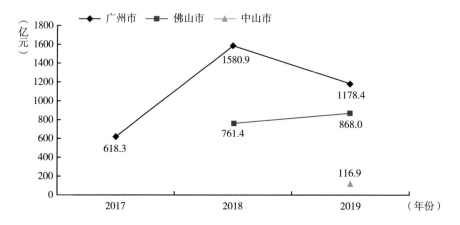

图4　2017～2019年广州、佛山、中山三地市场采购贸易方式占比情况

也有服装、汽配、卫生洁具等商品，和广州存在同质化竞争；中山试点出口的小商品较为单一，主要为灯具、电灯产品。

（三）广州市场采购贸易方式发挥的重要作用

（1）市场采购是广州稳定外贸的重要抓手。至2018年，市场采购已经成为广州继一般贸易、加工贸易之后的第三大出口贸易方式。2019年，为尝试降低试点对财政扶持的依赖程度，广州试点尝试暂停市场采购补贴政策。受此影响，1～4月广州市场采购出口出现"断崖式"下跌；另据广州市场采购联网信息平台数据，4月1～24日同比下跌90.7%。按照该趋势，如不及时采取有效应对措施，预计市场采购全年跌幅将达80%左右，大幅度拉低全市进出口增速。随后在制定加强监管措施的基础上优化支持政策，广州市场采购贸易日均出口额逐渐恢复至同期水平。当年，受有关部门监管政策调整等因素叠加影响，广州市场采购出口额出现较大幅度下跌，仅为1178.4亿元，但仍占全市年度出口总额的22.41%。

（2）市场采购贸易新业态集聚效应明显。广州是珠三角乃至华南地区小商品的主要集散地，商品品种繁多、交通物流便捷、价格优势明显。数量众多的专业批发市场，每年都吸引着众多外国客商常驻广州开展小商品出口贸易。外贸企业通过市场采购的贸易方式，让专业批发市场内众多毫无经验的中小微商户也能参与国际贸易，使中国小商品更容易销往世界各地。截至2019年12月，试点备案主体累计超2万家；备案商品涉及88个大类，主要有服装服饰、塑料制品、电子产品、日用百货、皮具箱包等。广州市场采购贸易出口的国家和地区已经超过200个，其中共建"一带一路"国家有63个。

（3）市场采购有助于本地专业批发市场转型升级。据统计，2019年初广州市拥有713个专业批发市场。通过市场采购贸易方式试点的带动，可以大大加快专业批发市场的国际化建设，使国内贸易与国际贸易充分融合，推动广州制造、广州小商品出口在国际上的影响力日益提升。如广州的纺织、服装、鞋帽、皮革皮具、酒店用品等批发市场不仅在国内有着广泛的影响力，而且辐射东南亚、中东、非洲甚至欧美市场。

（4）市场采购贸易试点带动区域经济快速发展。试点范围内的圣地环球商品贸易港已进驻200多家皮具品牌企业，并配套建设外币兑换中心、新外贸服务平台、名品奥特莱斯广场等。新建的富力环贸港，将打造为集市场采购、交易展示、电子商务、会展经济、创意设计、现代物流等功能于一体的新型国际商贸综合体。市场采购贸易方式试点落户广州花都，有力带动了花都区制造业、中小企业、区域经济国际化发展，区域内各项经济指标持续增长。2017年试点启动首年，市场采购贸易方式即带动花都区进出口额历史上首次突破百亿美元，并且，对当年广州全市外贸进出口增长的贡献度高达30%。

二 国家和省市最新政策动向

从政策层面看，中央和省、市都非常重视发展新业态，要求在健全体制、加强监管、加大扶持方面下功夫，继续推进市场采购试点持续健康发展。

第一，2019年11月，《中共中央 国务院关于推进贸易高质量发展的指导意见》发布，就加快培育贸易竞争新优势、推进贸易高质量发展提出若干意见。其中，要求促进贸易新业态发展，增添贸易发展新动能。在总结试点经验基础上，完善管理体制和政策措施，推进市场采购贸易方式试点。

第二，2019年11月26日，中国共产党广东省第十二届委员会第八次全体会议通过《中共广东省委贯彻落实〈中共中央关于坚持和完善中国特色社会主义制度、推进国家治理体系和治理能力现代化若干重大问题的决定〉的实施意见》，提出要促进对外贸易多元化，推动贸易新业态新模式发展制度创新，创新跨境电商发展和市场采购贸易方式。

第三，2019年11月29日，中国共产党广州市第十一届委员会第九次全体会议审议通过了《中共广州市委贯彻落实〈中共中央关于坚持和完善中国特色社会主义制度、推进国家治理体系和治理能力现代化若干重大问题的决定〉的实施意见》，指出要完善促进外贸转型升级的体制机制，优化企业培育机制，健全市场采购贸易管理体系，培育一批龙头企业，探索扩大市场采购贸易集聚区范围。

第四，2020年3月16日，广东省人民政府印发《广东省促进外贸稳定增长若干措施》，指出各试点城市要强化扶持政策，优化支持方向，加大支持力度。

第五，2020年4月17日，广州市政府常务会议审议通过了《广州市促进外贸稳定增长若干措施》，保障外贸产业链、供应链畅通运转，力促外贸稳定增长。在推动外贸新业态加快发展方面，明确要重点推动市场采购贸易加快发展，培育一批市场采购重点专业批发市场和进驻专业市场推动实施市场采购的外贸综合服务企业。

另据悉，广东省内的深圳、汕头两市也在积极申请市场采购贸易方式试点资格。这一切均显示，市场采购贸易方式的便利性、重要性日益下凸显，无论是中央政府还是地方政府，均高度重视对该新型业态的培育发展。多年实践也证明，市场采购贸易方式深受市场各方主体的欢迎，将成为今后的主流贸易方式。

三 广州试点发展存在的问题

市场采购作为外贸新业态，在广州试点各项工作取得一定成效。但 2020 年年初以来，新冠肺炎疫情对外贸企业、专业批发市场影响越发严重；随着广州试点不断深入推进，市场采购贸易方式试点发展模式亟待优化、试点区域范围局限等情况也逐步显露出来。

（一）多方主体受疫情冲击严重

广州市商务局会同有关单位走访狮岭（国际）皮革皮具城、广州万菱广场等两个积极参与市场采购贸易方式试点的外向型专业批发市场，并调研两个专业市场内的 93 家商户。调研结果显示，2020 年 3 月中旬以来，在国外疫情暴发的二次冲击下，外向型专业批发市场承压明显，并面临在手订单多受影响、新增订单锐减、出口订单难以到岸、库存压力增大、资金持续紧张、专业市场客流量下降、运营压力剧增等困难。正处于培育发展阶段的市场采购贸易新业态，以及参与市场采购贸易的外贸企业、供货商户、专业批发市场等多方经营主体，在经营发展上均遭遇到前所未有的压力。如调研显示，62.4% 的受访商户 2020 年第一季度外贸订单金额同比下降超过 50%，33.3% 下降 30% ~ 50%，3.2% 下降 30% 以内，仅 1.1% 保持平稳，没有商户订单增长。4 月的情况进一步恶化，截至 4 月 18 日，77.4% 的受访商户反映当月无新增订单。[①] 广州生活饰界家具用品有限公司反映，3 月以来，几乎没有接到海外订单。广州国宗电子商务服务有限公司反映，疫情以来该公司出口业务量下降达 60%。

（二）花都模式缺乏可持续性

在旅游购物和市场采购贸易方式试点推行之前，小商品出口多是通过一

---

① 数据由国家统计局广州调查队提供。

般贸易不退税的方式违规出口。由于市场采购采用的是全流程多部门线上联合监管，监管条件较为严格，企业参与积极性低。因此，在试点初期，使用扶持资金引导市场主体参与市场采购是全国各个试点的普遍做法。而一旦补贴金额低于周边城市，市场采购业务就会被分流。例如，2019年1~4月，广州市暂停补贴政策，市场采购出口即出现了"断崖式"下跌；同年11月，湖南、江西、广西等地通过高补贴争抢出口货源，也导致了广货严重外流。财政补贴政策已成为影响市场采购贸易试点发展的重要因素，财政补贴政策的稳定性、连续性直接影响着市场采购贸易参与方的积极性。现阶段的花都试点发展模式，即外贸公司按照财政扶持标准出价收揽货物、代理出口的模式，具有强烈的不稳定性，往往是哪个城市补贴高，出口数据就流向哪个城市，而且财政补贴一度成为市场采购贸易参与方的唯一收入来源。这种发展模式或盈利模式若不加以改变，广州市场采购贸易方式试点必然难以持续健康发展。

（三）监管政策顶层设计待完善

市场采购试点作为新业态，有别于传统的贸易方式，其在实际业务开展过程中难以达到现行法规的管理要求。企业往往存在顾虑，参与试点的意愿不强。例如，目前国外采购商在国内市场采购时往往习惯"三现"交易（现场、现金、现货交易），其与商户交易时实际上已经完成了国内货物交易和资金结算，市场采购资金并未通过合法渠道从境外回流，无法在外汇管理局系统中体现，市场采购资金流和货物流不匹配，市场采购试点收汇率一直偏低。这是该业态的现状所致，即国外采购商自行或委托其在中国的国际买手帮其采购商品，采购款由其本人携带入境或通过地下钱庄等非法渠道换购，以现金完成采购交易。由于其不清楚或不了解中国的相关政策，所以国外采购商或国际买手一般会委托货代帮其运回国内，货代又交给报关行进行市场采购的申报，但由于采购商品已用现金交易完成，外贸经营单位无法完成收汇。

（四）市场集聚区范围亟须扩大

根据试点工作实施方案，除佛山、中山两个试点以外，广东省内包括广州、汕头、河源、肇庆、江门等各地市开展市场采购贸易方式出口业务的适用区域均为广州花都皮革皮具市场，市场采购出口商品必须在经认定的市场集聚区内采购。因此，开展市场采购贸易出口业务的外贸公司必须在花都区市场集聚区内注册商户。但从实际情况看，参与市场采购的外国客商更多的是集聚在广州市中心城区，目前仅花都区有试点市场，越来越难以满足全市小商品出口的需求。另外，试点范围的局限不仅增加了参与主体的经营成本、时间成本，也增加了源头追溯、风险控制、贸易便利等方面工作的难度，导致试点政策红利大打折扣。

四　广州试点发展趋势展望

下一步，广州首先要积极应对，尽力降低新冠肺炎疫情对业态的影响，同时还要围绕"风险可控、源头可溯、责任可究"的目标要求，进一步优化完善市场采购发展的政策措施，切实解决试点推进过程中遇到的困难和问题，促进市场采购贸易方式试点不断完善和发展。

一是加强部门监管协作，加快编制试点长远发展规划。在监管上共同探索出更加适应广州发展的监管模式，确保"管得住"又"管得好"。建立健全企业的管理体系，各部门实现信息共享，建立"黑白名单"制度，在严格惩罚违规企业的同时，为守信、守法经营企业提供通关便利等方面的支持，重点培育如万菱广场、圣地环球商品贸易港、中港皮具城等专业批发市场，引导其通过市场采购贸易试点实现内外贸一体化发展；培育市场采购综合服务企业，组织更多的外贸主体、市场实体商户参与市场采购出口贸易，促进广州地区经济持续健康发展。围绕"国际商贸中心"的定位，推动专业市场转型升级，提升国际化水平，带动更多的"广货"走向国际，提升"广货"在国际市场上的影响力。

二是发展"互联网+市场采购",为市场转型升级提供方案。推动专业批发市场发展"互联网+市场采购"的新模式。加强多方经营主体、多个监管部门以及市区商务部门等方面的对接,与其他国家贸易促进机构沟通合作,为传统专业批发市场、外贸企业、实体供货商户提供跨境电子商务客户和贸易机会,破解产业链瓶颈,消除疫情期间看样本、成交、物流运输等外贸出口障碍。研究推动搭建直播渠道及线上展会平台,给予积极参与市场采购贸易方式试点的专业批发市场、实体供货商户一定的支持,为优质"广货"、小商品拓宽销路、开发新客户,帮助传统专业批发市场内众多中小微商户和企业接到更多外贸订单。

三是推动成立行业协会,为各经营主体提供服务。推动成立广州市场采购贸易行业协会,引导其发挥桥梁纽带作用和政策宣传作用,制定广州小商品价格指数,制定行业规范、加强行业自律。通过协会,集聚对接更多优质外贸企业、物流企业、报关企业进入业态链条,引导和帮助更多专业批发市场及场内实体商户参与试点。规范商品管理,鼓励企业建立市场采购贸易出口商品理货场所,将监管前移,实现小商品出口"理得清、通得快"。联合银行为外向型专业市场、市场采购外贸企业、供货商户设立一定规模的"纾困基金",帮助企业降低经营风险和融资成本。联合进出口银行、中国银行、中国建设银行、招商银行等金融机构,制定设计个性金融扶持政策,针对重点市场、重点外贸企业、重点供货商户上门提供贷款融资服务。

四是发挥政府引导作用,科学制定补贴政策。在加强联合监管的基础上,立足长远科学研究制定财政支持政策,坚决杜绝和严惩个别不法企业骗取财政补贴行为。从现阶段对物流费用的补贴,逐步转变为对实际参与市场采购贸易方式试点的专业批发市场、外贸综合服务企业、市场实体供货商户、真实收结汇商户等各方实际经营主体的支持引导,切实做到为多方主体降费减负,提高其参与试点的积极性,增强广州企业和广州小商品的国际市场竞争力,对广州建设国际航运、航空枢纽都能起到促进作用。通过更加科学、合理、有效的财政扶持政策,切实提高市场采购试点各方主体的市场化水平,推动试点实现可持续健康发展。

　　五是积极扩展市场集聚区,打造广州试点新模式。充分发挥广州专业批发市场众多、小商品种类齐全的优势。争取商务部、省商务厅等部门支持,扩大广州市开展市场采购贸易试点范围,由花都皮革皮具市场扩展至外向度高、专业市场软硬件基础好、条件成熟的越秀区、荔湾区、白云区等其他专业批发市场。在专业市场转型升级、丰富外贸功能的基础上,通过更加优化的市场采购贸易模式,破解部门监管方面的难题,同时促进内外贸融合发展,让市场采购的贸易流程、小商品出口价格、收汇需求等回归真实,让外国客商能够更加安心、便捷地采购到所需商品,让更多实体商户能够更加轻松地上线参与市场采购贸易,接到更多国际订单,不断扩大贸易额。坚持问题导向,针对试点过程中出现的问题,加大力度改革创新,给予新生事物一个良好的发展环境,按照商务部对市场采购试点的要求,坚持包容审慎的态度,在规范中发展,在发展中规范。对标义乌等其他试点城市,学习先进做法,同时结合广州实际,打造具有广州特色的发展模式,为国家试点发展提供"广州经验"。

B.10
中美贸易摩擦之下加快广州外贸高质量发展的对策分析

胡彩屏*

摘　要： 当前，世界经济格局正处在大变革、大调整时期，国际市场需求增速放缓，贸易摩擦不断升级。广州作为国际商贸中心、传统外贸大市，中美贸易摩擦对广州外贸发展带来了较大的冲击和影响。本文从国际、国内环境分析广州外贸面临的机遇与挑战，立足于广州外贸在持续发展中不断提质增效的现实基础，客观评价广州外贸做大做强面临的困难和短板，提出应对中美贸易摩擦必须与深化改革开放、倒逼转型发展相结合的总体策略，具体在稳增长、抓创新、调结构、促转型、强载体、优环境等方面苦练内功，推进外贸的高质量发展的应对举措。

关键词： 中美贸易摩擦　提质增效　外贸高质量发展

广州领改革开放风气之先，近年来致力于加快外贸体制机制改革，充分利用两个市场、两种资源，加快外贸转型升级，实现了对外贸易的跨越式发展和质量效益的不断提升。当前，广州经济正处在转变发展方式、优化经济结构、转换增长动力的关键时期，与此同时，对外开放的国内外形势也在发

---

* 胡彩屏，广州市商务局办公室二级调研员，研究方向为对外贸易、贸易政策等。

生深刻变化，世界经济格局正处在大变革、大调整时期，国际市场需求增速放缓，贸易摩擦不断升级。面对复杂严峻的外贸发展形势，广州要以市场机制为基础，充分发挥市场在形成全面开放新格局中的决定性作用，充分发挥广州对外开放的区位优势、产业优势、政策优势，勇于创新，大胆试验，不断提高对外开放水平，加快实现外贸的高质量发展。

一 广州外贸在持续发展中不断提质增效

改革开放以来，广州外贸迅猛发展，40 年间进出口规模增长了 1100 多倍。中国加入世贸组织后，对外贸易进入快车道，2002 年至 2011 年货物贸易进出口总值每年上一个百亿美元台阶，从 279.3 亿美元增长到 1161.2 亿美元。近年来，广州外贸更加注重提高质量效益，加快结构调整，推动服务贸易与货物贸易协调发展，积极开展模式、业态、制度创新，加快动能转换，打造外贸转型升级基地和高水平的开放平台，实现了对外贸易的持续协调发展。

（一）货物贸易稳定增长、结构优化

2018 年，广州外贸进出口总值为 9810.2 亿元，同比增长 1%。其中，出口 5607.6 亿元，同比下降 3.2%；进口 4202.6 亿元，同比增长 7.1%。以美元计价，进出口总值 1484.8 亿美元，同比增长 3.7%。其中，出口 848.5 亿美元，同比下降 0.5%；进口 636.3 亿美元，同比增长 9.8%。广州外贸力保稳定，2019 年 1~5 月，全市进出口总值为 3740.1 亿元，进出口增速与全省、全国的差距趋于缩小。其中，进口 1824.9 亿元，同比增长 16.4%，高于全国（1.8%）、全省（-2.2%）的水平。外贸进出口在保持增长的同时实现了贸易方式、商品结构、经营主体、市场布局"四个优化"。

1. 贸易方式进一步优化

一般贸易进出口增势良好，外贸自主发展能力增强。2018 年，一般贸易进出口 4594.2 亿元，同比增长 4.6%，占全市进出口总值的 46.8%，比上年提高1.6个百分点。加工贸易进出口2654.5亿元，同比下降3.1%，占全市进出口总值的27.1%。特殊经济区域带动作用明显，保税物流进出口898.1亿元，同比增长13.5%。新业态、新模式贡献增大，跨境电商进出口同比增长8.4%，占全国的18.3%，其中进口198亿元，全国排名第一；市场采购出口1580.9亿元，占全市进出口总值的16.1%；飞机融资租赁规模扩大，已有超千家企业落户，进口飞机28.2亿美元，同比增长67%，成为华南最大的飞机船舶租赁地；南沙港区汽车平行进口继续居全国第2位，进口1.4万辆、货值7.8亿美元，同比分别增长46.9%、54%。2019年1~5月，主要贸易方式进出口实现大幅增长，一般贸易、加工贸易、保税物流、跨境电商进出口同比分别增长7.3%、2.5%、28.8%、48.6%。市场采购经过调整开始出现回升，5月份出口124.9亿元，环比增长4.5倍。广州市的对外贸易方式已经转变为一般贸易、加工贸易、贸易新业态三分天下的格局。

2. 商品结构进一步优化

机电产品、高新技术产品出口稳定，2018年，机电产品出口2820.3亿元，占全市出口总值的50.3%；高新技术产品（与机电产品有交叉）出口863.5亿元，占全市出口总值的15.4%。机电、高新技术产品进口增速上升，机电产品进口1979.7亿元，同比增长15.1%；高新技术产品进口1190.7亿元，同比增长10.9%。2019年1~5月，机电产品、高新技术产品、飞机（空载超过2吨）、汽车整车、消费品进口值均大幅增长，同比增幅分别达到38.2%、60%、53.4%、80%、33.9%。机电产品、高新技术产品进口为外贸增长提供了强大动力，也更好地支持了国内创新发展。

3. 经营主体进一步优化

民营企业显示出市场活力，2018年，民营企业进出口4254.5亿元，同比增长5%，占全市外贸总值的43.4%。外资企业、国有企业带动作用较大，进出口分别达到4198.4亿元、1271.6亿元，占全市进出口总值的一半多（55.8%）。大型外贸企业发挥龙头带动作用，进出口规模排名前30位的大型企业合计进出口2495.1亿元，同比增长9%，占全市外贸总值的25.4%。2019年1~5月，大型企业继续发力，进出口同比增速高达

49.7%，占全市外贸总值的 29.8%，拉动广州市外贸增长 9.9 个百分点。外贸进出口主体由过去的国企独大转变为民企、外企、国企共同发展。

4. 市场布局进一步优化

传统市场保持平稳增长，2018 年，广州市对欧盟、美国、东盟、日本、香港五大贸易伙伴进出口 5930 亿元，占全市进出口总值的 60.4%。受中美贸易摩擦影响，2019 年 1～5 月，对美进出口同比下降 19.3%，对欧盟、日本、韩国进出口大幅上升，同比分别增长 11.2%、23.3%、25%。广州充分利用我国与共建"一带一路"国家贸易畅通带来的红利，贸易合作保持良好发展态势，与这些国家的进出口总值占全市的比重达到 23% 左右。目前，广州市的全球贸易伙伴已拓展到 200 多个国家和地区。

（二）服务贸易实现创新发展

广州市通过制定实施《广州市深化服务贸易创新发展试点实施方案》，加快落实国家开放便利措施，认定了一批示范企业和重点培育企业，推进了服务贸易的创新发展。2018 年，服务贸易总额为 480.9 亿美元，同比增长 5.1%，连续三年保持增长态势。其中：出口 177 亿美元，同比增长 1.4%；进口 303.9 亿美元，同比增长 7.4%。服务贸易占对外贸易总额的比重达 24.5%，高于全国水平（14.7%）。服务外包执行额 81.6 亿美元，同比增长 1.6%。游轮进出港旅客 48 万人次，同比增长 19.3%。2019 年 1～5 月，广州市企业登统服务贸易额为 28.4 亿美元，服务外包全口径执行额上报数为 20.5 亿美元。

（三）外贸基地、试点建设成效显著

广州市不断加强开放型平台和载体建设，增强集聚发展功能。各类国家级、省级开发区、自贸试验区、海关特殊监管区域依托优惠政策和监管制度创新，成为开放发展的重要载体。2018 年，特殊经济区域（高新技术产业开发区、经济技术开发区）和海关特殊监管区域（南沙保税港区、白云机场综合保税区、保税区、保税物流园区、出口加工区）进出口占到全市的 30.7%，2019 年 1～5 月上升为 35%。近几年，广州市还获批了多项国家级

试点，推动跨境电商、市场采购、服务贸易、汽车平行进口、毛坯钻石进口等贸易新业态蓬勃发展，规模均居全国前列。同时，广州市在建设汽车及零部件、船舶、医药等国家级出口基地和"服务外包示范城市"过程中，不断加强政策支持，进一步优化贸易环境，为打造"外贸强市"奠定了良好基础。

（四）贸易便利化水平不断提升

广州市营商环境改革不断向纵深发展，自贸试验区建设取得新成效，形成了一批可复制推广的经验。关、税、汇和市政府各部门、各区通力合作，不断探索新政策、推行新举措、试验新流程。通过率先将服务贸易领域纳入国际贸易"单一窗口"建设，率先在南沙自贸试验区试行联合登临检查、"诚信船舶通关零待时"，创新融资租赁模式，打造"跨境电子商务监管模式"入选商务部"最佳实践案例"等改革创新，口岸联检部门信息化平台不断优化，平均通关效率提高50%以上。通过各部门联合监管，形成"政府部门是一家"、企业办理口岸通关业务"只进一扇门、最多跑一次"的管理服务体系，营造了便捷高效的营商环境。

二 广州外贸做大做强面临的困难和短板

经过多年的高速发展，广州外贸逐步进入平稳发展时期。当前外部环境复杂多变，国内城市竞争压力不断加大，广州外贸逐步显现出一些短板和问题，面临新一轮的挑战。

（一）外贸竞争优势下降

随着改革开放的深入推进，全国形成大开放的格局，广州市先行一步的政策红利逐步减少，传统外贸企业所依赖的低人力成本、低生产成本等要素驱动优势已基本消失，难以复制以往外贸的高速增长。2018年，广州外贸进出口总值同比增长1%，低于全国（9.7%）、全省（5.1%）的增幅。贸易规模偏小，2018 年进出口总值占全国的 3.2%、全省的 13.7%，仅相当于上海的 29%、北京的 36%、深圳的 33%；商品出口值低于深圳、上海、苏州、东莞，进口值低于北京、上海、深圳、苏州、东莞。从 2019 年 1～5月数据来看，出口下滑比较大，出口额 1915.2 亿元，同比下降 11.9%，受中美贸易摩擦影响逐步加大，外贸形势比较严峻。

（二）贸易结构调整步履缓慢

机电产品、高新技术产品出口同比下降，高新技术产品出口占外贸出口的比重低于全国水平（30%）。出口商品以服装、液晶显示板、箱包、纺织品、家具等为主，具有自主知识产权和核心技术的产品比较少。加工贸易转型升级步履维艰，随着广州市劳动力等综合生产要素成本的不断提高，企业外迁或进行调整升级改造，影响了出口规模的扩大和增值率的提升。广州市外贸企业真正有国际市场影响力和竞争力的知名品牌较少，综合竞争力较弱，阻碍了广州市企业的国际化进程。服务贸易规模相对较小，低于上海、北京、深圳的水平，服务外包业务主要位于价值链中低端，高端服务供给能力较弱，服务外包企业创新能力和市场竞争力亟待提升。

（三）新业态发展不稳定

市场采购出口稳步发展，但效果不及预期，同时受试点区域范围局限、相关配套政策不完善、小商品价格监管困难、企业信心不足等问题所困，出口呈现下降。2018 年，市场采购出口 1580.9 亿元，与 2017 年（1673.5 亿元）相差 92.6 亿元，同比下降 5.5%，占同期广州外贸总值的 16.1%。2019 年 1～5 月，市场采购出口 303.4 亿元，同比下降 52.1%，其由原来的出口新动力变成拖累外贸增长的主要因素。随着跨境电商新政在全国的覆盖面扩展，其面临的竞争压力逐步加大。

（四）特殊功能区政策优势没有充分发挥

广州市现有 5 个海关特殊监管区域，是国内拥有海关特殊监管区域类型

最丰富、功能最齐全的地区之一，对广州市承接国际产业转移、加快加工贸易转型升级、打造对外开放新高地发挥了重要作用。但目前还存在建设进度缓慢、运行绩效有待提升、整合优化滞后等问题，不利于海关综合保税区措施的落地实施，也制约企业享受改革红利。

（五）营商环境有待进一步改善

在全国主要城市中，广州市对外开放水平落后于上海、北京和深圳，在金融开放和"走出去"两个方面存在明显短板。"放管服"改革监管跟不上，影响简政放权效果。投资贸易自由化便利化束缚依然较多，对标新加坡、青岛、上海等地区的智能港口，广州空港、海港的信息化、智能化水平较低，自贸试验区改革突破性制度创新有待加强。

三 应对贸易摩擦加快外贸高质量发展的对策思路

当前，广州市外贸发展面临的不确定、不稳定因素有所增多，有挑战也有机遇。从外部看，国际市场需求增速放缓，贸易保护主义抬头，外部环境复杂严峻，但经济全球化的大趋势没有改变，全球主要市场的需求仍在增长。从内部看，我国经济保持总体平稳、稳中有进的良好态势，开放程度不断扩大、营商环境不断优化的巨大潜力正在逐步释放。同时，广州市产业体系完备，创新创业活跃，综合优势明显，并持续不断加快全面深化改革开放，推动经济高质量发展，打造先进制造业、现代服务业、科技创新强市，为外贸发展提供了强有力的支撑。面对机遇和挑战，广州市外贸要不断加大创新力度，在稳增长、抓创新、调结构、促转型、强载体、优环境等方面苦练内功，推进外贸的高质量发展。

（一）积极应对贸易摩擦，增强企业攻坚克难的能力

针对中美贸易摩擦对广州市企业造成的影响，密切关注外贸、外资、"走出去"、高科技领域、人才、用工等多方面的动态变化，做好运行监测

和风险防范。加大对企业的扶持力度，做好"一对一"精准服务，根据企业的诉求，制定应对措施。当前，重点要做好"稳商"工作，指导企业用好国家减税降费政策，协调解决企业在融资、通关、税务等方面遇到的问题，降低企业经营成本，树立企业在广州市投资发展的信心。引导企业"走出去"拓展合作空间，与全球企业建立互利共赢的经贸关系，避免单一市场造成的风险。支持企业依法维护自身权益，加大对品牌和知识产权的保护力度，化挑战为机遇。

（二）加强对外贸易促进，扩大进出口规模

支持企业开拓国际市场。推进市场多元化战略，既要深耕欧、美、日、东盟等传统市场，也要积极拓展"一带一路"有潜力的新兴市场和发展中国家市场，应对贸易摩擦风险。着力抓好国务院和省、市出台的出口信保、融资信贷、贸易便利化等一系列相关政策措施的落实，切实为外贸企业减负增效。把握国家二手车出口等政策机遇，积极争取省商务厅支持，加快汽车出口业务发展，带动机电产品及相关服务拓展国际市场。支持企业参加境内外品牌展览，利用广交会、海丝博览会、中国邮轮产业发展大会、中国国际进口博览会等重要展会，为企业提供合作交流平台。大力引进全球知名展会、商展优势企业和配套服务企业，打造广州市企业参与国际合作的高端平台。加快发展"丝路电商"，充分利用现代信息技术，扩大与相关国家的经贸往来。用好中欧班列，加强与沿线国家和地区的互联互通。

积极扩大进口，推动协调发展。用好用足国家和省的进口贴息政策，扩大先进技术和设备、关键零配件和资源性产品进口。把握汽车及零部件、日用消费品调降关税的契机，加快推进汽车平行进口，引进和培育一批汽车品牌经销商，带动汽车进口实现突破，推动全产业链发展。结合国内市场消费结构不断升级的需求，加大消费品进口。运用粤港澳大湾区、自贸试验区、海关特殊监管区域等开放平台，加快培育一批进口集聚区，探索建设进口贸易促进创新示范区。

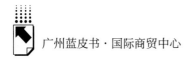

（三）加快增长方式转变，推动外贸稳中提质

鼓励创新，支持企业把创新优势转化为出口的竞争优势。通过引导和政策扶持，鼓励广州市外贸企业加大技术创新投入力度，培育自主品牌和并购国际知名品牌，提高出口商品质量、档次和附加值。支持企业参加国际认证，争取在国际市场免检进入。重点支持广州市高新技术出口基地建设，以广州国际创新城、中新广州知识城、生物岛、大学城、天河智慧城等为重点，推动国际科技创新枢纽建设。支持软件业、大型成套设备、家用电器、电子计算机和通信技术产品扩大出口，提高广州市高新技术产品和机电产品的国际市场占有率。推动传统贸易转型升级，引导加工贸易企业与新型商业模式和贸易业态相融合，支持企业延伸产业链条、提升品牌营销能力、建设地区总部和研发设计中心。

（四）培育龙头企业，激发外贸经营主体活力

加强政策创新和引导，从品牌、网络、营销能力和创新能力建设等多方面入手，为各类经营主体做大做强创造良好的政策环境。引进和培育一批有实力、有影响力的大企业和跨国公司，形成龙头效应，带动上下游产业、相关行业提质增效，实现可持续发展。进一步支持民营企业发展，激发市场活力，使其发挥更大的作用。

（五）加快新业态、新模式发展，培育外贸新动能

发挥创新对外贸持续快速增长的拉动作用，加快推动外贸转型升级。深入推进市场采购试点工作，探索扩大试点覆盖范围，建立具有广州特色和广州优势的市场采购贸易政策体系，实施科学高效监管。做好跨境电商综试区工作，加快公共服务平台建设，扩大跨境电商零售出口规模，推动网购保税出口试点和 B2B 模式发展。推动传统外贸企业与跨境电商企业对接，利用跨境电商开拓国际市场，推进跨境电商枢纽城市建设。发展保税冷链物流产业，建设冷链物流供应链与电子交易平台。加快拓展飞机、船舶、成套装备

等领域的融资租赁业务，争取增值税即征即退等优惠政策，打造华南融资租赁集聚中心。支持外贸综合服务企业发展，促进与跨境电商、专业市场合作对接，鼓励更多一般贸易企业向外贸综合服务企业转型。加快特殊监管区域整合优化和转型升级，加大招商引资力度，积极拓展转口贸易、离岸贸易、中转集拼、延迟中转、毛坯钻石交易、国际保税维修等业务，提高产业国际竞争力。

（六）推动服务贸易创新，加快服务外包转型升级

推动运输、旅游、金融、文化服务等重点服贸领域加快发展，探索发展钻石珠宝、艺术品保税展示交易等服务贸易新业态。加快服务贸易创新发展试点建设，做好示范区、示范基地、示范企业和重点培育企业的认定扶持，培育一批国际化、高端化、品牌化的龙头示范企业，给予融资、项目、市场、人才等方面的重点支持。鼓励企业参加国际展会，开展国际服务品牌建设、国际认证、境外知识产权保护等。加快建设服务外包示范城市，着力发展高技术、高附加值的综合性服务外包，促进金融服务、科技服务、信息服务、专业服务延伸。加快发展邮轮经济，完善产业配套和服务，建设国际邮轮母港。深化穗港澳服务贸易自由化，推动专业服务、健康养老、教育、知识产权保护等领域合作。

（七）树立"大外贸"战略思维，加强联动和融合发展

外贸出口是带动经济发展的"三驾马车"之一，实现"三外"（外贸、外资、外经）联动是开放型经济的内在要求，外资是外贸增长的重要基础，外贸是引进外资的桥梁和纽带，外贸是带动外经的有效方式。因此，必须推动"三外"互相带动、共同发展。通过大力引进先进制造业、战略型新兴产业，引进高新技术、产业链高端项目、具有核心技术和自主品牌的项目，引进跨国公司总部、研发设计、结算中心等，带动加工贸易转型升级和对外贸易的高质量发展。通过"走出去"对外投资、承包工程，带动设备、机电产品出口，带动服务贸易发展。

加快内外贸融合发展，促进国内市场更好更快与国际市场接轨，提高广州市经济的国际竞争力。市场采购作为外贸发展的新业态、新动力，可以发挥广州市专业市场的资源优势，推动专业批发市场转型升级和国际化发展，也为广州制造、广州小商品走向国际创造有利条件。结合"中国制造2025"宏图，促进广州优势产业的商业模式创新和业态创新，推动广州高端装备、智能制造、绿色制造和服务型制造产品及其增值性服务走向国际市场，提高制造业国际化发展水平。

（八）优化贸易环境，提升便利化水平

建立多层次的贸易促进网络和服务体系，发挥商务、税务、财政、海关、金融等部门组成的协调机制的作用，提升各部门政策的集成效应。尽快出台新的外贸扶持政策，加大口岸提效降费力度，打造高水平对外开放门户枢纽。实行"双随机、一公开"制度，营造公平竞争的营商环境。继续做好市领导挂点联系服务外资及商贸领域重点企业（项目）工作，及时协调解决基层和企业遇到的困难和问题。协同推进"单一窗口"与智慧海港、智慧空港建设，推动口岸信息化系统互联互通，完善全球质量溯源平台和应用机制，优化对跨境电商、市场采购、外贸综合服务等新型贸易业态的监管，实现对外贸易的高效化和便利化。

（九）加快自贸试验区政策复制推广，探索建设自由贸易港

全面推进自贸试验区体制机制创新，进一步加大国际航运、旅游、专业服务等领域的开放力度，支持医疗健康、国际会展等产业加快发展，吸引更多创新主体。支持国家级开发区、高新区等特殊经济区域开展自贸区相关改革试点，增强辐射带动作用，打造对外贸易新高地。抓住粤港澳大湾区建设的战略机遇，加快南沙粤港澳全面合作示范区建设。学习借鉴香港、澳门经验，以营商环境与做事规则的紧密对接为突破口，从制度建设和运作方式上加快与国际接轨，增强参与国际合作与竞争的能力，在建设现代化国际化营商环境方面出新出彩。

　　探索建设自由贸易港，学习借鉴国际自由贸易港的先进经营方式和管理方法，研究自由贸易港的政策和制度体系。争取国家部委支持，给予更大程度的改革自主权，参照国际自由贸易港的做法，建立与国际通行规则相衔接的区域监管制度，以货物贸易、离岸贸易、金融服务、优惠税收的具体业务需求为导向，争取相关政策的先行先试，为建设自由贸易港摸索方法路径。

B.11
广州专业市场转型升级研究

——以纺织服装专业市场为例

任兴洲　郭馨梅　李英　黎伟深*

摘　要： 新形势下为加快广州纺织服装专业市场转型升级，政企商
各方都应始终坚持新的发展理念和新的发展模式，把广州
建设成为全国乃至全球纺织服装专业市场交易平台。同时，
广州纺织服装产业一直具有时尚底蕴，以纺织服装专业市
场为先导繁荣时尚产业对广州全面增强国际商贸中心功能、
促进城市出新出彩和实现经济高质量发展等，均具有十分
重要的战略意义。因此，进一步挖掘广州纺织服装产业时
尚潜力，加强政府、协会和商会的引导作用，完善相关法
律制度，优化产业结构，加大媒体对时尚的传播力度，注
重时尚教育，形成独具特色的文化氛围，提升企业和商户
的参与积极性等同样是未来广州纺织服装专业市场进一步
转型升级的重要方面。

关键词： 专业批发市场　国际时尚中心　纺织服装产业

＊ 任兴洲，国务院发展研究中心市场经济研究所原所长、国家商务部内贸领域特聘专家、中国
商业经济学会副会长；郭馨梅，北京工商大学经济学院副院长、中国商品交易市场专家指导
委员会委员、中国商业经济学会理事；李英，广州专业市场商会秘书长、广州现代产业创新
发展促进中心秘书长；黎伟深，广州专业市场商会研究员。

一 广州纺织服装专业市场发展历程与现状

广州地处沿海地区，历来是中国对外通商的重要口岸，是"海上丝绸之路"的起点，凭借优越的地理位置和便利的交通条件，成为中国针织工业和现代机器纺纱业的发祥地之一。

在改革开放初期，随着市场经济的不断完善，珠三角地区纺织服装业得到了发展，形成了一个个以零售交易为主的自由集贸型市场。其中，沙河商圈是20世纪80年代中期自然形成的覆盖周边地区的农贸市场。80年代末，借着改革开放的春风及政策的鼓励，沙河一带自发形成了轻工纺织服装市场。流花商圈和站西商圈的起源也可追溯到20世纪80年代末。伴随改革开放的热潮，广州服装贸易生意兴起，位于市中心的西湖路夜市已承载不了日益增加的个体户，为引导服装个体户入室经营，广州市政府在人民北路的广交会流花展馆旁建立了康乐服装市场，流花和站西两大商圈开始初具雏形。20世纪80年代末90年代初，广州市政府全面整治市容市貌，最早的地摊经营者自发搬到中大南门，开始陆续租赁商铺经营，中大商圈开始得到初步发展。十三行商圈则是在改革开放后，得益于广州发达的服装制造和商贸业而重新焕发生机，并在20世纪90年代迎来了自己的黄金时代。

经过40年的发展，广州纺织服装专业市场不仅有效满足了传统二元经济结构下的消费需求，而且在"繁荣一群市场、带动一片就业、富足一方百姓、强盛一地经济"等方面发挥了不可替代的作用，成为我国发展纺织服装大国、建设纺织服装强国不可或缺的组成部分。纺织工业总产值、利税总额和出口创汇等均居广州工业系统的前三位，是广州经济的重要支柱产业之一。

目前大多数的广州纺织服装专业市场实现了经营业态和经营模式的创新，逐步完成了由传统"收租者"向"产业综合服务者"的转变。当前的纺织服装专业市场产品结构齐全、产业链配套完善、服务内容和方式多样、交易更加便利，从原先单一的规模竞争，向内容提质、模式创新等倾斜，逐步完善了产品研发设计、自主品牌推广、产业咨询、售后服务、渠道拓展等环节。同时，单体专业市场也在逐步倾向于抱团发展、各自板块协同工作，体现出产业集聚和服务功能多元化相结合的趋势。市场形态越来越立体化，各单体市场的定位更加明确，分工也越来越精细，上下游产业链联系更加紧密，联动效果显著。

二 新形势下广州主要纺织服装商圈 转型升级具体举措

2018年底至2019年初，根据广东省委"1+1+9"相关工作的部署、市委"1+1+4"的配套安排，以及习主席视察广东时有关"老城区新活力"的重要讲话，广州专业市场转型升级是必然趋势。广州纺织服装行业现已形成强大的供应链配套体系，占广州专业市场存量的1/3，纺织服装行业的转型升级在一定程度上代表了专业市场的发展方向。

目前，广州主要有七大著名纺织服装商圈，分别是中大商圈、流花商圈、矿泉商圈、沙河商圈、石井商圈、十三行商圈以及新塘商圈。随着经济增速放缓、消费升级、"互联网+"以及城市建设提出了新要求，广州纺织服装专业市场传统的运营模式越来越难以为继，加上它们大多集中在人口稠密的旧城区，临街占道、物流混乱、人流拥挤，市场竞争力逐步下降，与现代展贸型专业市场相比劣势明显，整治与转型升级迫在眉睫。另外，信息技术、人工智能的发展所带来的产业升级和消费升级，也给专业市场的发展基础、经营理念、运营模式以及升级路径提出了新课题，带来了全新的甚至是颠覆性的挑战。数字经济、绿色经济、共享经济等新思维、新模式层出不穷，特别是发展平台经济、打造时尚之都成为广州纺织服装专业市场新旧动能转换、模式探索创新的重要内容。

（一）中大商圈打造全产业链经营模式，战略布局Ｏ２Ｏ生态

中大商圈的产业形态最早是以零售交易为主的自由集贸型市场，随着政

府加强对市容的整治，地摊经营者开始租赁商铺，商圈的市场规模不断扩大。改革开放以来，中大商圈毗邻港澳，出现"前店后厂"的经营模式，逐渐成长为广东省乃至华南地区的纺织辅料交易中心。

目前，中大商圈深度解析纺织上下游产业链，以广州国际轻纺城为引领，打造"研发—采购—设计—展示—贸易"的全产业链经营模式，构建多方主体利益共享的稳健的市场商业生态，助推中大商圈专业市场向现代展贸型、电商化平台转型发展。

广州国际轻纺城坐落于中大商圈，汇集近 4000 家商户，是中大商圈规模最大、社会经济效益最高的专业市场之一。中大商圈通过采用现代化展贸形式，从公共空间、商户店面、产品展示等入手，打造时尚采购体验；同时以时尚为窗口，创办多元化展贸活动，打造精品化、专业化展贸平台；借助产学研结合项目，为商户铺设了一条以展贸带动核心竞争力提升的品牌发展之路，从单纯卖布、卖辅料转向不断附加趋势引领、专业设计、新零售渠道开拓等增值功能转变。

另外，中大商圈打造了多个平台，通过对信息、人才以及渠道的整合，让自身始终走在时尚的前沿、获得行业话语权和客户黏性。一方面，中大商圈搭建了涵盖网站、微网站、手机客户端、现场导购设备、微信服务号及电子商务客服中心的"5＋1"全场景覆盖电商体系，实现线上线下融合发展。另一方面，通过创办并连续 14 年举办中国（广东）大学生时装周、开设"金顶奖"大咖讲坛等，为商户、行业源源不断输送原创设计人才。并联合中国纺织信息中心、国家纺织产品开发中心，每年于 4 月和 11 月举行面辅料流行趋势发布会，有效搭建行业上下游交流、学习、推广平台，促进上下游产业链融合发展，让各环节信息得以精准互通，推动行业可持续发展。

以广州国际轻纺城为引领的中大商圈，目前正朝着建立完整生态体系方向转型升级。未来，中大商圈将打造工业化和信息化融合的供应链模式，应用数字化生产方式，采取智能化设计方式，推进国内外贸易融合发展，借助"中大创新谷"的智力资源优势，围绕"科技、原创、品牌"的发展战略，适应新的消费发展趋势，进一步加强如研发设计、时尚走秀、商流物流分

离、质量检测、展览展销、人才培训、商贸洽谈等配套功能，逐渐发展成为集交易中心、信息中心、会展中心、商务中心、培训中心、旅游集散中心于一体的主题产业综合体，引领广州建设为国际纺织中心和中国轻纺总部。

（二）流花商圈引入国际元素，提倡自主创新

经过几十年的发展，流花商圈规模不断扩大，带动了整个越秀区的发展，使其成为全国最大的服装批发集散地之一。早在2005年，当大多数专业市场还处于仿版、跑量、格子铺的时代时，流花商圈就利用广州产业转型升级政策推进的有利时机对市场主体进行改造，开始通过自主创新实现专业市场的转型升级。

一方面，流花商圈在转型过程中贯彻"时尚、品牌、智慧、责任"的经营理念。通过创新的经营模式、先进的管理方式，不断对商圈的专业市场进行产业创新，形成多种交易模式并存的现代商贸流通业集聚园区、原创设计聚集地和国际时尚潮流策源地；同时流花商圈通过大力引进欧韩品牌，在潮流趋势、平台打造、渠道互通、国际影响等方面多元渗透，彰显商圈的国际化与时尚化定位。

另一方面，流花商圈提倡自主创新，推动从"制造"向"创造"转型。依托珠三角地缘优势，形成全国最大的设计师聚集地，帮助自主品牌突破设计瓶颈，实现品牌转型，这些举措促进了传统服装企业向研发设计端的发展。通过多渠道发力，流花商圈呈现出集群化、全品类、多品牌、国际化的特点，其强大的上下游资源配套能力为品牌发展形成合力。

（三）矿泉商圈打造"时尚湾区"，探索线上线下融合

矿泉商圈位于越秀区西北部，毗邻广州火车站、省汽车站，拥有服装、钟表、鞋材、五金、皮具等品类的专业市场。矿泉商圈是广州专业市场发展的一个缩影，也是国内拥有专业市场最多的商圈之一。

近年来，矿泉商圈积极引导服装产业转型升级，跨行业整合资源，吸引高端设计资源，促使金融、商贸、专业服务业等诸多优质企业集聚，充分发

挥商圈在世界服装商贸领域中的独特优势和重要作用，大力推动湾区服装产业协同发展，助力广州打造世界级时尚之都，建设"时尚湾区"。

商圈主动对接网络宣传新平台，积极探索新的社交电商推广渠道。市场商户开启网红直播间，在抖音、小红书等新媒体平台上发起讨论，孵化"网红店"等以增加市场流量。开通微信小程序大幅降低了消费者准入门槛，使其迅速渗透进人们的日常生活场景，并解决了企业获客难、客户回头率低的问题，为电商带来了巨大的流量，实现了电商商业模式的革新。

（四）沙河商圈推进物流消防整治，引入网络直播

2000 年后，沙河商圈走上真正的专业化道路。为了解决此前发展带来的一系列问题，广州着手对商圈进行升级改造，邀请业界专家出谋划策，于 2007 年编制完成了《天河区濂泉路周边地区综合整治规划》，拉开了沙河商圈转型升级的序幕。

关于商圈转型升级的创新举措。在环境治理优化方面，目前沙河商圈按照"人车分流，各行其道"的思路，推进消防改造和整治，实现人、车、货分流通行，提高了车辆通行速度，给商户和消费者带来了巨大的便利；成立应急管理部门，组织第三方专业机构检测，市场和商户共同配合，不断从政府、市场和第三方机构层面推进安全管理；完善服务配套设施，商圈增设 20 余部手扶电梯、三台货梯直达各个楼层，通道宽敞，全场使用中央空调，为消费者和商户营造舒适的购销环境；利用天眼水源工程，使市场内部管理得到推进。同时直播带货在沙河商圈专业批发市场展贸化、电商化的转型升级过程中扮演着重要角色。传统专业市场因靠近产业链上游而出货速度快、出货体量大，直播则具有即时性、刺激性、体验性，对下单、生产、物流的速度要求高。这种线上线下优势互补使直播业态在专业市场中得以蓬勃发展。

另一方面，沙河商圈利用 APP 对拉包公司进行管理，随时检查货物的运送以及派送情况，有效地保证了货物的安全，提高了运送效率。商户利用市场搭建的物流集散点，在移动端完成物流全过程，极大地提高了整体的物

流运营效率。将场内所有监控均接到每个商户，并连接到指挥中心监管平台，装备自动监控系统，完善服务管理体系，提高市场管理的智能化水平。

（五）十三行商圈改善营商环境，打造"互联网＋综合服务平台"

十三行商圈以内贸为主，秉持大众化终端定位，辐射全国。近年来，在广州进行商贸流通体制改革、建设国际贸易中心的背景下，商圈内服装批发专业市场积极进行转型升级。

为响应政府关于专业市场转型升级的号召，十三行商圈投入大量财力、人力，不断完善市场配套设施，组建自己的消防应急小分队，每半年举行一次大型消防实战演练，平日里则经常对商户进行消防和安全生产方面的培训，贯彻"安全生产无小事"的理念。严查违规占道经营，拓宽道路，促进商流、物流分离，最大限度地保障大厦的安全生产和人民群众的安全。逐步规范市场经营管理，规范商户经营行为，摒弃低端的经营模式，引导商户走规范化、品牌化、产品创新化发展道路。

同时十三行商圈开始探索新型经营模式，运用互联网优势，打造O2O模式。全方位协助商户突破传统经营模式制约，降低时间成本，减少交易环节，推动服装批发行业的转型升级。随着众多专注于服装行业的电商平台以及移动管理应用的出现，服装批发行业的信息化建设将越来越完善。十三行商圈更加大信息化建设力度，建立了网上数字化市场、网上支付系统和新型物流系统，加速建设网上"信息中心""交易中心""配送中心"，促进网上市场和网上交易的发展，建立与有形专业批发市场相配套、相结合的网上"虚拟专业市场"，加快人流、物流、信息流分离。

三　市场对广州发展时尚产业的基础支撑与限制

广州是一座历史悠久的现代化大都市，是时尚达人聚集的潮流之地。改革开放初期，大量的国际时尚元素就是通过广州的引入和传播在全国流行开来的。如今广州作为粤港澳大湾区的核心引擎之一，最大的比较优势和首要的战略使命就是要"全面增强"国际商贸中心功能，由此广州自然与"国际时尚之都"形成了必然的联系。因为巴黎、米兰、伦敦、纽约、东京、首尔、悉尼、香港等国际商贸中心，同时也是国际一流的时尚之都。因此，广州若要全面增强国际商贸中心功能，必须以打造国际时尚之都为切入点和抓手，整合各种时尚要素资源，逐步建成世界一流的国际商贸中心。

（一）纺织服装专业市场对广州发展时尚产业的基础支撑

1. 广州具有最完整的产业链，为时尚产业发展提供产业基础支撑

广州纺织服装产业的核心竞争力表现在"时尚"的基础上，广州聚集了包括材料、设计、生产、服务、物流等环节在内的完整产业链，完成整个服装产业流程最多需要两周时间，其他地区至少需要一个月以上的时间。快速、高效、联动等优势，是北京、上海等城市无法超越的。20世纪80年代初，珠三角地区成为世界工厂，对面料辅料的强劲需求为打造以广州国际轻纺城为代表的纺织品全产业链经营市场提供了契机。国内及东南亚、东亚和欧洲市场的服装需求，促成了服装设计、打版、加工及交易产业链的分工与合作。广交会、国际时装周完善了服装信息发布与展示。电子商务的发展推动了线上全渠道的形成。作为以产地型为主的纺织服装专业市场，广州集面料辅料供给、设计、打版、集散于一体，产业链完整，具有强大的供应链生态系统，保证了服装设计、打样、加工、销售等程序可以在极短时间内完成，为服装创新、引领时代潮流奠定基础。广州时尚产业除了纺织服装专业市场外，还有钻石珠宝、皮具箱包、美容美妆、家具家装等最具时尚元素的产业体系，它们在全国市场都占据一定的比重和具有相当的影响力。从产业链的宽度看，广州纺织服装专业市场拥有服装企业及关联企业3万多家，服装服饰品牌3000多个，多个女装、男装、童装等细分产业聚集区或产业基地，与全省20多个服装专业镇有深度合作。

2. 广州拥有全国最好的营商环境和立体化交易，为时尚产业发展提供市场基础支撑

从中央推动粤港澳大湾区建设，到广东省、广州市完善城市功能和行业

发展，再到广州市及各城区促进市场转型升级，各级政府相继出台了系列政策，为新形势下纺织服装专业市场的功能定位及时尚产业发展营造了良好的环境。在2018年福布斯中国大陆最佳商业城市排行榜中，广州排名第三，次于北京和上海。① 2019年8月27日，由国家信息中心牵头编制的"2019中国居民消费大数据指数"正式发布，在全国商圈热力指数排名中，北上广渝居前四，即广州位于北京和上海之后，排第三。综上，广州拥有发展时尚产业的良好营商环境。同时，作为广州商贸业的重要组成部分，广州专业批发市场总体规模大，经营商品种类多。据统计，2018年全市共有专业市场713个，市场商户逾80万户，市场交易总额超万亿元。纺织服装和鞋业、皮革皮具、水产品等在各自领域内均具有较强的行业影响力和辐射力。纺织服装专业市场的空间集聚有助于时尚产品商气的养成。据统计，越秀区、荔湾区、白云区、海珠区、天河区五个中心城区拥有单体纺织服装专业市场180个，约占全市数量的97.8%。广州经营规模前60的纺织服装专业市场也主要分布在五个中心城区，经营面积合计440.83万平方米，占全市纺织服装专业市场经营面积总和的90.6%，平均单个市场面积约为7.35万平方米。可见，广州规模较大的纺织服装专业市场空间分布较为集中，这方便供应商、采购商、经销商货比三家，产业集群效应明显。

3. 广州纺织服装产业创意设计人才众多，广州是全国最大的设计师和品牌集聚地

纺织服装设计条件往往与时尚文化、时尚传播、时尚艺术、时尚创意、时尚培训等有关，它要求有足够多的时尚创意设计人员和服务机构，如设计工作室、时尚艺术中心、培训学校、创意基地、展示平台等，要求有足够好的设计服务、设计工具、设计环境，要求有足够多的优秀模特、丰富的原料和面料、完善的产学研一体化体系、高效的设计与生产协同体系等。

只有较好的设计条件，才能形成良好的创意设计氛围，吸引和聚集设计

① 《广州距离国际消费中心城市还有多远？》，《现代产业市场》2019年12月3日。

人才,孕育出更多的原创设计产品和品牌。广州纺织服装产业和市场的条件十分优越,创意设计也处于全国前列。

良好的教育培训体系造就了其时尚设计人才方面的领先优势。目前广东省开设服装相关专业的本(专)科院校超过 35 家,服装专业高校在校生约 3 万人,每年为广东乃至全国的服装行业输送 8000 多名专业人才,其中,2/3 在广州,[①] 可见广州纺织服装行业人才资源储备丰富。同时广州聚集了全国最多的设计师群体和服装设计品牌,多次举办与纺织服装相关的时装周、时装节、时尚发布会等各种会展活动,如中国(广东)大学生时装周、广东时装周、广州时装周等大型展会。通过各类发布会、展贸会,推出了设计新人,壮大了设计师队伍,为设计师队伍的新人提供了崭露头角的机会。

4. 广州消费基础实力雄厚,具有国际消费中心城市潜质

国际时尚之都的消费条件主要涉及消费主体、消费客体、消费载体等内容。消费主体主要指数量足够的国际游客和国际商务人士;消费客体主要指琳琅满目、适销对路的时尚商品;消费载体主要是指包含服装、珠宝等品类的各种专业市场、特色商业街、百货商场、购物中心、音乐厅、电影院、时尚餐饮店、卡拉 OK 厅等购物、休闲、娱乐的场所以及交通设施、旅游景点等出行、旅游服务设施。总之,消费主体、客体、载体共同构成了能满足国际友人吃、穿、住、行、娱等各种需求的时尚消费体系。国际时尚之都一般都是国际消费中心城市,在全球具有一定的消费影响力。

根据《粤港澳大湾区发展规划纲要》,广州要充分发挥国家中心城市和综合性门户城市的引领作用,着力建设国际大都市。截至 2018 年,世界 500 强企业累计已有 301 家进入广州,120 家把总部或区域总部设在广州。2019 年前三季度,广州实际使用外资 61.36 亿美元,同比增长 8.3%。

通过对 2017 年北上广深入境旅游数据的分析,我们可以发现,2017

---

① 王先庆:《广州打造国际时尚之都的战略与对策》,《城市观察》2019 年第 4 期。

年，广州共接待入境游客数量为900.48万人次，同比增长4.5%，入境游客人次仅次于深圳市（1207万、3.1%），高于上海的875万、2.18%和北京的392.6万、-5.8%。旅游外汇收入合计63.14亿美元，累计增长7.6%，总金额低于上海的68.10亿美元，增幅高于上海（4.3%）。两个指标在四个一线城市对比中居第二，表明广州有接待近千万人次国际游客和商务人士的能力。

另外，广州也正大力推动传统商业创新发展，加快发展新零售，为智慧零售、跨界零售、无人零售、绿色零售等新业态提供肥沃的土壤，鼓励实体零售业的数字化改造和大数据产业的创新应用，旨在增强消费场所的体验性、社交性，满足境外消费者的多样化需求。另外，广州各类消费场所齐全，能满足境外游客差异化需求。

（二）纺织服装专业市场对广州发展时尚产业的限制

1. 时尚产业资源要素不足

第一，广州时尚产业链各环节联动不足。创意设计、制造、营销等环节协作不紧密，从而在以制造业为基础、拥有良好的产业链之余，无法促进产业的集聚和产业网络的形成发展，难以发挥供应链的协同效应，辐射及带动时尚网络的技术进步和产业升级。

第二，广州纺织服装专业市场在科研投入和技术创新方面未引起足够的重视，行业用于研发的经费支出占该行业总产值的比重不足1%，全市纺织服装、鞋、帽制造业申请专利数量仅有22项。

第三，广州纺织服装专业市场自主品牌培育、品牌影响力相对欠缺。目前大多数广州纺织服装专业市场充分认识到市场品牌建设的深远意义，积极延伸拓展和强化品牌管理，以期提升专业市场的附加值和话语权。但同时必须看到，纺织服装专业市场孵化时尚品牌、培育品牌影响力任重道远。除了广州国际轻纺城、白马服装市场、红棉国际时装城等少数高精尖的专业市场外，不少市场仍存在品牌发展意识薄弱、品牌创新能力不足、本土品牌培育进展缓慢等问题。广州纺织服装行业虽有庞大的制造规模，但生产附加值较低，没有充分运用"微笑两端"的曲线，在知识产权保护等方面意识较为淡薄。

第四，高端人才和领军人才不足。广州聚集了国内数量最多的设计师，集中了全国最多的设计学院，在人才培育方面具有一定的领先优势。但同时，具有国际先进水平、可引领国际时尚前沿的高水平时尚设计师相对匮乏。时尚品牌设计、运营等，大多依靠意大利或法国等国际时尚之都的设计师，本土设计人才成长受到一定的抑制。

2. 城市高端消费水平不足

从世界五大国际时尚之都的崛起经验可以看出，它们的成功大多归集于政府和市场共同作用的结果，并有各自的发展路径。但不难看出，被誉为"国际时尚之都"的城市，全都是国际一线城市，具有强大的消费能力。在东京的银座商圈，短短 2000 米的街道两侧，名目众多的高档百货商场、设计师品牌门店鳞次栉比，其号称是"亚洲最昂贵的地方"；纽约的第五大道，汇聚了全球最顶尖的奢侈品店铺，更是一条"博物馆大道"，时尚与艺术在此实现完美融合。米兰的蒙提拿破仑街、巴黎的香舍丽榭、纽约的麦迪逊大街等，都凭借时尚繁华的商业街区、丰富的消费业态、良好的购物环境等优势，吸引了大量来自世界各地的消费者前往购物和体验。对标国际一流消费城市，《广州蓝皮书：广州国际商贸中心发展报告 （2019）》通过构建国际商贸中心的指数，对其进行比较分析，分析涵盖纽约、伦敦、东京、悉尼、北京等 21 个国际国内城市。结果表明，广州消费指数在 21 个国内外城市中排名第 15，在国内城市中高于北京，低于上海。

拥有高度成熟的商业体系，是成为国际时尚之都的重要条件之一。近年来，广州综合商贸功能有所提升，但仍有不少短板亟须补齐，尤其在城市消费层面，存在国际知名品牌渗透率较低、作为国际旅游目的地的吸引力较弱等问题。仲量联行发布的《全球零售目的地》研究报告，分析了全球 240 个国际零售品牌在全球 140 座零售城市中的分布情况，评估认为全球零售业增长最迅猛的前 20 座城市中，有 8 座在中国，但广州未在此之列。第一太平戴维斯近期发布的 2019 年度《中国零售 20 城》报告，根据 8 个品类（顶奢、轻奢、快餐、咖啡、大众服饰、高阶服饰、美妆及大型零售店）50个国际零售品牌在各城市店铺数分类归总分析得出了"零售商指数"。该报告显示，广州的"零售商指数"在全国排名第 6，落后上海、北京、深圳、成都和杭州。上述报告从侧面反映了广州目前零售业国际化程度较低。

对比广州天河路商圈、北京王府井商圈、上海南京东路商圈的客流结构，我们会发现：广州天河路商圈的客流中，外地游客仅占 20%，本地游客占 80%，虽然是国内首个商品销售总额突破 1 万亿元的商圈，但其时尚引领作用较弱，业态结构也亟待优化调整；北京王府井商圈的客流中，外地游客占 75%，本地游客占 25%；上海南京东路商圈的客流中，外地游客占 40%，本地游客占 60%。[①] 根据《2018 年广州市国民经济和社会发展统计公报》，2018 年入境旅游者达 900.63 万人次，同比增长 0.15 万人。其中，外国人共计 340.13 万人次，下降 1.6%；香港、澳门和台湾游客 560.50 万人次，增长 1.0%。旅游外汇收入 64.82 亿美元，增长 2.7%。可见，港澳台同胞占入境旅游人数的 62%，广州入境人数和旅游外汇收入增长很少。从城市消费群体国际化角度看，2017 年、2018 年，广州入境游客一年不足千万人次，旅游外汇收入仅 400 亿人民币，虽然两项指标在四个一线城市中居间，但是数量不容乐观。而广州市公安局统计显示，截至 2019 年 7 月中旬，广州在住外国人共有约 8.34万人，常住（居住半年以上）外国人 5.5 万人。而在上海工作的外国人数量已达到 21.5 万，占全国的 23.7%。如此小的外籍人口规模，自然难以形成强有力的高端消费。

广州的国际化程度仍有一定的潜力空间，须进一步加强国际商贸中心建设。只有优化消费的供给端，吸引更多、更高端的消费群体，才能为打造国际时尚之都创造基础消费条件。

---

① 何江：《着力推进国际消费中心城市建设，促进广州国际大都市建设上新水平》，2019 年 4月 23 日。

四 广州纺织服装专业市场转型升级的对策建议

新形势下为加快广州纺织服装专业市场转型升级，政企商各方都应始终坚持创新驱动、市场主导、高端布局，借助新的发展理念和新的发展模式，把广州建设成为全国乃至全球纺织服装专业市场交易平台。同时，广州纺织服装产业一直有时尚底蕴，以纺织服装专业市场为先导繁荣时尚产业对广州全面增强国际商贸中心功能、推动城市出新出彩和实现经济高质量发展等，均具有十分重要的战略意义。因此，进一步挖掘广州纺织服装产业时尚潜力，加强政府、协会和商会的引导作用，完善相关法律制度，优化产业结构，加大媒体对时尚的传播力度，注重时尚教育，形成独具特色的文化氛围，提升企业和商户的参与积极性等同样是未来广州纺织服装专业市场进一步转型升级的重要方面。

首先在政府层面，要做好三个方面。第一要制定战略规划，形成行动方案。以充分发挥粤港澳大湾区核心引擎作用为出发点，以全面增强国际商贸中心功能为前提，将打造国际时尚之都建设纳入城市发展规划，以大力促进时尚产业发展为主线，以促进专业市场转型升级为切入点和抓手，以科技创新为动力，整合各种时尚要素资源，在坚持创新驱动、调整存量、批零结合、线上线下一体化、提升市场功能的同时，推动传统专业市场转型升级，把广州建设成为全国乃至全球纺织服装专业市场交易平台，使国际商贸中心建设达到一个新的发展高度。

第二，须加强监督管理，优化营商环境。加快建立以政府为主导，以行业协会为主体，企业、境外进口商共同参与的贸易摩擦预警和应急机制以及国际贸易伙伴长期互信机制；充分发挥协会、商会的桥梁与纽带作用，强化专业市场内部的自我发展、自我管理、自我约束职能，让专业市场、协会、商会发挥主导作用，提供更好的行业服务。

第三，塑造时尚城市特色，助推时尚产业融合。一方面依托中国文化和本地文化的传统优势，塑造独特的广州时尚城市名片；同时加强时尚产业内部融合，打造集时尚服装、时尚餐饮、时尚休闲为一体的商业综合体，增加体验性、参与性、综合性功能；加强纺织服装专业市场与时尚元素的融合，强化创意设计、产品创新、品牌建设等，传播时尚理念和生活方式，实现时尚产业与文化、旅游业发展的"共赢"，不断催生新的产业、新的业态。

其次在市场层面，要对接要素资源，发展平台经济。一方面引导各类创新资源要素向专业市场集聚，促使产业链、供应链、价值链等有机衔接；同时强化市场引领，推进融合发展，引领专业市场向展贸型批发采购中心转换，积极推进全方位、多角度融合的专业市场，加入时尚沙龙、花艺书吧等复合体验，实现商贸与旅游、文化等展开多角度合作，形成具有国际影响力的城市地标、品牌产品和特色线路；更要依托物联网、移动互联等技术，为传统专业市场构建起集智能网络、智能管理、智能商铺、信息咨询、品牌展示等于一体的智慧商城体系；并对全市各大商圈专业市场实施"一场一策"策略，推进多元化转型升级。

最后在商户层面，须将产品质量作为硬指标，坚持最严格的标准和管理，把质管和风控工作做细、做实、做透，在产销供全链条上做到"源头严防、过程严管、风险严控"，确保产品质量万无一失；加强对市场的调研细分，加强柔性化设计、定制化服务，形成以软制造为特征的新业态；同时坚持通过研发核心技术，形成具有自主知识产权的产品，培育自主品牌，提高产品附加值；深入拓展营销渠道，着力创新技术和管理，加快完善服务功能，促进已有品牌不断提档升级，力争形成一批具有国际影响力的品牌及一大批国内著名品牌；并要不断融合"时尚""科技"等元素，通过批发、零售、电商三个渠道共同发力，打造多元融合新渠道；推动业态创新和消费升级，助推广州专业市场加快转型升级。

商 文 旅 篇

Business, Culture, and Tourism

B.12

以商文旅的协同发展促进
广州国际商贸中心建设

董小麟*

摘　要： 广州是国家综合性门户枢纽城市，具有悠久而丰富的城市文化和国际商贸中心地位，也是国内外游客流量居国内前列的城市之一。实现商文旅协同发展，必须深化对文化、旅游与商贸在广州国际商贸中心建设中的相互促进、相互融合的内在联系，总结文商旅发展与合作中的经验，立足已有发展基础，正视文商旅各自的短板和协同关系中的不足，通过多方努力，全面提升文商旅协同发展水平和效益，打造更有实力的国际商贸中心。

---

* 董小麟，广东外语外贸大学教授，粤港澳大湾区发展广州智库学术委员会委员、全国科技名词审定委员会经贸名词审定委员，研究方向为城市经济、开放型经济和粤港澳大湾区建设等。

关键词： 文商旅协同　综合性门户城市　商贸中心

建设好国际商贸中心，是广州实现其国家中心城市和综合性门户城市定位的基本职责与主要阵地之一。把国际商贸中心纳入广州城市的系统功能中定位观察，其建设与完善需要综合发力，其中文化及旅游业与商贸业发展具有更直接的内在联系，其一体化发展可给予商贸中心建设以重大支撑作用。

一　文化、旅游与商贸在国际商贸中心建设中相互促进相互融合

广州的国际商贸中心地位，发端于古代的海上丝绸之路。秦汉时期，广州的国际商贸枢纽功能已初步形成，至隋唐及北宋时期已非常成熟，明清时因一度实行的"一口通商"而更加稳固。两千多年的历史证实了广州国际商贸中心地位与其作为我国重要门户的功能紧密契合，不可分割，国内国际的商流物流资金流乃至商务人流，长期高度汇聚于广州。因此，基于历史的基础与时代的需要，《粤港澳大湾区发展规划纲要》对于广州在大湾区建设中的引领作用，是以"国家中心城市和综合性门户城市"的基本定位为依据的。从资源流动性与配置力的视角看，"国家中心城市"体现的是在国家经济社会发展中具有全国性的资源集聚与辐射力；"综合性门户城市"则体现在我国对外开放的格局中，具有对外资源流动与国际资源集聚的综合枢纽功能。因此，广州要在这两项基本定位的前提下，充分运用国内国际资源，提升其国际商贸中心建设的水平。

国际商贸中心的发展，存在若干"圈层"关系。其内圈是商贸产业本身构成的子系统；在内圈之外的则是在产业分工与产业链形成中具有最紧密关系的非狭义的传统商贸业，如文化、旅游业等，与商贸业合成更大的圈层，形成关联性子系统，如此等等。本文讨论的以文商旅一体化促进商贸中心建设，也是基于系统的视角和方法，但暂不纳入其他关联产业。

旅游与商贸的"联姻"历史悠久。最初的结合是随着商路的开拓，商贸活动而引发商务旅行。但更紧密的结合，则倚赖不断扩大的平民化的休闲消费式旅游，特别是跨地域、跨境旅游，它与商贸业的发展形成了良好的正和博弈关系。在这种关系中，旅游首先是"人气"的集聚，而"先有人气，然后才有财气"①，特别是国家重要的门户枢纽更有利于人气的国际化集聚；文化则一是从历史文化及其遗迹、设施方面集聚人气，优秀的历史文化城市和景点具有持续的吸引力，一是以商品化方式体现（营利性文化产业）消费的吸引力。通常，旅游热点城市和历史文化名城，均对商贸业有正向拉动效果，如果一个城市既是旅游重镇又是历史文化名城，则更有利于建设商贸中心。

笔者分析了国内一线城市和部分常住人口规模较大的二线城市的情况，发现常住人口数量对社会消费品零售总额的影响可能弱于旅游热点城市和文化名城带来的影响力。以 2018 年的数据为例②，当年天津常住人口为 1599.6 万人，社会消费品零售总额为 5533.04 亿元；而杭州常住人口为 980.6 万人，为天津的 61.3%，但社会消费品零售总额则超过天津 3.3%，达到 5715 亿元。在这里，固然有本地居民购买力的差异，但同时，该年度杭州入境游客达 420.5 万人次，旅游外汇收入 38.3 亿美元，分别是天津 198.3 万人次和 11.1 亿美元的 2.12 倍和 3.45 倍，杭州对境外游客的吸引力远强于天津，其外汇收入与社会消费品零售总额呈现正相关状态。从更大范围的空间总体上看，尽管各地工资、物价、居民可支配收入水平的差异都是影响社会消费品零售总额的因素，使旅游外汇收入与社会消费品零售总额的关系并非完全呈正比例，但从 2018 年中国（不含港澳台）社会消费品零售总额居前三位的城市上海（12668.69 亿元）、北京（11747.7 亿元）和广州

---

① 霍英东：《从白天鹅宾馆看国家的改革、开放、搞活政策（一九八七年二月七日在中山大学授予名誉博士典礼上的学术讲演）》，《中山大学学报》（社会科学版）1987 年第 2 期，第 4 页。

② 本文撰写过程中各地 2019 年统计数据尚未完全发布，因此本文除特别说明的以外，均主要采用 2018 年各市统计局公布的年度数据并以此为依据进行计算。

（9256.19 亿元）看，它们正是同年旅游外汇收入居前三位的城市（上海73.7 亿美元，广州 64.8 亿美元，北京 55.2 亿美元），从而二者的正相关关系是存在的。

从历史上商贸活动引发旅游，到当代文化因素促进旅游的效应在持续加强；而旅游反过来促进商贸加快发展，同时又促进文化产业发展（同时包括历史文化遗产活化的产品与产业化发展），文化产业也进一步带来商贸业绩的增长，这一切构成文商旅互促互动的基于市场的愈益紧密的经济联系。与此同时，文商旅相互渗透、相互改造，彼此间的产业边界愈益模糊。如一种商业综合体的业态，既丰富其商贸功能，又体现文化品位及提供文化产品，同时是游客在城市可逛可消费的景点，使它具有超越狭义商贸业的功效；又如商业街，既体现该城市核心消费带的商贸特色，也往往是吸引外来游客的城市夜景带，同时亦注重城市文化魅力的强调，就如国外东京的银座、纽约的时代广场和国内北京的王府井大街、哈尔滨的中央大街和上海的南京路等等，它们不仅在所在城市发挥重要的零售商业引擎功能，还带上当地文化色彩，成为游客几乎必到的"打卡"地，因此已不能仅视其为单一的商贸区或旅游点或文化驿站，而是集商贸文化与旅游之大成者。城市需要因应文商旅相互促进相互融合的趋势，创造更多合作条件，构筑更多合作平台，实施更多促进彼此协同发展的有效举措。

二 广州在文商旅产业互促发展中已有良好 基础和长足进展

广州作为千年商都、古代海上丝绸之路重要的门户枢纽，历史上吸引了海外大量客商和游客，在唐代就已经有许多阿拉伯人、波斯人和东南亚人进入广州，相当部分在此定居，这与广州对外贸易的频繁和大量密切相关。当时从广州外销的产品不仅有丝绸、瓷器等大宗商品，还有象牙制品和外销画等，它们的一个重要的共同点是文化艺术要素贯穿始终，或主要体现为艺术品，或按照东方风格或按照买家订制的域外风格制作的产品，都不例外。因此，当时的广州，不仅是商贸枢纽，也是艺术之都、时尚之都，以今日之语境，可谓是文化创意之都。以瓷器为例，"18 世纪中叶以后，尤其是中西贸易集中在广州口岸，中西瓷器贸易也到达高峰期，这时的外销瓷就是以提前订货、装饰图案种类繁多等为特点，逐渐出现专门针对外销市场的'广彩'"①，"广彩均有描金，且色彩鲜明，瓷雕图案既有传统的花鸟虫鱼等，也有欧洲的景物，可以说它是在对外贸易发展中应运而生的新品种"②。这是典型的贸易促进文化艺术的实例之一。

改革开放以来，广州市先后在文、商、旅三个领域获得国家级的城市发展功能定位。其中最重要的是：1982 年获批准为国家历史文化名城（国务院批复的首批 24 个国家历史文化名城之一）③，2014 年批准为全国旅游综合改革试点城市（国家旅游局批复，是国内继北京、成都之后第三个副省级以上的此类城市），2016 年明确为国际商贸中心（《国务院关于广州市城市总体规划的批复》，并在中共中央国务院 2019 年颁布的《粤港澳大湾区发展规划纲要》中加以重申）。这些来自国家层面的考量，为广州以更高层次、更大力度、更强效益发展文商旅，提供了重要的政策依据和实施空间。

近年来，广州市在新时代加强文商旅产业相互促进相互协同方面，采取了不少新的举措，取得了新的重要进展。

（一）文商旅协调融合发展的规划思路更加明晰

2017 年，广州市人民政府办公厅以穗府办〔2017〕19 号文印发了《广州服务经济发展规划（2016—2025 年）》，规划期横跨了整个"十三五"和"十四五"期间。规划提出，要"推进文化与金融、科技、商贸会展、旅游、体育等产业融合发展"，"促进传统商贸业与旅游业融合联动发展"，"通过资源整合、市场整合、产品整合、经营方式整合、组织管理整合等形式，推动旅游业与餐饮业、酒店业、零售业、交通运输业、文化娱乐业等相

---

① 朱小丹主编《中国广州：中瑞海上贸易的门户》，广州出版社，2002，第 64 页。
② 朱小丹主编《中国广州：中瑞海上贸易的门户》，广州出版社，2002，第 94 页。
③ 截至 2018 年 5 月 2 日，总计确定了 135 座国家历史文化名城。

关产业联动发展"，分别从文、商、旅的角度提出了与关联产业联动发展的要求，这些要求体现了文商旅协同交互、交叉融合发展的思路。

根据 2018 年 10 月习近平总书记视察广州提出的要实现老城市新活力的重要指示，2019 年，中共广东省委全面深化改革委员会批准出台《关于印发广州市推动"四个出新出彩"行动方案的通知》（粤改委发〔2019〕16号），该行动方案包括一组方案，其中在《广州市推动综合城市功能出新出彩行动方案》中专设了"深化文商旅融合"的条文，在《广州市推动现代服务业出新出彩行动方案》中进一步阐述"促进文商旅融合发展"的考量，在《广州市推动城市文化综合实力出新出彩行动方案》中也有具体实施这种融合发展的内容。这组行动方案具有相当于发展规划的意义，体现规划与实施意见的统一，对广州市加强文商旅一体化发展做出了符合新时代要求的新安排。

（二）完善以"旅"带"商"的布局

广州是华南地区同时具备国际航空枢纽、航运枢纽和陆路公铁交通枢纽的国家中心城市，其综合交通枢纽带来的旅客流量在华南首屈一指，为综合性门户城市提供良好的基础设施条件。广州要依托综合性门户城市建设国际商贸中心，抓好以"旅"带"商"是一个必要的环节。因此，如何以"旅"之枢纽打造"商"的集群，是政府和市场"两只手"都需要着力的方面。

其中广州南站是华南最大的高铁枢纽站，近年来其客流量持续快速增长，2019 年发送旅客 1.49 亿人次，日均 51.8 万人次。广州南站地区不仅包括 4 条高铁，还包括 3 条城际轨道、4 条地铁和 2 条有轨电车及目前开通的 20 多条公交线路，相关基础设施配套也在不断完善，为广州南站商务区规划布局的完善创造了愈益优越的条件。从 2005 年广州南站开建以来，规划布局多次调整磨合，2010 年的《广州南站地区城市设计》提出广州南站是华南地区综合客运交通枢纽，在此建设以商务、商贸为主导功能的现代服务业集聚区；2018年 9 月《广州南站周边地区规划修编》完成第三次修编；2019 年底，广州市接连公布了《广州南站地区产业发展规划（2019—2025 年)》和《广州南站周边地区控制性详细规划深化》，2020 年 1 月广州市人民政府又做出了《关于同意广州南站周边地区控制性详细规划深化规划成果的批复》，广州南站商务区建设的蓝图更加明晰。2019 年，广州南站商务区开始面向全球招商，获得积极反响，目前已有相当数量的高端产业企业进入该商务区。

广州空港经济区依托白云空港枢纽以及广州铁路北站等交通节点进行拓展。2013 年，广州市政府批复了《广州空港经济区总体规划》及《广州空港经济区总体规划及核心区一期城市设计与控制性详细规划》；2016 年 12 月，广州空港经济区获批国家级临空经济示范区；2017 年广州市出台《关于加快空港经济区开发建设的意见》和《推进广州国际航空枢纽和临空经济示范区建设三年行动计划（2017—2019 年)》。2019 年国家出台的《粤港澳大湾区发展规划纲要》中也写入推动广州"临空经济区发展"的内容。鉴于广州空港与南站的运输业务的差异及配套服务业的区别，经过对规划的进一步完善，目前该经济区规划明确大力引进和培育四大产业，包括枢纽机场功能性服务业、国际空港配套性服务业、临空指向高端化制造业、航空相关科技服务业。其中在枢纽机场功能性服务业和国际空港配套性服务业中，无疑包含了商贸业和物流业子项。其中白云机场综合保税区已成为国内跨境电商业务模式最丰富的区域，跨境电商商品备案项达 10 万多种，其进出口交易量自 2014 年至 2019 年均居全国之首。

广州港在带动商贸物流业发展方面也具有重大的引擎作用。广州市人民政府在 2018 年批复了《建设广州国际航运中心三年行动计划（2018—2020年)》，该计划是前三年的《建设广州国际航运中心三年行动计划（2015—2017 年)》的延续和发展，提出自由贸易港的建设要取得突破，在继续做强做大货运的同时，提升南沙邮轮母港的游客吞吐量，并打造临港航运物流园区、发展跨境航运电商和在南沙建立进口消费品集散中心等。

（三）实现以"文"引"商"促"旅"

文化会展是实现以"文"引"商""旅"的重要抓手和平台。2017 年 9

月，广州启动"广州文化产业交易季"（简称"广州文交会"），对此前已经开办的中国（广州）国际演艺交易会、广州艺术节（戏剧节）、羊城国际粤剧节、中国国际漫画节、中国（广州）国际纪录片节、中国国际儿童电影节、广州大学生电影节、中国音乐金钟奖（该项自第三届至第十一届在广州举办，2019年移师成都）、广州国际艺术博览会等国际性、全国性和持续性的大型文化活动平台（节事）进行整合营销推广，至2019年，广州文交会已经连续举办三年，引来大批国内外游客和客商，对商贸和旅游的整合拉动作用愈益显著。2018年的广州文交会直接促成了22亿元的交易订单，重大项目意向签约126亿元，对于以文化拉动商贸做出了重要贡献。广州依托有效的平台和产业集群的作用，着力推动文化产品的进出口贸易，2018年广州的文化产品进出口占全国的份额达五分之一强，列全国城市首位①。

以"文"引"商"促"旅"，一个重要的领域是非物质文化遗产的挖掘、活化。广州在我国的一线城市中，具有历史文化素材非常丰厚的特征。从历史维度看，从古代的南越文化到绵延两千年的海上丝绸之路的海丝文化，再到开放包容的多元文化，以及近现代的反帝反封建的文化，乃至红色文化、改革开放文化，形成了独特的岭南文脉之心；从品类的维度看，广州在戏曲、音乐、绘画、设计、产品制造、工艺品、饮食、建筑、节庆和待人接物的风俗等许多领域，都有独特的品种、制作技艺及供给方法。这些非遗财富是中华文化的重要组成部分。广州市较早意识到非遗文化的意义和价值，在2007年成立了广州市非物质文化遗产保护中心，同年审定公布了第一批市级非物质文化遗产名录；2019年11月，广州市人民政府颁布《广州市非物质文化遗产保护办法》，依据遗产的不同属性和现状，提出分门别类实施记忆性保护、抢救性保护、生产性保护、区域性整体保护四方面举措。其中生产性保护，意味着要着力活化具有广州特色的传统技艺、传统美术、岭南中医药等遗产，促进其产品化、商品化、产业化，其基本实现路径是与商贸结合。而那些难以借产品化、商品化加以活化的非遗品种，大多同样具

---

① 参见《南方日报》2019年11月5日。

有助推旅游业发展的可持续发力的效果，间接地有助于集聚"人气"和"财气"。除非遗外，现代意义的文创产业也是广州着力打造的领域。2018年12月发布《关于加快文化产业创新发展的实施意见》，提出"积极发展文化产品跨境电子商务，建设文化产品保税区，打造世界知名文化品牌商品展示、批发、零售中心"，明确以文化产业促进商贸的意见；该意见提出的着力发展的广州数字内容产业、动漫游戏、广告设计、时尚设计和文化装备制造业，均在全国居重要地位，为广州国际商贸中心的发展注入了重要的新能量。

（四）推动以"商"带"文""旅"

广州是传统的商贸中心城市，古代海外客商来广州之"旅"，大多是冲着"商"而来。若我们再从商贸对广州文化的带动角度看，广州在古代就有以商贸带动文化发展的传统，如前述的广彩以及明清的外销画，特别是清代广州外销的通草画，是广州奉献给世界的一种独特的艺术品，如此等等，不一而足。此外，如广州作为佛教禅宗进入中国的首个门户城市，光塔寺成为伊斯兰教在华首批寺庙之一，广州的西洋、南洋风格的建筑，以及粤语中很早就吸收不少外来词等等，与广州开展的国际商贸活动带来的文化交会存在割不断的联系。

近10年来，广州在传统商贸集聚区注重挖掘文化元素和打造旅游资源。如在最早的商业步行街广州西关上下九一带，修整骑楼街的风貌，设置岭南及西关风情的沿街雕塑等；在位于千年传统中轴线的北京路商业街一带，发掘丰富的历史文化元素，建设国家级文化产业示范园区——北京路文化旅游区；等等。

广州长期以来就在国内享有"食在广州"的美誉，2019年广州市公布的第七批市级非遗代表性项目目录中列有广式凉果制作技艺、广式点心制作技艺（象形点心）、广式烧味制作技艺等，体现历史传承的特色饮食制作技术不仅仅属于商贸领域，同时也是重要的文化概念，这进一步增强了文化为商贸添彩的效果。

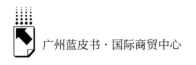
三 当前广州在实现文商旅协同发展中 需要注重的问题

文商旅的相互依存相互制约关系是客观存在的，广州市近年来整合文商旅资源的效果也是明显的。但从高质量发展要求的角度看，从国内外先进城市相关领域的发展态势看，广州还有需要注重加强和完善的若干方面。

（一）文化旅游产品的商业开发问题

具有当地文化特色的作为旅游纪念品的商品供给不足，是我国各地普遍的短板，也是广州的不足之处。在不少的文化、旅游点，大多重展示而轻纪念性产品开发、销售，以至于在多数景点，除了少量小册子外，几乎没有可以让游客破费购买甚至爱不释手的纪念品。虽然广州市非物质文化遗产保护中心组织开发了不少旅游纪念品或小工艺品性质的产品，但市场推广不足，例如北京路文化旅游区沿街有设置橱窗陈列具有旅游纪念品特色的文化产品，但未配合销售；广彩、广绣等优秀非遗文化产品活化和纪念品化的商品尚未在旅游区域和城市商业中心展览和提供购买。如果从国外经验看，这里存在许多可开发的空间，不仅可以做传统工艺的大制作，还可以开发运用相关技艺制作小型旅游纪念品，比如配以广绣的小荷包、小手袋，广彩的小型瓷质工艺品。如果仍把传统艺术制作品主要留在专业的工艺品商店做小众生意，那文商旅结合的产业发展空间就始终受到限制，难以达到不断扩大市场覆盖面的经济和社会文化效益。

（二）入境游客结构与收入贡献问题

一个文商旅发展态势好的城市，不仅能够吸引较多外来游客，而且可以令大比例的游客不是匆匆过客，降低"只旅不游"比重，提高"既旅又游"乃至乐意停留的比重，从而为东道主带来更多旅游外汇收入。

笔者根据2018年的数据分析了国内吸收入境游客和旅游外汇收入排位靠

前的若干主要城市，发现广州在总体入境游客数量和旅游外汇收入上均居第二位，但按入境游客人均外汇贡献额看，排位则落到第五位（见表1）。

表1　国内10座城市入境游客数量和人均外汇贡献额比较

城市	北京	上海	广州	深圳	天津	重庆	杭州	成都	武汉	南京
入境游客数量（万人次）	400.4	893.7	900.6	1220.2	198.3	388.0	420.5	340.6	276.2	81.1
旅游外汇收入（亿美元）	55.2	73.7	64.8	51.2	11.1	21.9	38.3	14.5	18.8	8.8
入境游客人均外汇贡献额（美元）	1379	825	720	420	560	564	911	426	682	1086

资料来源：各市2018年国民经济和社会发展统计公报。

北京的入境游客人均外汇贡献额居全国首位，重要因素包括首都（含外交）因素、历史文化因素、企业总部经济因素；上海的优势主要是商埠的国际化程度高，涉外总部经济比较发达，以及长三角开放经济体量大且上海是长三角核心城市；南京虽然入境游客数量和旅游外汇收入在这10大城市中居末位，但人均外汇贡献额高居全国第二，体现了南京作为历史都会及非境外客流中转枢纽的特点，进入南京的境外人士的目的就是访问南京或在此工作，过客的比例低则人均外汇贡献额高。广州入境游客人均外汇贡献额居全国第五位的位次已属历史高位，作为华南核心的综合交通枢纽和每年两届广交会举办地，以及与港澳交流相对多于内地除深圳以外的其他主要城市，给广州带来规模相对稳定的入境客流，但外国游客的比重有待进一步提高和增强文化旅游的吸引力，仍然是提升人均外汇贡献额所需关注的两个重点的方面。

笔者查了2011～2018年广州各年入境游客数量、旅游外汇收入及入境游客人均外汇贡献额（见表2），发现8年间的入境游客数量除个别年份外，基本保持增长；但旅游外汇收入在"十三五"头3年增长非常缓慢，而入境游客人均外汇贡献额存在波动，2018年低于2016年，比"十二五"末的2015年仅提高1.55%，即"十三五"头3年年均增幅仅为0.5%，可见在入境游客数量增加12.07%及年均增长3.9%的外延型增长情况下，要更关注内涵型增长即如何让境外客人在穗留更长时间并深度游览，这就需要在文化吸引力的挖掘上下更多功夫。

表2　2011～2018年广州入境游客数量、旅游外汇收入及入境游客人均外汇贡献额

年份	2011	2012	2013	2014	2015	2016	2017	2018
入境游客数量(万人次)	778.7	792.2	768.2	783.3	803.6	861.9	900.5	900.6
旅游外汇收入(亿美元)	48.53	51.5	51.7	54.84	57.0	62.7	63.1	64.8
入境游客人均外汇贡献额(美元)	623	650	673	700	709	728	701	720

资料来源：广州市统计局各年国民经济和社会发展统计公报。

（三）克服文商旅发展中的短板制约

从系统论的观点看问题，文化、商贸、旅游三个子系统之间应该互不掣肘，避免成为一体化的主要短板方；同时各自也必须努力补足内部的短板，共同扬长补短。

得益于国家行政体制改革的推进，文化与旅游和广电主管部门合成大部制管理，有利于文化与旅游的结合，同时有利于借力传媒进行宣传推广。广州要充分用好体制改革的成果，在广州市文化广电旅游局统筹下，补足以往对文化特别是非遗活化及融合于旅游和商贸的市场推广力度不足。同时也需要加强文化广电旅游主管部门与商务局系统的合作，商务管理部门要善于配合和借力文旅系统，做大做强"人气""财气"云集的国际商贸中心。

广州市的原旅游局官网及新组建的文化广电旅游局官网，均对广州的旅游资源有大量的推介。目前需要更加重视加强对旅游资源中属于非遗文化资源及产品的推介。广州旅游景点在以往处于比较分散的状态，一些重要景点没有实行拓展开发，比较孤单，一些景点周边已经被房地产或其他设施占用，过于单薄的景点难以吸引非专业游客专程前往。如果在今后的城市改造中加以弥补，对这些景点周边做一定扩充延伸及配套设置同类题材的展示等，效果会比较好。目前广州的一些新的文化旅游场馆已经开始采用多馆合

一以利资源集聚的做法，如白鹅潭的省非遗中心、文学馆等填补空白的重点文化设施和新的省美术馆的三馆合一，以及广州塔一带已经规划建设市美术馆、科学馆等，这种文化与旅游资源的集聚，能够更好地吸引客流和为游客提供便利。但历史遗留的一些颇具代表性的景点目前处于过于分散孤单的状态，如果按照题材或属性进行分类组合推广，而不是各自孤立宣传，可能有利于吸引对某类题材更感兴趣的游客。

此外，广州服务于商旅的交通系统，在总体上已属比较发达。但从规划布局和线路设计等方面看，还存在改进空间。如一些重要文化或商贸设施通达的便捷度还有不足，最典型的是琶洲作为广州市商贸会展中心和互联网企业集聚中心，长期未成为市区公共交通体系的枢纽节点，给客商和游客带来不便。

四 以文商旅协调融合促进广州国际商贸中心建设的主要路径

（一）发挥综合性门户城市功能，组合文商旅资源

从世界范围看，由枢纽型国际空港、海港和陆港组成的综合性门户枢纽城市并不多，如果再考虑其辐射范围特别是内陆腹地的广阔与否，加上人口与经济总量的因素，那些区位优良的综合性门户枢纽足可成为国际和区域性中心城市，如纽约、旧金山、东京、大阪、汉堡、上海和广州等。在《粤港澳大湾区发展规划纲要》所确定的四个核心城市中，广州是唯一定位中包含"综合性门户城市"和"综合交通枢纽"的城市。广州要对标纽约、东京、上海等国内外先进的综合性门户城市，发挥好综合性门户和综合交通枢纽对国际商流、人流、信息流、金融流等的交会集聚和辐射功能，建设更强的国际商贸中心。

一要优化简化入境手续，这在广州营商环境改革中已经取得国内领先的效果，但仍可进一步利用好赋予白云机场口岸落地免签证从2015年开始实施的72小时延长到2019年的144小时的政策，加强宣传力度，争取更多到

达周边城市的海外游客或原定在广州不停留少停留的中转旅客能够进入广州停留更长时间。二是要加强交通枢纽场所及口岸邻近区域的商贸文化资源的供给能力，例如依托南沙邮轮母港，建设邮轮母港文化旅游区域，包括设立展示、销售广东广州非物质文化遗产的复制、活化、延伸设计的商品，并辅之以制作、操作某些非遗文化产品或技艺的体验场所等，促进邮轮母港从始发港拓展为亚太国际邮轮主要停靠点，吸引其他国家、地区始发的邮轮来此停靠，吸引商贸文化旅游协同创造的新增购买力。三是要依托门户功能，加强与国外门户城市和既有友城的联谊，多组织彼此之间文化商贸与旅游的交流，争取创办与门户及口岸概念相关的国际性会议会展等，突出与综合性门户城市功能高度契合的文商旅发展平台建设。四是要继续完善门户枢纽的内外交通便利化，争取开设更多国际航线，让更多的国际航空公司选择广州为中转地，做大外国客流量。

（二）完善文商旅协调发展的内外宣传服务体系

文商旅协调发展，不仅要落地实施，还需要增大协同宣传力度。一是要加强彼此支持与交互融合的宣传，在目前文化旅游行政管理部门已经整合的基础上，要协调平衡文化与旅游的宣传，并开辟引导文化旅游产品与商贸对接的信息平台；商务系统及社会各商会的宣传平台，同样需要引导受众关注商贸与旅游及文化结合。二是从文商旅各管理部门的官网，到相关协会商会的官网，都应该加强外文网站宣传的力度，同时文商旅各管理部门可考虑与商会合作建设文商旅一体的共同网络平台。三是要做好海外留学生对广州文化、旅游、商贸的认识工作，做好重点海外旅游客源地的当地宣传及客户回访和广州文化旅游商贸资源的海外巡展工作。四是要统一在星级酒店配放卡片式的广州市文化产品、旅游产品和商贸的资料，并配上相应的获得方式和通达路线。五是可参照部分发达国家的做法，安排着统一服饰的服务旅游者工作队伍，他们必须熟悉广州文化、旅游和商贸的景点网点及特色物产，通过各区（街、镇）游客服务中心或驿站提供服务，也可建立相应的志愿者服务队伍。

（三）增强商贸中心功能对文旅业的渗透

改革开放增强了广州的商业优势，广州的批发商业市场覆盖行业广泛、商品吞吐量大，零售商业及餐饮服务业等均具有结构丰富的特色，体现了广州对国内外商贸与饮食文化的强大包容性。但目前除批发业务的空间集聚具有明显的区域分工（如广州桂花岗的皮具、海珠区的中大布匹市场）外，具有旅游价值的商业街除饮食类（如广州珠江啤酒股份有限公司珠江琶醍啤酒文化创意园区等）以外，主要业态是综合性商业街，商业综合体内部的业态、品类也大多比较雷同，缺乏专业化特色；部分兼顾批发零售的专业性商业集聚如汽车配件、装饰材料等，则不具有旅游价值。

因此可导向性地选择打造文化特色和专业化商贸结合的适合游客流连的街区，在目前的一些旅游区域侧邻布局有特色的商贸区，同时在商业综合体和大型综合性百货公司都设置非遗及广州特色文化旅游产品推广和销售点或专柜，提供中外文资料和销售非遗纪念品，再辅之以专卖店、展示中心等建设，发挥商业街、商业区和商贸综合体对文化及旅游的推介功能。

（四）进一步挖掘广州文商旅市场需求潜力

市场的基本面是顾客及其消费力，在扩大来穗客源的同时，做优客源结构是增进文商旅效益的重要方向。从文商旅市场需求潜力的角度看，消费力较强的外来流动人口对文商旅的经济贡献度比较大。因而如广州的天河区因外来人口流量大且年轻化特色明显，商贸业的兴旺程度在近20多年来居全市之首，而荔湾区上下九一带的老商业区，因外来人口流量小而且本区居民老龄化程度高而势头明显弱化，商品层次结构也呈中低端走向。在外来流动人口中，长途游客特别是文化差异度大的外国游客的消费力值得重视。根据粤港澳大湾区吸引海外游客最多城市香港的经验，来自空间距离较远的长途旅客的过夜率高，短途旅客的过夜率则相对较低。2018年访香港的旅客为6514.75万人次，同比增长11.4%，其中除内地访港旅客数量同比增长14.8%外，境外短途旅客数量同比下跌0.6%，其中以印尼、中国台湾及韩国旅客下跌最多；而长途旅客达451.35万人次，同比上升2.8%，其中来自美国旅客上升7.3%，英国上升3.1%。① 2017年10月香港特区政府制定并发布属于规划性质的《香港旅游业发展蓝图》，该文件围绕"将香港发展成为世界级的首选旅游目的地"这一愿景，制定了四大发展策略，其中排在前两位的是"开拓多元化的客源市场，集中吸引高增值过夜旅客来港"和"培育及拓展具有本港及国际特色的旅游产品及项目（包括文化、古迹、绿色及创意旅游，并巩固和提升香港作为会议展览旅游目的地、地区邮轮枢纽及亚洲盛事之都的地位）"。香港高度重视高增值过夜游客，是因为他们不仅直接给香港带来旅游住宿等收入，还必然带动商贸收入的增加，仅2018年1~6月，入境消费额同比增长13.5%。② 香港的经验和体会值得我们借鉴。同样，在内地城市中，广州的入境游客规模与上海相仿，2018年广州与上海的入境游客数量分别是900.6万人次和893.7万人次；但该年度上海入境的外国人是685.9万人次，广州是340.1万人次，广州入境外国人的数量仅相当于上海的49.6%，结合香港的经验，判断这一现象与广州入境游客人均旅游外汇贡献额低于上海的现象存在一定的关联性。因此，广州宜进一步挖掘外国游客特别是提高来自发达国家游客所占的比重。

广州作为华南地区高校和在校大学生最多的城市，吸收的外国留学生的数量也是华南其他城市无法比拟的。要通过各高校开展留学生认识广州的一系列活动，在外国人（包括流动人口）较多的社区，做更多的具有广州特色的文商旅宣传工作，通过留学生和其他国外人员的对外传播，形成拉动外国游客进入广州的人际传递"链条"。

粤港澳大湾区的建设、世界级城市群的打造，与珠江三角洲高度开放型经济区域的发展是一致的，开放是大湾区的特色。在珠三角多门户多口岸的条件下，广州与香港、澳门、深圳等大湾区各城市各门户口岸的竞合关系必然继续加强。所以，广州在拓展文商旅市场即客源潜力的时候，客观上有条

---

① 据香港旅游发展局2019年1月31日公布的年度数据。
② 参见刘婷婷等《2018~2019年香港旅游业发展分析与展望》，https：//www.sohu.com/a/301312989_126204。

件、主观上有必要与大湾区各城市共建共享文商旅资源，开展文商旅组合的联合推广，相互推荐客源。如果这项工作做好了，大湾区文商旅整合营销有成效了，作为最具综合门户枢纽功能的广州，就必然在文商旅协同发展的市场耕耘中不断提升商贸实力、增强获得感。

B.13
广州商展会文体旅跨界融合发展研究

陈旭佳*

摘 要： 2018年11月，习近平总书记视察广东时强调，像广州这种特大城市一定要把大的优势发挥出来，更好发挥中心辐射作用，在综合城市功能、城市文化综合实力、现代服务业、现代化国际化营商环境方面出新出彩。落实习近平总书记关于广州在现代服务业方面出新出彩要求，必须坚决破除制约现代服务业发展的体制机制障碍，厚植"千年商都"传统优势，增创"现代商都"特色优势，改造提升传统服务业，探索商展会文体旅跨界融合的新模式，激发传统优势服务业新活力，提升传统服务业的质量效益和专业化、品牌化、国际化水平，推动新技术向服务业全链条渗透，形成广州跨界融合商展会文体旅新格局，打造老城市服务业融合发展的新范例。

关键词： 商展会 文体旅 跨界融合 现代服务业

一 新时代、新使命：推动广州商展会文体旅跨界融合发展正当其时

（一）有利于加快新旧动能转换，着力推动经济实现高质量发展

"十三五"以来，为有效应对经济下行压力，广州市按照"1+1+4"

---

* 陈旭佳，广州市社科院产业经济与企业管理研究所副所长、研究员，研究方向为城市战略与现代服务业。

工作举措厚植"千年商都"优势，推动全市服务业在产业规模、质量结构、辐射能级等方面再上新台阶。依托丰富的旅游资源和深厚的历史文化底蕴，伴随世界旅游名城和国际旅游目的地、集散地建设持续推进，广州市商展会文体旅等领域发展不断取得新成效，文化和旅游融合发展态势明显，北京路文化旅游区成功创建国家4A级旅游景区，荔枝湾涌、粤剧艺术博物馆、十三行博物馆、永庆片区微改造等项目先后完成，着力推动羊城创意园、TIT创意园、珠江琶醍、太古仓码头等一批老工业遗址、古村落向现代都市风尚创意产业园转变，天河路、花城广场等商圈正成为集消费、休闲、娱乐、旅游、文化等功能于一体的商旅文聚集区，市场采购、融资租赁等贸易新业态发展迅猛，跨境电商总体规模连年居全国首位。在这种背景下，我们要加快促进传统优势服务业转型升级，充分激发传统优势服务业新活力，适应人民群众对美好生活的新期待，推动现代商贸、会展、文化、旅游、体育等生活性服务业向精细化和高品质转变，增创"现代商都"特色优势，打造现代服务业提升发展新范例，助力全市经济实现新旧动能转换。

（二）有利于推动新技术、新业态向传统服务业全链条延伸渗透，培植新产业、新动能、新增长极

当前，世界主要创新大国纷纷加强战略布局，全球竞争加速从资本竞争向创新竞争转变。与以往不同，当今全球科技发展呈多点突破、交会融合的态势，绿色、健康、智能引领创新方向，颠覆性创新、分布式创新、融合化创新多路并进。随着互联网、大数据、人工智能等技术的渗透应用，传统产业与新技术、新业态交叉融合的趋势不断加深，催生出互联网金融、跨境电商、市场采购、智慧物流、无人商店、精准医疗、在线教育、网络旅游等新业态、新模式，传统基于比较优势的服务业布局将逐渐被新模式、新业态所打破。在产业跨境、跨业、跨界融合极大深化的背景下，我们要紧紧把握新一轮科技革命机遇，坚持前瞻布局、重点突破、创新驱动、融合发展，立足广州已有的服务业基础，瞄准今后一段时期市场需求，加强新一代信息技术、智能技术、数字技术在商展会文体旅等传统服务业领域的集成应用，大

力发展富有竞争力、顺应产业变革方向、符合居民消费升级趋势的服务业新业态，加快现代服务业实现创新发展，推动新技术、新业态向传统服务业全链条延伸渗透，着力提升服务业网络化、智慧化、平台化发展水平，全面增强广州市服务经济发展新动能。

（三）有助于加快培育以跨区跨境、线上线下、体验分享为特征的新商业模式

新商业模式的大规模出现，极大地改变了传统产业的发展路径和产业竞争力。传统大批量、集中化生产向分散化、个性化定制生产转变，产业竞争从企业、产品的竞争转变为产业生态系统的竞争，产业布局由传统单一产业链集聚向以价值链为导向、集产业链创新链资金链于一体的全链集成转变，产业创新重心从技术创新为主转向业态、模式创新主导，以业态、模式创新整合技术创新成为传统产业发展的重要方向。网络平台具备的高效互动特征，促进了产业链上下游资源的精准对接和充分共享，催生了众创、众包、众筹等新模式和数字经济、共享经济、体验经济、粉丝经济等新业态。在这一背景下，我们要坚持以新消费、新需求引领新发展，大力实施"金融＋""文化＋""智能＋""旅游＋""互联网＋"等一系列行动计划，推动业态创新、模式创新、市场创新、管理创新和文化创新相结合，创新发展网红经济、夜间经济、社群经济、共享经济等新模式，交融培育新技术、新产业、新模式、新业态，实现商贸、会展、文化、旅游、体育等领域深度融合，抢占未来产业升级"制高点"。

二 新举措、新谋划：推动广州商展会文体旅
跨界融合发展的策略

"十四五"时期是广州市奋力实现老城市新活力、推动国家中心城市建设全面上新水平、着力建设国际大都市的关键时期，也是广州市加快新旧动能转换、推动经济实现高质量发展的关键时期。作为现代化产业体系的重要

组成部分，现代服务业以其高度的创新性、广泛的渗透性、深度产业关联性和效率倍增性等优势，向社会提供高附加值、高层次、知识型的生产服务和生活服务，能够有效地激发经济增长潜力。2018 年 11 月，习近平总书记视察广东时强调，像广州这种特大城市一定要把大的优势发挥出来，更好发挥中心辐射作用，在综合城市功能、城市文化综合实力、现代服务业、现代化国际化营商环境方面出新出彩。落实习近平总书记关于广州在现代服务业方面出新出彩要求，必须坚决破除制约现代服务业发展的体制机制障碍，厚植"千年商都"传统优势，增创"现代商都"特色优势，改造提升传统服务业，探索商展会文体旅跨界融合的新模式，激发传统优势服务业新活力，打造世界优秀旅游目的地，不断提升传统服务业的质量效益和专业化、品牌化、国际化水平，初步建成具有全球影响力的服务业强市，打造老城市服务业提升发展的新范例。

（一）着力提升传统服务业数字化水平，推动形成商展会文体旅跨界融合发展新格局

1. 打造老城市商贸业提升发展新范例

深化电子商务推广应用，培育发展一批资源整合力强的垂直电子商务平台和生活性服务电子商务平台，加大对社交电商、网红直播电商、生鲜电商等新业态、新模式发展支持力度。支持京东、唯品会等电子商务龙头企业在广州市开设实体展示店、体验店，提供线下展示、维修及其他售后服务，实现线上线下、商品服务融合发展，提升客户购物体验。实施专业批发市场转型疏解三年行动方案，推动一批传统专业市场向国际化、展贸化、信息化转型升级。大力发展面向国际的大宗商品市场，建设南沙临港国际大宗商品交易中心，争取将广东省珠宝玉石交易所、广州钻石交易所打造成为国家级交易平台，进一步提升广州市金属材料、木材、粮食等大宗商品交易市场辐射力。深入推进跨境电商综合试验区建设，完善跨境电商零售出口无票免税管理办法，健全流通追溯体系，推动"全球跨境电商配送中心"等新模式加快发展，探索建设中国跨境电商国际枢纽城市。推进平行进口汽车试点，建

设南沙国际进口汽车贸易中心。强化市场采购贸易管理，积极争取扩大试点范围，统筹推进市场采购"网上商城"建设，带动广州市优势专业市场转型升级。鼓励外贸企业发展国内市场，引导批发零售企业利用外贸综合服务平台开展"内贸＋外贸""线上＋线下"业务。

2. 建设世界知名的国际会展之都、国际会议目的地

推进中国进出口商品交易会（广交会）展馆四期项目、越秀国际会议中心建设，谋划在空港经济区、广州南站地区建设专业会展中心，在南沙建设综合性国际会展中心，引进一批有世界影响的会议、论坛、展览，推动广东21世纪海上丝绸之路国际博览会升格为国家级展会，推进申办2030年世博会可行性研究。依托港澳会展资源，联合引进国际知名战略品牌和配套服务企业，办好广交会等自主品牌展会，做强做大会展经济。支持琶洲与港澳会展产业的交流与合作，举办数字经济领域高层次会议，打造全球高端对话平台，大力发展会展新技术、新业态，推动会展业数字化、信息化发展。支持会展组织应用物联网、大数据、区块链、人工智能、5G、虚拟现实（AR）与增强现实（VR）等技术，发展"智能＋会展"新生态。

3. 大力促进体育消费，建设体育产业强市

依托广州国家中心城市区位优势和产业特色，吸入国际品牌赛事，创新培育传统品牌赛事。在继续扶持彩色跑、电子竞技等品牌赛事发展的同时，积极申办和承办"摇滚马拉松"等具有广泛群众基础、经济效益和社会效益俱佳、具有国际影响力的高端体育品牌赛事。依托天河体育中心、黄埔体育中心体育馆、越秀山体育场、省人民体育场等大型体育场馆，办好中超联赛富力主场、"省港杯"足球赛等大型赛事，创立"贺岁杯"国际足球邀请赛，吸引世界顶级国家队及顶级联赛豪门俱乐部来穗献技，刺激观赏型体育消费，丰富竞赛表演市场优质产品供给。加强与国内外知名体育赛事和经纪公司的合作，积极培育本土赛事运营和推广专业机构，完善"政府引导、市场运作、企业承办、社会参与"的赛事运作模式，提高赛事运作的市场化水平，依托现有场馆，吸引更多运动项目顶级职业联赛俱乐部主场落户。主办或承办更多种类的主题跑、城市自行车大赛等体验型赛事活动，增强体

育赛事旅游的乘数效应，构建以场馆观光、观赛旅游、健身休闲为支撑的体育旅游产业体系，发挥品牌专业赛事受众面广、影响力大的优势，培育发展集竞赛竞技、体育服务、旅游消费为一体的综合型产业，形成集旅游、观光、休闲、体育、商务、会议、培训、疗养、游艇服务业等功能于一体的省级体育旅游示范区。加强从化区无规定马属动物疫病区与香港在进出境检验检疫通关等领域合作，加快构建穗港马匹运动及相关产业经济圈。

4. 创建国家全域旅游示范区

推进北京路文化旅游区、珠江沿线历史文化景观带等平台项目建设，把旅游业打造成为新的支柱产业。联合港澳打造具有国际竞争力的广式旅游服务品牌，推动旅游服务质量与国际通行旅游标准全面接轨。培育广府文化、粤菜美食、乡村旅游、南沙邮轮旅游、广州长隆、珠江游和花都文化旅游城等世界级旅游品牌。支持黄埔将长洲岛建设成为具有国际影响力的珠江国际慢岛。建设南沙邮轮母港综合体，加快创建中国邮轮旅游发展试验区，探索建设国际游艇旅游自由港。支持越秀、番禺建设国家级全域旅游示范区。依托王子山及周边旅游资源打造粤港澳大湾区（穗港清）旅游生态圈。积极推动落实在南沙国际邮轮码头和白云机场实施争取 144 小时个人过境免签和外国旅游团乘坐邮轮在南沙入境 15 天免签政策。牵头建立大湾区旅游协会联盟，深化大湾区城市旅游合作。弘扬特色饮食文化，与佛山、中山共建世界美食之都，打造富有湾区文化元素的广州国际美食节。依托黄埔军校、南海神庙、黄埔古港打造历史文化旅游区。探索与澳门旅游学院等境外高校开展旅游人才培养。

5. 培育建设国际消费示范区

以天河路、北京路、珠江新城等商圈（包括商街，下同）为重点，推动全市主要商圈服务设施智能化改造和业态调整，扩展个性化、特色化、智能化服务内容，引入名企、名品、名店，促进国际高端品牌、原创品牌和新消费品牌集聚，打造线上线下融合发展的体验式智慧商圈。鼓励支持商圈内购物中心、大型百货等布局发展新型复合消费业态，发展差异化特色服务。鼓励支持广州市大型百货商场、综合性超市、商业综合体、住宿餐饮企业搭建刷脸支付、智能下单、智能收银、线上交易等自助服务配套设施。鼓励零售企业升级改造智能化、场景化体验式零售网点，发展无人值守货柜、无人便利店新型模式。优化社区商业规划布局，提升社区商业覆盖率和连锁化率。

（二）深度挖掘深化历史文化底蕴，提升宜居宜业宜游优质生活圈新魅力

1. 创建国家级红色文化传承示范区

依托广州市红色革命遗址，全面推动城市文化综合实力出新出彩系列工程，彰显广州"红色魅力"。加快推进东园广场等红色文化设施建设，连片打造革命史迹主体区域，传承广州"红色家谱"。争取中央党史和文献研究院在广州建设党史展览馆，组建广州红色文化专家库，推动出版《广州红色革命史迹全记录》，讲好广州"红色故事"。用好广州在党史上的"十个全国第一"红色史迹，支持红色经典影视作品、红色动漫制作，打造"不忘初心、红色之旅"精品旅游线路，发展广州"红色旅游"。以中共三大会址为核心，整体规划保护红色革命遗址，打造大湾区红色文化教育交流示范区，鼓励引导港澳青少年到广州接受革命传统教育，提高对国家向心力和"一国两制"认同感。加强红色文化教育，办好新时代红色文化讲堂，建设抗战木刻陈列馆和"牵手英雄"沿江路红色文化雕塑步道，策划海珠广场升旗仪式，擦亮广州"英雄花、英雄城"红色文化品牌。推进公民道德建设工程，推动社会主义核心价值观更好融入城市文明建设，构建全域文明创建格局，打造新时代文化实践"广州版本"。

2. 激发传统历史文化资源发展新活力

注重历史文化建筑修缮，活化利用恩宁路、北京路等历史文化街区，不断推出具有中国风骨、岭南风格、广州特色的精品力作。加快建设广东当代美术馆、广东非物质文化遗产展示中心、广东文学馆"三馆合一"项目。精心办好城市形象传播年、城市品牌提升年等活动，在提升城市文化综合实力上出新出彩。推进穗港澳在世界文化遗产保护和弘扬等领域的合作，加快

建设一批文化遗产保护项目，与澳门共同推进海丝申遗工作，争取香港加入海丝申遗联盟。推介广州文化品牌，讲好广州故事，充分展现广州文化底蕴和现代城市形象，扩大对外开放影响力和辐射力。大力发展文化产业，做大做强广州文交会。提升广州文化创意产业发展水平，推动成立粤港澳大湾区公共图书馆、电影产业、剧院等联盟。促进大湾区动漫游戏节展互动和产业交流。研究建立广州市影视综合服务平台，推进与港澳影视产业深度合作。

3. 全面提升传统历史街区景区化水平

全面贯彻落实《广州传统中轴线地区保护利用实施方案》，以北京路文化核心区为支撑，以海珠广场片区品质提升为抓手，用"绣花"功夫活化一批历史建筑、修复一批历史街区、擦亮一批历史名片，滚动推进一批重点项目，加快策划一批储备项目，深度挖掘骑楼独有的文化魅力与空间趣味，打造百年复兴路、千年历史轴、"一盅两件"美食路、老广州年轮路等文化品牌。实施广州传统中轴线、恩宁路、上下九步行街、西十公里精品珠江灯光夜景工程，成片连片开展文物、特色建筑及周边物业修复改造，整体优化提升区域业态，打造广州实现老城市新活力最佳展示区。打造一批最美背街小巷，改造一批步行空间、休闲设施，打造"东山印象"等一批精品型、体验式人文地标，提升全域视角新形象，焕发云山珠水、吉祥花城无穷魅力。

（三）抢占服务业经济新业态新模式制高点，打造传统服务业发展新动能、新增长点

1. 精心打造"夜间经济"新标杆

绘制广州夜间消费地图，重点打造天河路商圈、珠江新城、北京路步行街、上下九、环市东、农林下路、白鹅潭、琶洲、江南西、白云新城、万博长隆汉溪、融创文旅城、蕉门河中心等夜间经济集聚区。与各大网络平台合作，评选夜间消费榜单，打造沿江路西餐酒吧街、沙面异域风情美食区、珠江琶醍文化创意艺术区、白云远景路韩国风情街、花地湾休闲美食天地、番禺区雁洲河鲜食街、南沙十九涌海鲜美食街等一批"最美广州餐桌""最火深夜食堂"等旅游美食"打卡"地。围绕"千年商都""岭南文化""都市

文化"等特色资源，整合骑楼、老字号一条街、千年古道等各类旅游消费资源，以文化旅游带动夜间经济，策划打造一批凸显广州特色的标志性文旅项目。鼓励商场、购物中心延长营业时间，在店庆日、节假日期间开展"不打烊"等晚间促销活动。鼓励有条件的博物馆、美术馆逢重要时间节点、传统节日开放夜场参观。支持品牌连锁企业加大 24 小时便利店建设布局，扶持 24 小时实体书店。重点商业街区或商圈设立综合协调机构，统筹该片区夜间的城市管理工作，建立良好的夜间旅游、娱乐、消费秩序。

2. 大力实施"品牌经济"新策略

壮大传统特色品牌，做强现有知名品牌，培育自主创新品牌，打造一批享誉国内外的领军型品牌企业和拥有核心竞争力的自主品牌。以广州传统中轴线提升工作为契机，深入挖掘历史文化资源的文化内涵，统筹推进文物景点、历史遗迹、历史建筑的保护利用，激活文化旅游、文化展示、文化消费价值，擦亮"岭南文化中心地"金字招牌。推进全国民间金融产业知名品牌创建示范区在示范期内的相关工作，培育民间金融服务领域的名牌企业和名牌产品，做好品牌提升与品牌输出工作，扩大品牌示范区的区域影响力，为全国民间金融产业规范发展积累经验、探索道路，打造"广州民间金融街"金字招牌。以老字号一条街建设为抓手，挖掘和复兴老字号、老品牌，引导广州老字号、中华老字号，以及国内外知名品牌进驻、聚集发展，鼓励老字号企业创新管理和营销模式，使老字号品牌进一步发扬光大，擦亮"老字号"不老品牌。以弘扬广府美食为主，兼容东南亚及世界各地美食，引导知名美食品牌企业集聚，打造北京路惠福美食花街、上下九历史文化美食街、珠江琶醍等一批"食在广州"的典型代表，擦亮"食在广州"的美食品牌。以建设文化生态保护试验区为抓手，精心策划举办好每年一届的迎春花市、广府庙会、广府文化旅游嘉年华、波罗诞庙会等传统文化活动，擦亮岭南文化交流的"世界名片"。

3. 倾力打造"网红经济"新高地

鼓励独具"网红特色"的创新创造，大力拓展网络文化、网络视听、网络游戏、网络出版、虚拟现实及其关联新业态，积极培育"网红＋影视"

"网红+电商""网红+VR"等新模式,形成"孵化器+供应链""主播+带货"等多条闭环式产业链,打造引领时尚潮流的"网红梦工场"与"品牌直播间"。引进腾讯众创空间等国内知名网红经济孵化器,借助创服、创孵、创投、创培、创星"五创"服务模式,策划"网红超级IP打造计划""百万网红打造计划""直播网红孵化计划"等新模式,引入优秀创业导师,从创业服务、区域孵化、资本加速、创业培训成长以及品牌营销五个维度,全方位帮助"网红"创业者创业,对发展潜力大、前景好的网红经济项目,引导基金、风投等资本注入,发挥"网红"孵化基地叠加效应、倍增效应,助力"网红"产业做大做强。将花果山超高清视频产业特色小镇打造为集网红产业孵化、运营孵化、配套服务于一体的网红经济孵化基地,重点发展移动互联网、新媒体、流媒体、网络视频、移动电视、动漫网游、网络社区、在线音乐、无线音乐、数字出版等文化产业新业态,形成辐射粤港澳大湾区的"网红+"经济聚集区、策源地。

4. 加快培育"定制经济"新优势

进一步聚焦打造"广州定制""广州标准",重点围绕规模化定制示范产业集群及示范企业建设、示范园区和平台建设、工业互联网赋能等主要任务,着力打造世界先进、国内领先的规模化个性定制产业创新策源地、应用示范地、产业集聚地。在已有家居定制的国际标准基础上,进一步引导各定制行业推出服装、皮具、珠宝、汽车、家电等领域具有国际领先水平的整体标准,最终形成能够获得行业和国际认同的"广州定制"生产与服务标准化体系。谋划建立更多公共性的制造业创新中心,依托工业互联网、云计算、大数据、人工智能等新技术应用,通过个性化设计、柔性化生产、智能化服务满足用户个性需求。牵头联合广州质量监督检测研究院、高校等技术力量,设立重大科技专项,有效解决定制产业技术产业化问题,整体提升产业核心竞争力。推进一批总部与体验中心建设,在越秀、海珠、天河、荔湾等中心城区,策划打造一批规模化个性定制企业总部经济产业园,积极推进琶洲定制家居总部大厦建设,精心打造建好越秀友谊酷都广州时尚定制中心。给予定制产业园区各项政策支持,包括政府提供挂牌支持、对场地建设

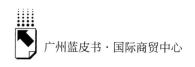

运营的补贴、对招商引资的支持、给予新企业入驻的奖励等，推动定制产业载体或园区进行提质增效。

（四）创建历史和现代、艺术和生活、文化和科技相互融合的商展会文体旅融合发展示范区

依托各区域资源禀赋、功能特色、产业基础以及交通枢纽和行政管理中心，基于商展会文体旅跨界融合发展较好的区域，以"文化＋"为主线，以融合为路径，在千年商都打造"区域开放、功能综合"的商展会文体旅跨界融合发展示范区，形成"文化创意区、文化旅游区、文化商贸区、文化金融区"等历史和现代、艺术和生活、文化和科技相互融合的产业空间布局，形成"多点支撑"发展格局。

附表　广州商展会文体旅融合发展示范区

序号	商展会文体旅融合 发展示范区	发展重点
1	北京路国家级 文化产业示范区	以"打造古城中轴文化客厅、引领文化产业融合发展"，建成"广东第一、国内领先、国际影响"的国家级文化产业示范园区为创建目标，围绕北京路千年古城中轴，引入社会力量参与建设和运营园区内历史建筑，活化利用大小马站、南粤先贤馆、五仙观、东平大押、万木草堂、青云书院、逵园等一批建筑遗产，探索出一条历史文化资源"保护—开发—利用—发展—保护"的良性循环发展之路
2	东山新河浦 文化体验街区	项目核心保护范围面积46.92公顷，总面积约104.25公顷。将东山新河浦街区打造成为国际文化交流深度体验基地、艺术生活品质社区、"粤港澳大湾区宜居宜业宜游的优质生活圈"样板区
3	二沙岛国家体育 产业示范基地	以二沙岛为核心，向周边辐射展开3平方公里，推动越秀区申报成为国家体育产业示范基地，对区域内的二沙体育公园、发展公园及传祺公园的体育设施进行新建、升级改造
4	"最广州"文商旅 活化利用提升带	以永庆片区微改造为试点，整体保留历史建筑与特色景观，植入新型创业模式，以慢行步道串联上下九、恩宁路、粤剧艺术博物馆、荔枝湾、泮塘五约等文化景观节点，加快完成荔枝湾景区品质提升和泮塘五约二期工程，打造荔湾文化旅游精品线路，形成"最广州"文商旅活化利用提升带

序号	商展会文体旅融合发展示范区	发展重点
5	南沙新时代国际文化交流基地	推动文化与科技、金融、贸易深度融合,培育新型文化业态,规划建设保税艺术品展示交易中心、国际艺术品交易中心、数字版权交易中心等平台项目,加强对文化领域创新、创意、创业人才的支持培养,进一步放宽外资演出经纪、演出和娱乐场所设立等准入限制,打造电子竞技小镇等一批特色文创品牌项目

参考文献

李雪敏:《巴黎左岸与故宫以东:文商旅深度融合的打开方式》,《北京城市学院学报》2019 年第 5 期。

中共武侯区委党校课题组:《文商旅体融合发展路径研究——以成都武侯区实践为例》,《中共成都市委党校学报》2019 年第 5 期。

李进军:《成都文商旅体融合发展模式推进研究》,《四川文理学院学报》2018 年第 5 期。

龚维玲、刘娴:《南宁市文商旅深度融合发展的思考》,《南宁职业技术学院学报》2018 年第 3 期。

黄晓慧、邹开敏:《"一带一路"战略背景下的粤港澳大湾区文商旅融合发展》,《华南师范大学学报》(社会科学版)2016 年第 4 期。

B.14

2019年广州会展业发展状况、
特点及趋势[*]

罗 政　李建党[**]

摘　要： 会展业是广州建设国家中心城市和国际商贸中心的重要支撑，
　　　　 已成为构建现代市场体系和开放型经济体系的重要平台，对
　　　　 社会和经济发展起着引领、集聚、辐射的作用。2019 年，广
　　　　 州市着力推进会展业向专业化、国际化、品牌化和信息化方
　　　　 向发展，服务广州市经济社会发展全局。本报告对 2019 年广
　　　　 州会展业的发展状况、特点进行简要回顾，总结当前广州会
　　　　 展业发展所面临的问题，并对其 2020 年发展趋势进行展望，
　　　　 提出促进会展业高质量发展的政策建议。

　　* 本报告数据均来源于广州市商务局。
　　** 罗政，广州市商务局会展处处长；李建党，广州市商务局四级调研员。

关键词： 广州 会展业 高质量发展

一 2019年广州会展业发展状况与特点

2019年，在世界经济持续低迷、增长乏力的背景下，广州市着力完善会展业促进政策，优化会展业公共服务，培育引进品牌展会，推进与港澳会展业合作，提升会展业专业化、国际化、品牌化和信息化水平，推动会展业高质量发展。

（一）展览业规模稳中有进，参展参观人次快速增长

2019年，面对贸易保护主义和单边主义有所抬头、世界经济增长动能有所放缓的不利情况，广州市通过加大会展财政资金支持力度、积极培育和引进品牌展会、加大会展品牌整体宣传力度等措施，兼顾保有存量和扩大增量，展览面积稳中有进，参展参观人次快速增长。2019年，全市重点场馆合计举办展览690场次，比上年增长9.9%；展览面积合计为1024万平方米，比上年增长0.4%（见表1）；参展参观人次为1374.35万人次，比上年增长13.9%。其中，举办招商式展览242场次，比上年增长1.3%；合计招商式展览面积995.04万平方米，比上年增长0.5%；招商式展览合计吸引参展参观人员1287.35万人次，比上年增长15.4%。

表1 2012~2019年广州重点场馆办展情况

年份	2012	2013	2014	2015	2016	2017	2018	2019
展览场次（场次）	377	480	392	482	538	678	628	690
展览面积（万平方米）	829	831	859	862	897	990	1020	1024

（二）会议业保持快速发展态势，境外参会人员高速增长

近年来，广州提出打造高端国际会议目的地城市重要举措，整合优化会

议业发展的软硬件环境，主动承接和吸引各类高端国际会议，不断巩固广州作为华南国际会议中心的地位。2019年，全市重点场馆合计接待各类会议10014场次，比上年增长19.0%；合计接待参会人员150.58万人次，比上年增长10.8%，其中接待境外参会人员64144人次，比上年增长56.7%。举办100人以上跨市会议2563场次，比上年增长11.0%；合计接待参会人员100.68万人次，比上年增长3.9%，其中接待境外参会人员45423人次，比上年增长29.2%。继2017年《财富》全球论坛、2018年世界航线发展大会之后，2019年5月6日至10日，被誉为国际港航界"奥林匹克"盛会的世界港口大会在广州白云国际会议中心举行，来自全球近50个国家和地区的千余名嘉宾齐聚广州、共襄盛会。本届大会主题是"港口与城市——开放合作，共享未来"，大会安排了主旨演讲、平行论坛、国际港口协会董事会、各区域午餐会、技术委员会分组会议及参观考察等多项活动。全球经济界、港口航运界人士围绕"一带一路"倡议带来的新机遇、新技术、新挑战，以及湾区港口与城市竞合发展、跨境贸易新模式与电子商务的法律问题、中国和世界新兴邮轮市场、港口节能减排等多个议题，在广州为推动全球经济发展带来新思路、提出新方案。

（三）品牌展会培育成效明显，能级不断提升

着力提升中国进出口商品交易会（广交会）影响力并扩大其辐射面。贯彻落实习近平总书记关于继续办好广交会、提升其影响力并扩大其辐射面、更好开展对外交流合作的重要讲话精神，编制《琶洲地区发展规划(2019—2035年)》，推进完善广交会展馆及周边设施。推动白云机场自第125届广交会起在广交会展馆设立值机和综合服务柜台，将值机服务从机场延伸至展馆和展会。开通机场和展馆双向空港快线，机场安检设立广交会宾客专用通道，航站楼电子屏滚动播放欢迎广交会宾客的标语和视频，为广交会宾客营造"宾至如归"的参展环境。推动广州海关正式进驻展馆，为展会提供现场监管服务，提升展品通关服务水平。加大广交会宣传力度，组织境内外媒体广泛宣传、深度报道第125届、第126届广交会盛况，在全市重

要交通节点、人流密集区域、展馆周边投放大量广交会宣传广告和欢迎标语，营造良好的宣传氛围。促进广交会创新发展，协助组织举办第126届广交会远程视频招商会议，协助做好网上举办第127届广交会的相关筹备工作，支持广交会创新招商模式和供采对接模式。研究制定《广州市人民政府关于支持中国进出口商品交易会（广交会）提升影响力辐射面的意见》，拟出台支持广交会发展的具体措施。

品牌展会能级不断提升。第122届广交会单届展览总面积扩大为118.5万平方米。全市4个展览入围"2019年世界商展100大排行榜"，其中中国（广州）国际建筑装饰博览会继2018年首次进入世界商展100大榜单并排名第4位后，2019年跃升至第2位。2018年全国单展规模前10位展览中，广州和上海各占5个。从展览规模来看，2019年，广州展览面积2万至5万（含）平方米的78场，5万至10万（含）平方米的25场，10万平方米以上的特大型品牌展览17场。从展览延续性来看，举办时间10年（含）至20年的共计43场，举办时间20年（含）至30年的共计28场，举办时间30年及以上的共计8场。

（四）大型会展活动加速集聚，带动城市影响力提升

引进培育新办展。近年来，广州积极与国内外知名展览机构合作，根据城市功能定位和产业发展规划，创新展览题材，培育引进品牌展会，先后培育了广州国际设计周、亚洲乐园及景点博览会、广州酒店用品展览会，以及广州国际专业灯光、音响展览会等多个具有国际影响力的展览项目。继2017年《财富》全球论坛、2018年世界航线发展大会和博古斯世界烹饪大赛亚太区选拔赛相继成功举办后，2019年广州引进、举办了2019世界港口大会、2019广东21世纪海上丝绸之路国际博览会、中国生物产业大会、全球移动互联网大会等会展活动，与德国柏林展览集团和国际数据集团合作首次在广州举办消费电子及家电品牌展、国际消费电子大会，引进荷兰阿姆斯特丹RAI公司在广州首次举办亚洲汽车再制造展，推动英国切尔西花展经典展落户广州，极大地提升了广州会展业的影响力。全年广州新培育或新引进展览会共计31场，比2018年24场增加7场，同比增长29%。其中，

2019 广东 21 世纪海上丝绸之路国际博览会面积近 16 万平方米，展位数约 8000 个，参展企业超过 3500 家，共建"一带一路"国家展区共 92 个国家和地区的 553 家企业参展，62 个国外展团设立了国家和地区形象展示区，李希、马兴瑞、张硕辅、郑雁雄、欧阳卫民、温国辉等省、市领导，原文化部部长蔡武、中国贸促会副会长张慎峰、中联部原副部长于洪君等国家部委领导，汤加王国副首相塞密西·西卡、埃塞俄比亚前总统穆拉图·特肖梅、韩国前总理韩升洙、尼泊尔前总理贾拉·纳特·卡纳尔、泰国前副总理戴隆·素旺奇里等 13 位外国政要和境外省部级官员出席开幕式、巡馆等活动，展会入场观众达 20 多万人次，其中采购商约 5 万人。

（五）消费升级推动广州展览经济发展，新动力进一步显现

广州会展业主要依托产业和市场双重渠道发展，凭借巨大的展会消费市场，成为展商的销售目标市场。广州作为较高收入的城市，居民消费结构和消费行为进入了品质消费阶段，对品质、品牌商品的消费需求日益增加，消费的特点由生存型向享受型、发展型升级，由以物质型消费为主向服务型消费快速增长升级，由注重消费量的满足到重视质量的提升，更加注重对健康、绿色、环保商品和服务的消费，催生了对汽车、家具家装的需求，促进了汽车交通、家具家居、房产建材等类别展览会的发展。同时，广州生活水平的日益提高释放了对文娱活动和居民服务的需求，以图书动漫、健康医疗、文化教育、休闲娱乐为题材的展览会场次较 2018 年有所增加。

（六）办展主体以民营企业为主，市场化程度高

从中国进出口商品交易会展馆、广州保利世贸博览馆、南丰国际会展中心、广州国际采购中心、白云国际会议中心全年举办的 237 场经贸类展览会来看，2019 年广州办展主体有 164 家企业，比 2018 年的 141 家增加了 23 家。按地域分，广州展览企业 117 家，占比 71.3%；外地展览企业 47 家，占比 28.7%。按办展主体性质分，党政机关 14 个，占比 8.5%；国有企业 11 家，占比 6.7%；外资企业 13 家，占比 7.9%；民营企业 126 家，占比 76.8%。

民营会展企业在推动广州会展发展创新、增加就业、扩大开放等方面发挥着不可替代的作用。随着广州民营会展企业迅速发展、市场地位逐步增强，且积极拓展市外和境外市场，民营企业在广州举办展览168场次，占比71%，展览面积428.35万平方米，占比40%。据了解，佳美展览公司在北京、上海、深圳不断拓展国内市场，研究推进拓展境外市场；鸿威会展集团在上海、重庆、北京、武汉等国内重要城市布局，且在泰国曼谷自主举办境外展会，每年举办国内外展会100余场，展览面积超过70万平方米；广州市会展服务中心公司已在马来西亚成功自主办展3年；光合作用公司2019年首次在泰国自主办展。随着越来越利好的政策的出台，广州更多优质的民营会展企业在深耕广州会展市场的同时积极向外拓展，扩张进一步提速。

（七）把握粤港澳大湾区发展机遇，与港澳会展业合作密切

携手澳门打造品牌展会。广州市商务主管部门与澳门贸易投资促进局每年在广州联合主办"澳门·广州缤纷产品展"和"澳门—广州粤港澳大湾区合作经贸洽谈交流会"，共同打造穗澳经贸交流合作平台。"2019澳门·广州缤纷产品展"于2019年1月在广州保利世贸博览馆举办，展览总面积11300平方米，参展企业近200家，展会期间举办了澳门产品推介会、商贸对接交流会等活动。展会前夕，广州市商务局和澳门贸易投资促进局联合主办了"2019澳门—广州粤港澳大湾区合作经贸洽谈交流会"，来自广州、澳门的商协会、电子商务、物流、商贸等行业协会、企业代表120余人参会，进行"一对一"对接洽谈。

发布港澳服务提供者在广州独立办展指南。经与国家商务部、国务院港澳办、省商务厅等有关部门沟通，2019年11下旬，广州市商务局发布了《港澳服务提供者在广州独立举办涉外经济技术展览会指南》，明确港澳服务提供者在广州独立办展的流程和注意事项，使港澳服务提供者在内地独立办展政策真正落实落地，成为我市支持港澳企业发展以及推动CEPA先行先试政策落地的创新型、引领型案例。

支持港澳在穗举办会展活动。2019年5月，支持澳门举办"活力澳门

推广周"广州站活动，约 300 名参展商参展，展览面积达 5000 平方米；展会同期举行穗澳科技创新交流会、广州—深圳—香港—澳门会展推介洽谈会、广州—澳门青创企业对接洽谈会、穗澳旅游推介洽谈会、穗澳餐饮业交流洽谈会、穗澳商贸暨葡语国家产品洽谈会等 6 项商贸对接活动，推动穗澳两地旅游、商贸合作多元化发展。2020 年 1 月，支持香港贸发局在广州举办"ChicHK 港·潮流"展览会，引进香港会展资源，该展也成为港澳服务提供者在内地独立举办的第一个展会。

（八）会展业发展环境进一步优化，发展动能进一步增强

完善会展业促进政策。在落实《广州市商务发展专项资金管理办法》《广州市商务发展专项资金会展事项实施细则》、发挥财政资金引导促进作用的基础上，2019 年 11 月，市商务局印发了《广州市建设国际会展之都三年行动计划（2020—2022 年)》，明确了今后 3 年广州市会展业发展的总体要求、发展目标、重点工作和保障措施，会展业发展政策体系日益完善。

健全会展业管理协调机制。设立了广州市会展业改革发展工作联席会议，由分管商贸工作的副市长担任召集人，由协助分管商贸工作的市政府副秘书长、市商务局局长担任副召集人，成员由市有关部门、相关区、中央驻穗单位等 22 个单位相关负责同志组成，形成联动有效的会展业统筹协调机制，解决广州会展业改革发展没有形成部门联动机制、公共配套服务水平不高等问题。

优化会展业发展环境。制作会展业宣传资料，加大会展业整体宣传力度，提升广州会展的知名度和影响力。广州海关创新入境展品查验监管模式，持续推动简化国际展览品检疫审批流程、方便企业就近办理相关审批手续；持续推进对经风险评估判定为风险低的进境展览品免于抽样检验工作。优化展会安全许可报批、安全管理、公共交通保障、路面交通疏导等公共服务。

二 2020 年广州会展业面临的挑战和发展机遇

2020 年，突如其来的新型冠状病毒肺炎疫情对人民健康、社会生活和

各产业都产生了严重影响。以人员流动与集结为主要特征的会展业，首当其冲，成为新型冠状病毒肺炎疫情影响的重灾区。广东省商务厅于2020年1月24日印发《广东省商务厅关于应对新型冠状病毒感染肺炎疫情的补充通知》，要求从即日起暂停一切大型经贸活动，为全省会展业按下了暂停键。据统计，2020年一季度，全市重点场馆举办展览37场次，同比下降72.4%，展览面积12.32万平方米，同比下降94.3%。2020年5月7日，国务院应对新型冠状病毒感染肺炎疫情联防联控机制发布《国务院应对新型冠状病毒感染肺炎疫情联防联控机制关于做好新冠肺炎疫情常态化防控工作的指导意见》（国发明电〔2020〕14号），明确采取预约、限流等方式，可举办必要的会议、会展活动。

疫情加剧了广州市会展场馆资源不足的矛盾。2020年2~5月，广州市主要展馆逾百场展览活动正式公告延期或停办。会展活动恢复后，展馆既要履行与各主办单位的场馆租赁合约，又要消化受疫情影响的延期展，将面临巨大的调档压力，部分展会可能不得不缩小规模或缩短档期，部分展会将因无法获得合适的档期而停办。受此影响，部分展览项目外迁、流失的风险加大。

中共中央政治局常务委员会于2020年3月18日召开会议，会议强调，要兼顾疫情防控和对外经贸合作，在落实防疫措施的前提下为商务人员往来提供便利，保持国际供应链畅通，创新招商引资、展会服务模式，保障各类经贸活动正常开展。4月7日国务院常务会议决定，第127届广交会于6月中下旬在网上举办，邀海内外客商在线展示产品，运用先进的信息技术，提供全天候网上推介、供采对接、在线洽谈等服务，打造优质特色商品的线上外贸平台，让中外客商足不出户下订单、做生意。商务部办公厅4月13日发布《关于创新展会服务模式培育展览业发展新动能有关工作的通知》，提出"积极打造线上展会新平台、促进线上线下办展融合发展、培育线上展会龙头企业和品牌展会"等加快推进展览业转型升级和创新发展的具体措施。

5G、云计算、大数据、AI等先进技术的推广应用，创新了会展模式，为展会各方提供了高效、便捷的线上线下沟通体验，为会展业转型升级和创新发展提供了技术支撑。线上线下融合发展、双轮驱动，"场馆展示、现场

直播、线上洽谈、网上签约、线下送货"的新型办展模式，成为新冠肺炎疫情防控常态化形势下会展业发展的新气象。

三 广州会展业高质量发展的对策建议

（一）发挥政策支持保障作用，全力以赴保市场主体

指导广州市会展企业用足用好国家、省、市出台的财政税收、金融保险、复工复产保障等各项惠企政策措施，降低疫情造成的损失，支持和保障会展企业渡过难关。修订完善我市会展业扶持政策，结合实际制定细化线上线下国际性展会的扶持举措，引导会展企业积极探索创新会展服务模式，推动会展业线上线下融合发展，促进会展业转型升级和创新发展，支持展览业尽快复苏。

（二）统筹规划，进一步完善全市会展业发展设施

根据城市总体规划、片区功能定位以及广州会展产业发展规划，编制实施《广州会展场馆布点规划》，优化全市场馆空间布局，打造具有全球影响力的会展场馆群，实现会展业集群化、规模化发展。编制落实《琶洲地区发展规划（2019—2035年)》，促进琶洲地区产业发展，打造综合交通和新型智能交通，完善基础设施与公共服务配套，优化地区环境。协调推进越秀国际会展中心、琶洲互联网创新集聚区及会展物流轮候区PPP项目建设，进一步提升会展业集聚功能。

（三）支持广交会提升影响力、扩大辐射面，增强广交会的会展龙头带动作用

加大城市品牌宣传力度。推动将广交会作为城市品牌，在国际友城交往和境内外经贸交流活动中进行广泛宣传推广，助力广交会吸引更多高质量的新采购商到会。营造良好的宣传氛围。协调相关部门，利用城市主干道、交通站点、出入境口岸、主要商业区等场所，通过平面媒体、电子媒体等，加

大对广交会的宣传力度，组织境内外主流媒体积极对广交会进行采访报道，营造良好的城市宣传氛围。推动广交会优化展区结构。支持广交会进口展区做大做强，协助邀请国内进口企业、跨境电商企业、大型超市、百货商场等优质采购商到会，推动进口展区拓展展品题材和提升采购商质量，促进广交会进口和出口、外贸和内贸相融合。继续优化广交会广州交易团参展企业结构，提升参展企业对广州市外贸出口的贡献度，促进外贸增长。策划组织配套活动。策划举办有影响力的高端论坛，务实组织行业对接活动，打造展览与会议、行业交流相互促进的开放合作平台。推动时尚、设计、创新展示活动的开展。联合粤港澳大湾区各城市与中国对外贸易中心（集团），致力于促进设计产业发展，共同举办时尚、设计、创新展示活动，推动由中国制造向中国设计、中国创造转变。支持广交会出口产品设计奖（CF奖）评选活动，发动更多企业参与，促进企业提升研发创新能力，培育形成外贸竞争新优势。

（四）引进培育国内外品牌展会，提高会展业专业化、国际化水平

促进展览业开展国际交流与合作。支持中国（广州）国际物流装备与技术展览会、世界职业教育大会暨展览会、中国广州电子消费品及家电品牌展、亚洲再制造展等中外合作项目做大做强，增强跨国展览公司在广州办展的信心。与德国、英国、法国、意大利、荷兰、美国等会展业发达的国家的知名展览公司建立密切联系，吸引更多国际知名品牌展会落户。鼓励、支持国家商协会、中央企业在广州举办国际性、全国性专业展览和行业会议，推动更多国内大型巡回展固定在广州举办。加强粤港澳大湾区会展业间的合作。继续办好"澳门·广州缤纷产品展"，打造一批穗港澳会展合作示范项目。进一步探索有效合作的模式机制，整合湾区会展资源，打造有国际影响力的展会活动，促进企业互相参展参会。推进广东21世纪海上丝绸之路国际博览会升格为省部级党政机关主办的展会，以"一带一路"和粤港澳大湾区建设为重要主题，打造高水平对外开放合作平台，促进湾区协作协同发展。推动展会和产业融合。深入分析广州现有展会结构，结合广州产业优势和现代产业体系，突出行业细分和产业特色，有针对性地开展展会培育和招

商工作，推动构建完整的专业展览体系，提升全市展览的专业化水平。积极引导会展企业在广州举办新一代信息技术、人工智能、生物医药和新能源、新材料、海洋经济等新兴产业展会，促进会展业的创新迭代。发挥广州商贸会展和流通领域的独特优势，整合广州地区各种纺织服装和设计师行业组织、特色产业集群、专业市场和大型企业的资源，推动共同打造在国内外有影响力的时尚发布、展示、交流、交易平台。推进展览项目品牌化发展。研究制定品牌展会认定办法，加大品牌展会支持力度，支持和引导广州展览项目做大、做优、做强，提升展览项目的影响力。

（五）提高会展的服务水平，营造良好的营商环境

完善协调机制。发挥广州市会展业改革发展工作联席会议作用，形成联动有效的会展业统筹协调机制，协调解决制约广州市会展业发展的重大问题。指导主要展馆建立健全档期公开机制，支持广交会展馆利用室外展场举办会展活动，缓解展馆资源不足的矛盾。建立完善重大展会服务保障机制，优化重大展会公务服务。加大会展整体宣传力度。加强与大型宣传策划公司、宣传媒体的合作，充分利用广州市公益广告平台，在重点商业区和地铁、公交站、机场等人流密集区滚动播放广州市会展业宣传片和重点展会信息。探索线上宣传渠道，将线上和线下结合，完善广州市会展业的"宣传网"。优化展会通关通行服务。围绕促进展会国际化的目标，协调海关继续创新优化展会的相关审批手续与通关流程，提升广交会与广州会展的国际贸易便利化水平。为参展参会人员提供便利的通行服务。促进会展人才培育。与有关职业培训机构、高等院校、会展行业组织密切联系和合作，推动开展多层次、多渠道的会展职业教育和培训。

B.15
关于广州申办专业世博会
和世园会的设想及建议

何 江[*]

摘　要： 专业世博会和世园会都是世界顶级会展活动，规模大、规格高，能给举办城市带来巨大的国际影响和综合效益。广州是我国三大会展中心城市之一，但还没有举办过世博会和世园会这种级别的国际展会。对于进入新时代的广州来说，举办专业世博会或世园会的意义尤其重大，可以将其作为推进广州国际大都市建设上新水平、实现"千年商都"焕发新活力的一项重要举措，而广州完全有条件也有能力举办这类大型国际展会。广州应积极申办专业世博会和世园会，建议首选2027年专业世博会，次选2029年A1类世园会，而将2024年A2+B1类世园会作为替补选项。其中，专业世博会可以考虑以"生物科技时代的人类健康"、"水与城市"或"互联互通的未来世界"为主题，世园会则以"花样城市，绿色生活"为主题。

关键词： 世博会　世园会　国际会展中心

---

* 何江，广州市社会科学院现代市场研究所所长、副研究员，研究方向为区域与城市经济学、产业经济学、商贸流通业。

一 专业世博会和世园会简介

（一）展会类别

世界博览会（简称"世博会"）是由国际展览局（BIE）管理的世界顶级展会，可以分为两类：一是注册类（综合性）世博会，展期通常为6个月，从2000年开始每5年举办一次，2010年上海世博会便属于此类；二是认可类（专业性）世博会，展期通常为3个月，在两届注册类世博会之间举办一次。专业世博会以专业主题和专业产品为主要展示内容，例如，2017年举办的以"未来能源"为主题的哈萨克斯坦阿斯塔纳世博会便属于此类。世界园艺博览会（简称"世园会"）是由国际园艺生产者协会（AIPH）批准举办的国际性园艺展会，它是汇集各种园林园艺精品和奇花异草的国际盛会。世园会分为A1、A2、B1、B2等4个基本类别。其中，A1类是级别最高的世园会，也属于认可类世博会，不仅要由AIPH批准，还要由BIE认可，其他类别的世园会只受AIPH管理。此外还有一些复合类别，例如，A2+B1类世园会就是将A2类的"国际性"和B1类的"长期性""规模性"相结合的复合类别（见表1）。

表1　各类世园会的特点

类型	会期、展览面积、参展国家或国外参展单位
A1类世园会	举办期限为3~6个月，最小展出面积50万平方米，参展国家不少于10个。例如，2019年北京世园会
A2类世园会	举办期限为8~20天，最小展出面积1.5万平方米，参展国家不少于6个
B1类世园会	举办期限为3~6个月，最小展出面积25万平方米，其中国外参展单位不少于参展单位总数的3%
B2类世园会	举办期限为8~20天，最小展出面积6000平方米，其中国外参展单位展出面积不少于600平方米

类型	会期、展览面积、参展国家或国外参展单位
A2 + B1 类世园会	举办期限为 3～6 个月,最小展出面积 25 万平方米,参展国家不少于 6 个。例如,2011 年西安世园会

资料来源:根据中国花卉协会发布的《申办世界园艺博览会暂行办法》(中花协字〔2008〕24号)整理,http://www.forestry.gov.cn/portal/hhxh/s/270/content-125012.html。

(二)近年来的申办情况

专业世博会和世园会能给举办地带来巨大的国际影响和综合效益,吸引了世界上许多城市积极申办,近年来申办成功的城市名单见表 2 和表 3。从申办竞争的激烈程度看,专业世博会的申办竞争较为激烈,每届都有多个城市角逐主办权。以 2023 年专业世博会为例,阿根廷布宜诺斯艾利斯、波兰罗兹和美国布卢明顿 3 个城市提交了申办申请,竞争非常激烈,2017 年在国际展览局全体大会上,成员国代表投票选择主办城市,3 个城市均未在首轮投票中获得三分之二选票而胜出,到了第二轮布宜诺斯艾利斯才以 62 票比 56 票的较小优势,赢得了 2023 年专业世博会主办权。

表 2　1998～2023 年各届专业世博会

年份	举办国家和城市	主题
2023	阿根廷首都布宜诺斯艾利斯	数字融合时代的创意产业
2017	哈萨克斯坦阿斯塔纳	未来能源
2012	韩国丽水	生机勃勃的海洋及海岸
2008	西班牙萨拉戈萨	水与可持续发展
2005	日本爱知	自然的睿智
1998	葡萄牙里斯本	海洋——未来的财富

表 3　1999～2022 年各届世园会 (A1 类)

年份	举办国家和城市	主题
2022	荷兰阿尔梅勒市	成长中的绿色城市
2021	卡塔尔多哈	绿色沙漠,美好生活
2019	中国北京	绿色生活,美丽家园

续表

年份	举办国家和城市	主题
2016	土耳其安塔利亚	鲜花与儿童
2012	荷兰芬罗	融入自然,改善生活
2006	泰国清迈	表达对人类的爱
2003	德国罗斯托克	海滨的绿色博览会
2002	荷兰阿姆斯特丹	体验自然之美
1999	中国昆明	人与自然——迈向 21 世纪

从我国的情况看,至今我国还没有成功申办过专业世博会,但国内城市一共申办成功了 8 届不同类别的世园会,其中,1999 年昆明世园会和 2019 年北京世园会为级别最高的 A1 类世园会,沈阳、西安、锦州、青岛、唐山、扬州等城市申办成功的世园会都属于 A2 + B1 类(见表 4)。

表 4　国内城市申办成功的各届世园会

名称	时间	类型
扬州世界园艺博览会	2021 年 4 月 ~ 10 月	园艺(A2 + B1 类)
北京世界园艺博览会	2019 年 4 月 29 日 ~ 10 月 7 日	园艺(A1 类)
唐山世界园艺博览会	2016 年 4 月 29 日 ~ 10 月 16 日	园艺(A2 + B1 类)
青岛世界园艺博览会	2014 年 4 月 25 日 ~ 10 月 25 日	园艺(A2 + B1 类)
锦州世界园艺博览会	2013 年 5 月 10 日 ~ 10 月 31 日	园艺(A2 + B1 类)
西安世界园艺博览会	2011 年 4 月 28 日 ~ 10 月 22 日	园艺(A2 + B1 类)
沈阳世界园艺博览会	2006 年 5 月 1 日 ~ 10 月 31 日	园艺(A2 + B1 类)
昆明世界园艺博览会	1999 年 5 月 1 日 ~ 10 月 31 日	园艺(A1 类)

二　广州申办专业世博会和世园会的意义

(一)有利于推进广州国际大都市建设上新水平

近年来广州在世界城市体系中地位稳步提升,2016 年广州首次进入世界一线城市行列,2018 年其全球城市排名再度大幅跃升,由第 40 位上升到第 27 位。如果未来能举办专业世博会或世园会这样的大型国际展会，将有助于提升广州的知名度和美誉度，全面增强城市综合服务功能，进一步提升广州的全球影响力和辐射力，从而推进广州国际大都市建设上新水平，实现"千年商都"焕发新活力。具体来说，举办专业世博会，有助于增强广州的国际创新和国际会展功能；而举办世园会，在向世界展示我国绿色发展新理念和生态文明建设成果的同时，能够有力提升广州城市品质和国际大都市形象。

（二）有利于提升广州"一带一路"枢纽城市地位

广州是古代海上丝绸之路的发祥地，是中国最早开放且从未关闭过的对外通商口岸，目前正致力于建设 21 世纪海上丝绸之路重要枢纽城市。广州举办专业世博会或世园会，可充分发挥毗邻港澳、紧连东盟、面向亚太的区位优势，其意义在于：近则有助于加快粤港澳大湾区建设，为大湾区建设创建"大舞台、新机遇"；远则有助于更好地落实"四个走在全国前列"要求，在形成全面开放新格局上走在全国前列，进一步拓展国际经贸往来，深化国际文化交流，促进经济交融、民心相通，为推动形成"一带一路"倡议引领下的全面开放新格局贡献广州力量。

（三）有利于拉动旅游消费、促进经济增长

专业世博会和世园会作为全球性盛会，能够产生很强的拉动效应。例如，2011 年西安世园会接待了超过 1572 万名中外游客，拉动当年西安市经济增长 1.5 个百分点；[①] 2019 年北京世园会累计接待入园游客 934 万人次，强力拉动了当地旅游消费和经济发展。[②] 如果广州举办世博会或世园会，将对全市交通运输、住宿餐饮、批发零售、旅游、广告等上下游产业产生显著的拉动作用，届时将成为经济增长的一大亮点。特别值得一提的是，如果广州能够成功申办世园会，将有助于将世园会筹办与花城建设有机结合在一

---

① 数据来源：西安世园会新闻宣传中心，http：//www.expo2011.cn/news/。
② 数据来源：北京世园会新闻宣传中心，http：//www.horti‐expo2019.com/。

起，进一步擦亮广州"花城"名片和提升城市品质，有力推动广州建设宜居宜业宜游的优质生活圈和世界级旅游目的地。

（四）有利于产业转型升级和创新发展

专业世博会和世园会汇集了世界科技进步的最新成果，往往成为产业发展的风向标和晴雨表。例如，2017年阿斯塔纳世博会聚焦未来能源，集中展示了一批太阳能、风能、水能、核能、生物质能、绿色生态建筑等领域的最新科技成果及其应用，为未来新能源产业的发展提供了指引；北京世园会则以物联网和5G为"神经"，以大数据与人工智能为"大脑"，充分展示了新一代5G通信技术在远程医疗、无人驾驶、无人物流和无人机等多个行业的创新型应用示范。如果广州举办生物医药、新一代信息技术等领域的专业世博会，将有利于形成以展促业、以业带展的联动发展格局，推动广州IAB产业加快发展，走出一条具有广州特色的产业升级和创新发展之路。

（五）有利于巩固与提升广州国际会展中心地位

广州是我国三大会展中心城市之一，会展业整体发展水平居于全国前列。然而，目前广州会展业不仅面临上海、北京等城市的竞争，还面临深圳等近邻城市的竞争，这导致广州会展中心地位相对弱化，如何巩固与提升国际会展中心地位是当前广州面临的严峻挑战。而举办专业世博会和世园会，可以作为应对这一挑战的重要举措，能够让广州在全球范围内吸引优质会展资源，不仅有助于培育世界一流的大型品牌展会，提升广州会展业的国际化和专业化水平，而且有利于深化广州与境外会展业开展合作，引进国际会展组织和知名会展公司及其品牌展会落户广州。

三　广州申办专业世博会和世园会的有利条件

（一）地方经济实力雄厚

广州是我国国家中心城市，拥有雄厚的经济基础，经济实力位居全国主要城市前列。2018 年，广州市实现地区生产总值 22859.35 亿元，人均 GDP 达到 155491 元（折算为 23497 美元）。广州财政收入在全国 15 个副省级市中名列前茅，2018 年广州地方一般公共预算收入 1632.30 亿元，预计 2020 年将达到 1800 亿元。[①] 雄厚的经济实力将为广州申办专业世博会和世园会提供良好的财政保障。另外，广州地处世界级城市群粤港澳大湾区，发达的区域经济、庞大的人口规模能够为广州举办专业世博会和世园会提供坚实的经济基础和庞大的人流支撑。

（二）城市生态环境良好

广州素有"花城"美誉，加之多年来广州践行"绿水青山就是金山银山"的绿色发展新理念，城市生态环境持续改善，"森林围城、绿道穿城、绿意满城、四季花城"的景观极大提升了城市品质。广州宜人的气候条件和生态环境非常适合举办各类大型国际会展活动，举办世园会的优势更是得天独厚。另外，广州的生态环境还非常适合举办以水为主题的专业世博会。近年来广州黑臭水体治理成效显著，"一湾溪水绿，两岸荔枝红"的水城景象重现广州。2018 年广州在全国黑臭水体治理示范城市竞争性评审中脱颖而出，成为 20 个全国黑臭水体治理示范城市之一。举办以水为主题的专业世博会可以展示广州水资源保护的巨大成就，同时让全世界分享广州河涌治理的成功经验。

（三）综合交通枢纽功能强大

广州素有"中国通往世界的南大门"之称，正着力建设成为世界级的综合交通枢纽。近年来广州加快推进白云机场改扩建，积极拓展国际航线网络，正在形成连接国内和东南亚主要城市的"4 小时航空交通圈"、连接全球主要城市的"12 小时航空交通圈"。广州港已通达世界 100 多个国家和地区，2018 年广州港口集装箱吞吐量达 2191.18 万标箱，排名国内第四、世界第五。广州铁路枢纽是我国特大型铁路枢纽之一，衔接京广、广深、广

---

① 数据来源：《2018 年广州市国民经济和社会发展统计公报》。

茂、广珠、南广、贵广、广深港等多条铁路线。广州地铁日均客流量829万人次，客流强度全国第一，地铁运营安全排名世界第一。未来广州综合交通枢纽功能将更加突出，完全有能力为来自世界各地的参展者和参观者提供方便快捷的交通服务。

（四）旅游和会展接待能力强大

目前广州正在发展成为重要的国际旅游目的地、集散地，拥有强大的旅游接待能力。全市现有A级旅游景区53家、旅行社713家、星级酒店180多家，高星级酒店和国际品牌酒店数量居珠三角首位，2018年全市接待海内外游客2.23亿人次，旅游业总收入4008.19亿元。[1] 而且，广州会展场馆设施比较完善，既有能够承办特大型展会的中国进出口商品交易会展馆，也有适合中小型展会的广州保利世贸博览馆、白云国际会议中心等专业展馆。目前广州正在研究建设新国际会展中心，越秀国际会议中心也将于2020年建成启用，未来广州会展场馆设施将更加完善。强大的旅游接待能力和完善的会展场馆设施，完全能够满足举办专业世博会等大型会展活动的需要。

（五）举办大型活动的经验丰富

广州成功举办过六运会、九运会等大型体育赛事。2010年广州成功举办第16届亚运会，成为中国第二个举办亚运会的城市。2017年广州成功举办了《财富》全球论坛，该届论坛是《财富》全球论坛历史上规模最大、最具辨识度和影响力的一次世界级盛会。广交会已在广州成功举办了125届，近几届广交会都吸引了来自200多个国家和地区的20多万名国内外采购商。近年来广州还举办了广州国际城市创新大会、城市发展和规划大会、世界航线发展大会、国际港口大会等一系列高端国际会议。众多大型国际活动的成功举办，使广州在大型活动组织策划、资金筹措、安全保障、志愿服务等方面积累了丰富经验。

---

[1] 数据来源：《广州荣登2018年中国旅游影响力城市TOP10！》，《南方都市报》2019年1月24日。

四 广州申办专业世博会和世园会的初步设想

（一）申办类型

举办专业世博会或世园会，对于新时代广州建设引领型全球城市具有重大意义。广州应根据实际情况积极申办专业世博会或世园会，建议首选2027年专业世博会，次选2029年A1类世园会，将2024年A2 + B1类世园会作为替补选项（见表5）。由于2023年的专业世博会已定于阿根廷首都布宜诺斯艾利斯举办，根据世博会申办规则，广州最快只能申办2027年专业世博会；2019年北京世园会为A1类世园会，2021年扬州将举办A2 + B1类世园会，由于同一国家两次举办A1类世园会间隔时间不少于10年，两次举办A1类级别以下世园会原则上应间隔3年以上，因此广州最快只能申办2029年A1类世园会和2024年A2 + B1类世园会。

表5 建议申办的专业世博会和世园会类型及展览内容、优劣势分析

申办目标	展览内容	优劣势分析
2027年专业世博会	①生物科技与人类健康；②水资源与水治理；③信息技术与人工智能	优点:展会级别高,广州如能申办成功,将成为国内第一个举办专业世博会的城市,能够有效提升广州国际会展中心地位;国际影响力大;经济拉动效应大;占地面积较小(一般小于世园会*)。缺点:申办流程复杂,申办竞争激烈,前期准备时间较长,筹建成本高
2029年世园会（A1类）	园林园艺、绿色生活	优点:展会级别高,契合广州的"花城"定位,国际影响力大,经济拉动效应大。缺点:申办流程复杂,申办竞争较激烈,前期准备时间长,占地面积大(估计至少需要300公顷以上),筹建成本高
2024年世园会（A2 + B1类）	园林园艺、绿色生活	优点:申办流程简单,契合广州的"花城"定位。缺点:展会级别较低,国际影响力较小,经济拉动效应较小,占地面积大,筹建成本较高

注： *展览所需土地面积大小既与展会类型有关，也受申办方土地使用条件和展会举办目标的影响。实际上，世园会用地面积不一定大于专业世博会，例如，2017年阿斯塔纳专业世博会园区面积174公顷，就大于2016年土耳其安塔利亚世园会园区面积（112公顷）。我国世园会的园区面积一般比较大，例如，2019年北京世园会园区面积达503公顷，2016年唐山世园会园区面积也多达506公顷，而2016年土耳其安塔利业世园会园区面积才112公顷。

（二）主题选择与设计

1. 专业世博会和世园会主题简介

展会主题是关于展会指导思想、宗旨、目的等最凝练的概括与表达，贯穿于展会申办、筹备、举办的整个过程。一个好的主题是专业世博会和世园会成功申办乃至成功举办的关键，近年来阿根廷布宜诺斯艾利斯、哈萨克斯坦阿斯塔纳、韩国丽水之所以能够成功申办专业世博会，与这些城市提出的鲜明主题是分不开的。这就要求申办城市必须精心选择与设计主题，并围绕主题开展相关工作，这样才能把握专业世博会或世园会的办展理念和灵魂。下面对专业世博会和世园会的主题特点及演进趋势做简要介绍。

（1）各届专业世博会的主题

各届专业世博会的主题都具有鲜明的时代特征，符合时代发展潮流。虽然历届专业世博会主题的关注领域和重点在不断演变，但都是当时普遍关注的问题，反映了世界科技、经济、文化和社会的进步成就，体现了不同时期人类的文明成果。通过分析1936～2023年专业世博会的主题特点可以发现（见表6），"科技、创新""自然、环境"等主题的出现频次位居前列，"海洋""水、河流""农业、农村"等主题紧随其后，其他主题包括"能源""交通、通信""文化、艺术""城市""航空航天""运动、体育""航海""纺织"等。近一个世纪以来，专业世博会的主题选择集中在科技创新、自然环境、经济发展和人类生活等领域，其中科技创新是一个永恒的话题，也是贯穿自然环境、经济发展和人类生活等主题的主线。

进入21世纪以来，已经举办的四届专业世博会的主题分别属于"自然""水""海洋""能源"等领域，将于2023年举办的阿根廷布宜诺斯艾利斯世博会，主题是"人类发展的科学、创新、艺术和创意：数字融合时代的创意产业"，该主题聚焦新兴的数字技术带给创意产业的变革，符合近年来新一代信息技术快速发展的趋势。可见，近年来专业世博会的主题主要围绕人类生存环境和科技进步这两大主线。广州专业世博会的主题选择，也应顺应这种趋势，紧紧抓住这两大主线选择主题。

表6 专业世博会主题关键词统计分类

领域	次数	专业世博会主题
科技、创新	7	人类及其工作——一个技术和社会发展的世纪:成就和展望(1961 意大利都灵世博会);人类、居住、环境与科学技术(1985 日本筑波世博会);家庭生活中科学和技术的创造力(1985 保加利亚普罗夫迪夫世博会);科技时代的休闲生活(1988 澳大利亚布里斯班世博会);青年发明家为和平世界所进行的创造(1991 保加利亚普罗夫迪夫世博会);新的起飞之路——科学技术(1993 韩国大田世博会);人类发展的科学、创新、艺术和创意:数字融合时代的创意产业(2023 阿根廷布宜诺斯艾利斯世博会)
自然、环境	5	征服沙漠(1953 以色列耶路撒冷世博会);人类狩猎的演化和艺术(1971 匈牙利布达佩斯世博会);无污染的进步(1974 美国斯波坎世博会);地球——生命之星(1981 保加利亚普罗夫迪夫世博会);自然的睿智(2005 日本爱知世博会)
海洋	4	海洋——充满希望的未来(1975 日本冲绳世博会);克里斯托弗·哥伦布:船舶与海洋(1992 意大利热那亚世博会);海洋——未来的财富(1998 葡萄牙里斯本博览会);生机勃勃的海洋及海岸(2012 韩国丽水世博会)
水、河流	3	水资源管理(1939 比利时列日世博会);河流的世界——水乃生命之源(1984 美国新奥尔良世博会);水与持续发展(2008 西班牙萨拉戈萨世博会)
农业、农村	3	农村住房(1949 法国里昂世博会);农业(1953 意大利罗马世博会);柑橘栽培(1956 以色列世博会)
能源	2	能源推动世界(1982 美国诺克斯维尔世博会);未来能源(2017 哈萨克斯坦阿斯塔纳世博会)
交通、通信	2	国际运输(1965 德国慕尼黑世博会);交通与通信(1986 加拿大温哥华世博会)
文化、艺术	2	艺术与职业(1955 瑞典赫尔辛博格世博会);美洲大陆的文化交流(1968 美国圣安东尼奥世博会)
城市	2	城市化与住房(1947 法国巴黎世博会);重建汉莎(1957 德国柏林世博会)
航空航天	2	航空(1936 瑞典斯德哥尔摩世博会);航空航天(1938 芬兰赫尔辛基世博会)
运动、体育	2	运动与体育文化(1949 瑞典斯德哥尔摩世博会);体育(1955 意大利都灵世博会)
航海	1	航海(1954 意大利那不勒斯世博会)
纺织	1	纺织面料(1951 法国里昂世博会)

说明:由于 1936 年以前专业世博会没有明确的主题,此处的统计分析只限于 1936~2023 年有明确主题的专业世博会。

（2）各届世园会的主题

近年来各届世园会主要集中在绿色、自然和人类生活等领域选择与设计主题，实际上这些也是世园会的永恒关注焦点。当前建设绿色家园已成为人们追求美好生活的新潮流，人类正从认识自然、改造自然走向尊重自然、融入自然，而高品质的人类生活需要适宜的环境、需要人与自然和谐共生，携手共建美好家园成为中国和世界各国人民的共同追求。因此，让代表自然、绿色的园艺融入人类生活，体现了人类渴望自然、返璞归真的精神追求，也反映了世园会的核心办会理念，广州世园会的主题设计必须贯彻这一理念，争取通过举办世园会，充分发挥广州的"花城"优势，让广州城市发展与绿色、自然相融合，同时充分展示中国绿色发展成就，广泛传播中国绿色发展理念，让全世界分享中国绿色发展经验。

2. 广州申办专业世博会和世园会的参考主题

坚持"创新、协调、绿色、开放、共享"的新发展理念，立足广州实际和城市未来发展目标，根据国际展览局的有关要求，再借鉴历届专业世博会和世园会主题的特征及其变化趋势，广州专业世博会和世园会的主题选择与设计应遵循以下原则：①主题要有时代感，体现新时代的基本特征，符合当今世界科技、经济、社会和文化的发展潮流；②符合人类社会发展的主旋律，反映世界与中国人民的呼声和诉求，能够得到国际社会的广泛接受和支持；③传承世博会和世园会的历史，面向未来进一步发扬世博会和世园会办会理念；④体现广州城市特色和比较优势，紧密结合广州经济社会发展和国际大都市建设目标；⑤主题鲜明，通俗易懂，辨识度高，具有广告语色彩，能够引起媒体广泛关注；⑥具有较强的可展示性和可参与性，不仅有利于吸引国内外政府、企业来参展，还有助于吸引国内外观众来参观；⑦有较强的可塑性和可扩展性，能够较好地适应未来的形势变化，可以根据需要对主题的具体含义进行适当修改。根据上述原则，初步选择与设计了以下几个参考主题。

（1）专业世博会参考主题一："生物科技时代的人类健康"

近年来，全球生物经济总量每5年翻一番，年增长率为25%~30%，是世界经济增长率的10倍。当前，生物医药科技正推动第四次医学革命，将有效提高人类健康水平，延长人类寿命；农业生物科技正推动第六次农业革命、第二次绿色革命，正从根本上解决世界粮食危机；工业生物科技正推进第三次化学工业革命，加速绿色制造业的发展。生物医药产业是广州的比较优势产业，近年来广州更是将其作为战略性新兴产业的主要发展方向之一。选择"生物科技时代的人类健康"这个主题，既顺应了当今世界生物科技不断取得重大突破、正在孕育新的产业革命的大趋势，也是贯彻落实国家"健康中国"发展战略、培育广州生物医药产业发展新优势、占据未来产业制高点的有效手段。

（2）专业世博会参考主题二："水与城市"

根据世界水理事会发布的《世界水展望》预测，2025年世界上将会有30亿人面临缺水，40个国家和地区淡水严重不足。在水资源短缺越发突出的同时，水生态环境被严重破坏，当前世界上已有40%左右的河流存在较为严重的污染问题，水资源问题已经成为关系到人类社会可持续发展和长治久安的重大战略问题。广州素有"六脉皆通海，青山半入城"的美誉，水系发达、江水环绕。广州举办以"水与城市"为主题的专业世博会，能够充分利用广州独特的水生态禀赋，将有力推动广州水资源保护和水环境治理工作，助推广州成为全球城市水治理典范，同时该展会将汇集世界最新的节水和污水处理技术，以及世界各地水资源管理经验，广州有可能将其打造成以水资源利用和保护技术为特色的世界级品牌展会，并促进相关产业联动发展。

（3）专业世博会参考主题三："互联互通的未来世界"

21世纪以来，以互联网技术为代表的信息技术迅速向经济社会领域渗透，深刻改变了商业模式和人们的生活方式。未来随着5G通信、物联网、云计算、大数据、人工智能、虚拟现实等技术创新及推广应用，以互联互通、万物互联为核心的创新创业活动将是世界产业发展的风口，将继续为经济增长注入强劲动力。广州产业基础雄厚，科教资源丰富，新一代信息技术等战略性新兴产业的发展潜力巨大，而举办以"互联互通的未来世界"为主题的专业世博会，不仅能为广州乃至全世界的企业提供展示平台，还能够让全世界关注到广州的优势和潜力，有助于把全球创新创业要素吸引到广州来，从而有力推动广州建成影响全球、引领中国的新一代信息技术产业集聚区。

（4）世园会参考主题："花样城市，绿色生活"

步入新时代，以习近平同志为核心的党中央把"生态文明建设"作为"五位一体"总体布局和"四个全面"战略布局的重要内容，明确了"人与自然和谐共生"的基本方针，推动全国生态文明建设取得了巨大成就。广州申办2029年世园会，实际上就是贯彻"绿水青山就是金山银山"绿色发展理念的生动实践，努力在新中国成立80周年之际推出一届全球园艺盛会，将会向全世界展示我国绿色发展新理念和生态文明建设成就，并将推动广州"花城"建设掀开新篇章。以"花样城市，绿色生活"为世园会主题，充分体现了世园会的办会理念：一方面展示了人类建设绿色家园的共同梦想，体现共同建设美丽城市、美好家园的愿景；另一方面引领人们尊重自然、保护自然、融入自然，倡导绿色、低碳、环保的生活方式。

（三）举办时间与地点

专业世博会和世园会的举办时间，受会期、气候、客流量等多种因素的影响，举办地点则取决于展出面积、交通条件、可用场馆或土地情况、拆迁或建设成本等因素。综合考虑上述影响因素，关于专业世博会和世园会的举办时间和地点，在这里提出一些初步设想（见表7）。

表7　关于专业世博会和世园会的举办时间与地点的初步设想

展会类型	举办时间	考虑因素（选择时间）	举办地点	选址考虑因素
2027年专业世博会	当年3月初至5月底，会期3个月	①广州3～5月气候宜人，是举办各种展览活动的理想季节；②在春节结束之际参展，有利于参展方抢占先机，获得先发优势；③可以与广交会及广州其他品牌展会取得协同举办效应	花都空港经济区或附近区域（建议在此区域规划建设广州新国际会展中心）	①有较多土地可以利用，拆迁成本较低；②接近白云机场，交通便捷；③可以与广州新国际会展中心建设相结合，建议在空港经济区规划建设新国际会展中心，室内展览面积最好大于20万平方米

续表

展会类型	举办时间	考虑因素(选择时间)	举办地点	选址考虑因素
2029年世园会（A1类）或2024年世园会（A2+B1类）	当年1月初至6月底,会期6个月	①广州入春较早,春季花期较长;②上半年的气候适宜举办户外的大型展会;③上半年有春节、清明节、劳动节、端午节等假期,有利于吸引大量游客	①海鸥岛;②南沙明珠湾区	①世园会用地面积较大,这两个地区有较多土地可以利用,拆迁成本较低;②符合城市总体发展规划,有利于带动所在区域发展;③风光秀丽,举办世园会的自然条件较好,展后可以打造成赏花和休闲的景区

五　关于广州申办专业世博会和世园会的建议

（一）尽快将申办事宜提上议事日程

对于进入新时代的广州来说,举办专业世博会或世园会的意义重大,广州应积极申办。要紧密结合广州国际大都市建设目标,统筹谋划,周密部署,扎实推进相关工作,争取申办成功。专业世博会和世园会的申办流程复杂,相关申办工作头绪较多,因此应根据申办时间节点要求留足筹备时间,建议市委市政府尽快将专业世博会和世园会的申办事宜提上议事日程,统一思想,明确目标,尽快制定申办方案并抓紧付诸实施。

（二）成立申办工作领导小组

为加强对申办工作的组织领导、统筹决策和督查指导,建议成立广州专业世博会和世园会申办工作领导小组,由市主要领导担任组长,小组成员由市委市政府相关部门和单位组成。领导小组下设申办办公室具体负责管理、协调、联络、宣传、研究等工作。申办办公室应加强与中国贸促会和中国花卉协会,以及国家林业局、商务部等国家有关部委的联络沟通,争取获得中央和广东省对广州申办专业世博会和世园会的大力支持。

（三）深化申办方案的可行性研究

广州申办专业世博会和世园会，必须向国际展览局或国际园艺生产者协会递交切实可行的申办方案，申办方案的内容越详尽，考虑得越周密，就越能体现申办方的重视程度，申办成功的概率就越大。应深入研究广州申办专业世博会和世园会的可行性，对申办类型、申办策略、主题选择与设计、举办时间和地点、客源预测、活动策划、设施的后续利用、相关保障措施等问题进行细致而深入的研究。在深入研究的基础上制定切实可行的方案，方案要有充分的前瞻性，兼顾申办、举办、展后各个阶段的计划和愿景。

（四）积极借鉴国内外的成功经验

国内多个城市（如北京、西安、青岛等）成功申办过世园会，有非常多的经验广州可以直接借鉴。虽然国内还没有成功申办专业世博会的案例，但上海成功申办和举办过综合性世博会，上海的经验广州也应充分借鉴。另外，广州应与阿根廷布宜诺斯艾利斯、哈萨克斯坦阿斯塔纳、荷兰阿尔梅勒、卡塔尔多哈等国外城市联系，学习它们申办和举办专业世博会或世园会的成功经验。广州还可以邀请国际展览局的官员及有关专家来访讲学，了解申办工作应注意的事项。

（五）加强宣传推介

宣传报道是申办工作的重要内容，应予以充分重视。充分利用电视、电台、网络等多种媒介，做好专业世博会和世园会申办的宣传工作和各项民意调查。通过网络开展世博会主题、宣传口号等征集活动，引导市民及社会各界广泛参与申办工作。邀请国际展览局主席、秘书长等主要负责人和投票委员访问广州，争取获得他们的支持。主动邀请国内外媒体进行相关报道，让国内外民众更加了解广州，提高国内外人士对广州申办专业世博会和世园会的关注度和支持率。

物 流 篇

Logistics Report

B.16
广州综合交通枢纽发展思考

魏广奇　崔 昂　苏跃江*

摘　要： 如何深入推进"一带一路"倡议和落实"粤港澳大湾区""交
通强国"等国家重大战略，如何进一步推动建设全球交通枢
纽，如何实现交通高质量发展，解决广州交通发展不平衡不充
分的问题，不断满足广州人民日益增长的美好交通出行需要，
是广州综合交通枢纽发展的重要课题。本报告主要分析和总结
广州综合交通枢纽发展现状以及存在的问题，梳理国家、区域
层面规划和政策文件对广州综合交通枢纽发展的要求，并借鉴
国内外综合交通枢纽发展经验，根据广州城市发展定位提出综

---

* 魏广奇，广州市交通运输研究所副所长、高级工程师，研究方向为交通战略研究、综合交通
规划；崔昂，广州市交通运输研究所工程师，研究方向为交通战略研究、综合交通规划；苏
跃江，广州市交通运输研究所信息模型部部长、高级工程师，研究方向为交通政策、交通大
数据与交通模型。

合交通枢纽发展目标与总体布局、发展方向，最后提出"十四五"期间广州综合交通枢纽发展的一些思考。

关键词： 广州 综合交通枢纽 枢纽城市

"十三五"时期（2016～2020 年）是国家全面建成小康社会的决胜阶段，是广州市落实国家"四个全面"战略布局和"五位一体"总体布局、巩固提升国家中心城市地位、引领全省实现"三个定位、两个率先"目标要求的关键时期，也是加快建设国际航运中心、物流中心、贸易中心、现代金融服务体系和国家创新中心城市的重要时期。在此期间，广州市对内不断优化枢纽空间布局，建设枢纽型网络城市，优化形成"三大战略枢纽、一江两岸三带、多点支撑"的发展新格局；对外不断深化和提升城市发展战略，加快建设以空港、海港、轨道（国铁、城际、地铁）交通陆港、高快速路网为核心的现代服务型综合交通运输体系，强化广州综合交通枢纽的辐射和区域整合功能，建设国际性综合交通枢纽。

根据《广州市国土空间总体规划（2018—2035 年）》，广州以"美丽宜居花城，活力全球城市"为目标愿景，力争在 2035 年建成国际大都市，成为具有全球影响力的国际商贸中心、综合交通枢纽、科技教育文化中心，并将进一步提升国际交通枢纽能级，发挥粤港澳大湾区区域核心引擎作用，建设全球交通枢纽。

"十四五"时期（2021～2025 年）是我国迈进新时代、开启全面建设社会主义现代化国家新征程的第一个五年，是广州以新发展理念引领高质量发展、着力建设国际大都市、实现老城市新活力和"四个出新出彩"的重要时期。如何深入实施"一带一路"倡议和落实"粤港澳大湾区""交通强国"等国家重大战略布局，如何进一步推动建设全球交通枢纽，如何实现交通高质量发展，解决广州交通发展不平衡不充分的问题，不断满足广州人民日益增长的美好交通出行需要，是广州综合交通枢纽发展的重要课题。基于此，本报告通过回顾广州市综合交通枢纽发展情况，检讨存在的不足，梳理国家、区域层面对广州市综合交通枢纽发展的要求，根据广州市发展定位提出广州市综合交通枢纽的发展方向等，最后提出"十四五"期间广州市综合交通枢纽发展方面的一些思考。

一 广州综合交通枢纽发展现状

（一）枢纽城市

广州是珠三角城市群、华南经济区、东南亚区域的中心，是欧洲通达澳大利亚、东南亚通达北美地区的最佳中转地。广州濒临南海，是亚洲海岸线重点城市，是我国通往世界的南大门，是天然的枢纽城市。广州是我国涵盖海、陆、空各种运输方式的典型枢纽代表，是全国三大综合交通枢纽之一，"十三五"期间以"粤港澳大湾区协同发展"和"交通设施互联互通"理念为导向，以空港和海港双港锚固为龙头以及以高速铁路和高速公路网络双高体系为支撑，逐步推进综合交通枢纽体系的完善。2018年，航空、港口、铁路、公路四大对外运输方式共完成客运量4.8亿人次，客运周转量累计2195.0亿人公里，多项指标取得历史性突破，客货运能力的持续提升，促进了交通枢纽能级的不断提升，巩固了"国际综合交通枢纽"城市的发展定位。

经济增长保持平稳。2019年，广州市实现地区生产总值约2.36万亿元，比上年增长3.4%，近年来增速虽呈现放缓的趋势，但经济增长依旧平稳（见图1）。广州市人均地区生产总值达到156427元，按平均汇率折算为22676美元。

产业结构不断优化（见图2）。2019年，第一产业增加值251.37亿元、增长3.9%，第二产业增加值6454.00亿元、增长5.5%，第三产业增加值16923.23亿元、增长7.5%；第一、第二、第三产业增加值的比例为1.06∶27.32∶71.62；第二、第三产业对经济增长的贡献率分别为25.7%和73.7%。现代服务业占服务业比重不断增加，产业结构呈现高级化发展特征，已形成先进制造业和现代服务业双轮驱动的现代产业体系。

图1 2012~2019年广州市地区生产总值增长情况

说明：增长率根据可比价格计算。

资料来源：历年《广州市国民经济和社会发展统计公报》。

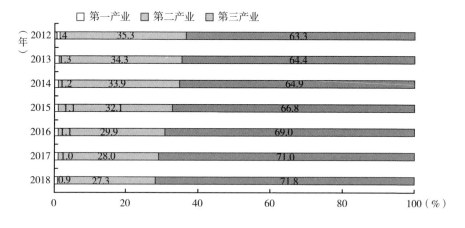

图2 2012~2018年广州市产业结构变化情况

资料来源：历年《广州市国民经济和社会发展统计公报》。

常住人口持续增长（见图3）。2019年末，全市常住人口1530.6万人，比上年末增加了40.2万人，增长率2.7%，连续5年增量在40万以上，在国内主要城市中排名第3（仅次于杭州市55.4万人和深圳市41.2万人），在北京常住人口出现负增长和上海常住人口微幅增长的情况下，广州市依旧保持强大的人才吸引力。

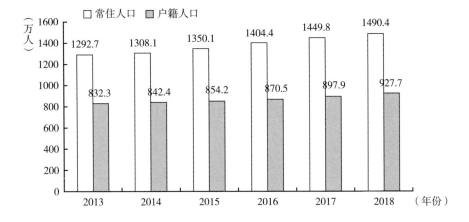

图3　2013～2018年广州市人口发展情况

资料来源：历年《广州市国民经济和社会发展统计公报》。

　　人口分布呈现中心城区密集、外围人口稀疏局面。全市各区中，人口集中分布在越秀、海珠、天河、荔湾4个区。广州城镇化率高于80%，外围白云、番禺、南沙、花都、从化、增城、黄埔7个区的人口平均增速超过中心城区的越秀、荔湾、海珠、天河（外围城区常住人口平均增速为3.5%，中心城区为2.1%）；但密度比中心城区低，南沙、增城、从化3个区的人口密度为每平方公里不到1000人，越秀、海珠、天河三区人口密度超过1.8万人/平方公里。

　　城市综合排名不断上升。经过"十三五"时期的发展，广州实现了国家中心城市功能的跃升，国际性综合交通枢纽能级不断提升，在世界城市权威排行榜（普华永道《机遇之城2017》、全球金融中心指数等）中的位次实现突破，在各个权威机构发布的全球城市排名中表现突出。自2000年首次进入世界城市分级（GaWC）后，广州在世界城市分级中持续晋级（见图4）；2016年和2017年广州在全球范围内的影响力进一步提升；在2018年世界城市分级中，广州进入Alpha级，在全部（374个）入围城市中排第27位；2019年发布的《世界城市名册》显示，全球城市分级排名中国共有40座城市上榜，国际上与莫斯科等属于同一等级，国内排名第三，位于北京、上海之后。与广州同在 Alpha 级别的还有米兰、芝加哥、莫斯科、法兰克福等城市，足见国际社会对广州整体发展的认可度。广州是唯一全部进入世界城市分级且一直保持增长趋势的中国城市。广州作为全球城市网络中具有重要国际影响力的区域性枢纽城市，地位不断巩固，正逐步进入世界城市体系划分中的第一层级，步入迈向全球城市的发展轨道。

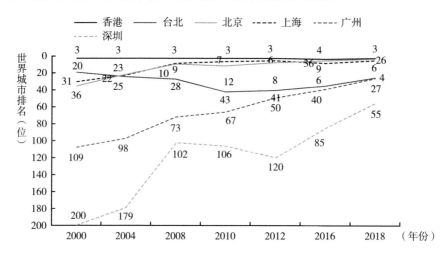

图4 中国主要城市在世界城市分级中的排名变化情况

资料来源：参见广州市社会科学院《GaWC 世界城市分级排名框架下广州建设国际大都市的战略思考》，2018。

（二）城市枢纽

广州综合交通枢纽主要基础设施包括广州白云国际机场、广州港、广州铁路枢纽、各公路站场以及集疏运网络等，枢纽格局已基本形成。"十三五"时期，广州积极对接国家"一带一路"建设，全力推动建设国家中心城市和枢纽型网络城市，深入推进国际航空枢纽、国际航运枢纽建设，提升铁路枢纽能级，国际化程度不断加深，国际综合交通枢纽地位得到巩固。

1. 航空枢纽

广州白云国际机场是国内三大航空枢纽之一，位于广州市北部，距市中心约28公里。现有2座航站楼，3条跑道，形成六大区域（飞行区、航站区、货运区、机务区、工作区和其他区域），飞行区等级为 4F 级；有 4 个货站（白云机场国内货站、南航国内货站、白云机场国际 1 号货站、白云物流园国际货站）和 1 个联邦快递亚太区转运中心。机场航线通达全球 46 个国家和地区、219 个城市（其中国内 131 个，国际 88 个），航线总数 313 条，其中国内航线 150 条，国际航线 163 条。2018 年白云国际机场旅客吞吐量达到 6974 万人次，在全球机场中排第 13 位，在国内排第 3 位（不计港澳台，次于北京首都国际机场和上海浦东国际机场）（见图 5）；货邮吞吐量 189 万吨，在全球机场中排第 17 位（比上一年上升 1 位），在国内排第 3 位（不计港澳台，次于上海浦东国际机场和北京首都国际机场）（见图 6）。

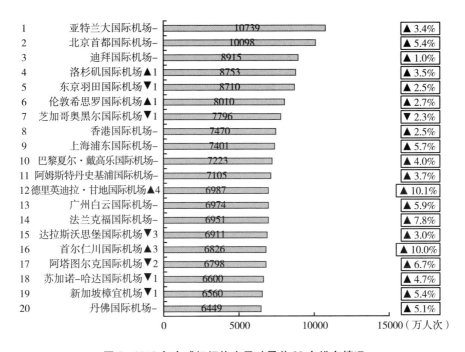

图 5 2018 年全球机场旅客吞吐量前 20 名排名情况

说明：图中右侧数据为同比变化情况，后不再一一注明。

资料来源：《2018 年广州市交通运输行业发展年报》。

2. 航运枢纽

广州港位于珠江入海口和珠江三角洲中心地带，是我国沿海主枢纽港和

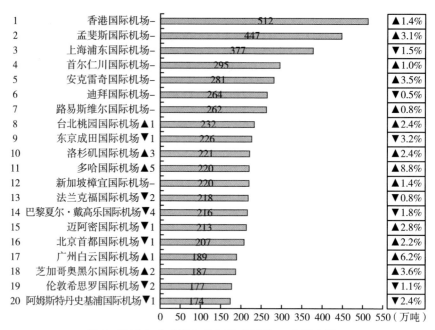

1	香港国际机场–	512	▲1.4%
2	孟斐斯国际机场–	447	▲3.1%
3	上海浦东国际机场–	377	▽1.5%
4	首尔仁川国际机场–	295	▲1.0%
5	安克雷奇国际机场–	281	▲3.5%
6	迪拜国际机场–	264	▽0.5%
7	路易斯维尔国际机场–	262	▲0.8%
8	台北桃园国际机场▲1	232	▲2.4%
9	东京成田国际机场▽1	226	▽3.2%
10	洛杉矶国际机场▲3	221	▲2.4%
11	多哈国际机场▲5	220	▲8.8%
12	新加坡樟宜国际机场–	220	▲1.4%
13	法兰克福国际机场▽2	218	▽0.8%
14	巴黎夏尔·戴高乐国际机场▽4	216	▽1.8%
15	迈阿密国际机场▽1	213	▲2.8%
16	北京首都国际机场▽1	207	▲2.2%
17	广州白云国际机场▲1	189	▲6.2%
18	芝加哥奥黑尔国际机场▲2	187	▲3.6%
19	伦敦希思罗国际机场▽2	177	▽1.1%
20	阿姆斯特丹史基浦国际机场▽1	174	▽2.4%

图6　2018年全球机场货邮吞吐量前20名排名情况

资料来源:《2018年广州市交通运输行业发展年报》。

集装箱干线港, 也是我国最大的内贸集装箱枢纽港以及珠江三角洲地区能源、原材料和外贸物资的主要中转港。广州港由海港和内河港组成, 其中海港包括内港、黄埔、新沙、南沙等四大港区。现有码头泊位807个, 万吨级及以上泊位76个, 占比9%。广州港主出海航道全长约153公里, 通航宽度243米, 航道运输网络发达, 江海直达、连通港澳。2018年广州港已开通集装箱航线209条, 其中外贸班轮航线103条, 以东南亚、非洲航线为主(而深圳港、香港港以欧美航线为主), 可通达世界100多个国家和地区的400多个港口。2018年广州港货物吞吐量达到6.13亿吨, 居国内十大港口第4位、全球十大港口第5位; 集装箱吞吐量达到2192万标准箱, 居国内十大港口(不计港澳台)第4位、全球十大港口第5位(比上一年上升2位)(见图7)。国际邮轮产业快速发展, 2018年完成邮轮旅客运输量48.1万人次, 居全国第3位。根据新华·波罗的海国际航运中心发展指数, 2019年广州国际航运中心全球排名上升至16位, 国内排第4位。

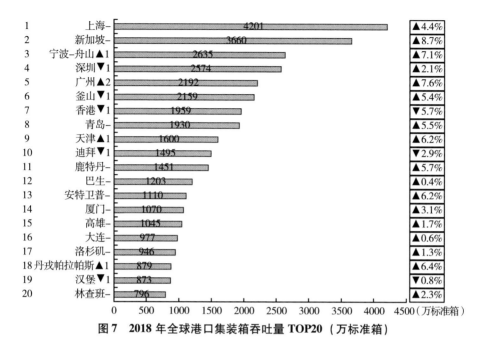

1	上海–	4201	▲4.4%
2	新加坡–	3660	▲8.7%
3	宁波–舟山▲1	2635	▲7.1%
4	深圳▼1	2574	▲2.1%
5	广州▲2	2192	▲7.6%
6	釜山▼1	2159	▲5.4%
7	香港▼1	1959	▼5.7%
8	青岛–	1930	▲5.5%
9	天津▲1	1600	▲6.2%
10	迪拜▼1	1495	▼2.9%
11	鹿特丹–	1451	▲5.7%
12	巴生–	1203	▲0.4%
13	安特卫普–	1110	▲6.2%
14	厦门–	1070	▲3.1%
15	高雄–	1045	▲1.7%
16	大连–	977	▲0.6%
17	洛杉矶–	946	▲1.3%
18	丹戎帕拉帕斯▲1	879	▲6.4%
19	汉堡▼1	873	▼0.8%
20	林查班–	796	▲2.3%

图 7　2018 年全球港口集装箱吞吐量 TOP20（万标准箱）

资料来源：《2018 年广州市交通运输行业发展年报》。

3. 铁路枢纽

广州铁路枢纽作为全国四大铁路客运枢纽之一和华南地区最大的铁路枢纽，目前形成了以广州南站、广州站、广州东站为主，广州北站为辅的"三主一辅"客运格局，形成了立足珠三角，辐射东、北、西三个方向的干线铁路网，站场总规模达 30 台 54 线。货运体系依托江村铁路编组站，主要有下元、大朗等铁路货场，以及鱼珠、黄埔东两个港前站。目前铁路已形成京广、贵广、南广、广深港客专、广珠城际等 5 条高速铁路干线和京广、广茂、广深等 3 条普速铁路干线的"双人字"形国家铁路网络枢纽格局。

2018 年全市全年铁路客运量约 1.34 亿人次（见图 8），日均 36.71 万人次，旅客周转量 127.0 亿人公里，铁路客运量同比增长 14.0%，维持增长趋势。铁路货运量保持上行趋势，全年铁路货运量达到 1989 万吨（见图 9），同比增长 9.2%。

从各大铁路枢纽的规模和功能来看，广州站 2018 年日均发送量为 6.9

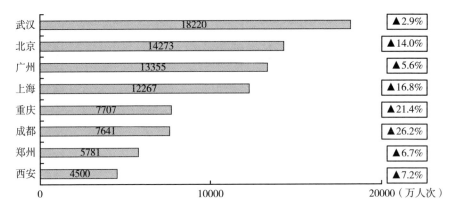

图 8   2018 年全国八大铁路枢纽城市铁路客运量情况

资料来源：《2018 年广州市交通运输行业发展年报》。

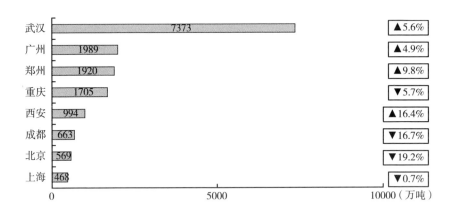

图 9   2018 年全国八大铁路枢纽城市铁路货运量情况

资料来源：《2018 年广州市交通运输行业发展年报》。

万人次，以普铁运输为主，占比为 85%，城际制式仅占 14%；广州东站客流量保持稳定，日均发送量为 6.2 万人次，以城际制式为主，占比为 58%；广州南站日均发送量达 22.7 万人次，承担了总量的 63%，以高铁制式为主，高铁客流量占比为 80%。

4.公路枢纽

广州作为华南地区的公路主枢纽，汇集了全国"五纵五横"运输通道中的 3 条纵向通道，在全国综合交通运输网中具有重要的战略地位。目前，广州共有五级及以上公路客运站 28 个，主要有省汽车站、市汽车站、天河汽车站等客运站场；拥有货运站场 36 家，主要分布在白云区增槎路、太源路及 G105 沿线，其中主枢纽货运站 6 个，分别是黄金围货运站、白云货运站、沙太货运站、黄埔集装箱货运站、市桥货运站、神山货运站。2018 年广州市全年公路客运量约为 2.6 亿人次、公路货运量约为 8.2 亿吨，在国内主要城市中分别为第 3 名和第 2 名（见图 10、图 11）。

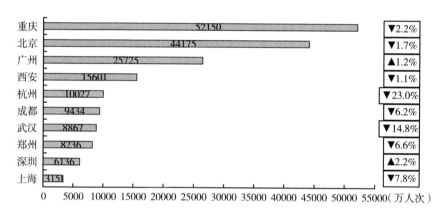

图 10　2018 年国内主要城市公路客运量

资料来源：《2018 年广州市交通运输行业发展年报》。

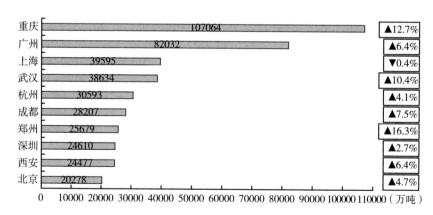

图 11　2018 年国内主要城市公路货运量

资料来源：《2018 年广州市交通运输行业发展年报》。

（三）存在的问题

尽管广州综合交通枢纽发展取得了一定成就，但综合交通枢纽功能和布局与国家中心城市功能定位和建设国际性综合交通枢纽的要求仍有差距。具体体现在以下几个方面：综合交通枢纽能级有待进一步提升；对周边城市的交通辐射能力还有待进一步加强；各种运输方式的发展有待进一步协调；各枢纽间的换乘、衔接有待进一步优化。

1. 综合交通枢纽一体化：综合交通枢纽体系战略性基础设施和软环境建设有待进一步加强，枢纽能级有待进一步提升

（1）航空枢纽。一是空域资源受限，客流趋于饱和。一方面，珠三角空域资源紧张，白云国际机场空域受限，现有跑道能力无法充分发挥；另一方面，大湾区航空需求快速增长，白云国际机场设施保障能力趋于饱和，与世界级航空枢纽相比，白云国际机场8000万旅客量和250万吨货邮量的吞吐能力还相对不足。应加快推进第四跑道、第五跑道、东四西四指廊、三号航站楼和APM系统建设等三期扩建工程建设，加快推进货运设施建设，加快推进白云国际机场世界级航空枢纽建设步伐。二是集疏运体系对区域辐射能力不足。白云国际机场旅客集疏运主要依靠面向本地的道路和地铁，缺少面向周边区域的快速的空铁联运系统，对区域辐射能力不足。其中机场高速服务已近饱和，机场大巴网络相对发达，但运行受限于城市交通运行状况。地铁3号线高峰时期满载率已达到157%，交通压力较大。且由于缺乏区域性的高铁和城际铁路，对大湾区乃至腹地范围内的航空客流吸引力不够。应加快推进机场第二高速等通道建设；积极推进白云国际机场与广州北站空铁联运体系建设。三是国际航空门户功能不强。白云国际机场现有国际通航点88个，远少于首都国际机场（131个）、浦东国际机场（134个）和香港国际机场（170个以上），与一流的国际空港相比，国际航点数偏少。另外，白云国际机场国际及地区旅客吞吐量占总旅客吞吐量的24.1%，中转旅客占总旅客的12.4%，与顶级机场的中转能力相比仍有明显差距。

（2）航运枢纽。一是大湾区港口群一体化发展格局尚未形成。大湾区

内地港口群之间、内地与香港港口群之间在航运合作方面仍存在障碍，珠海、东莞等城市参与整合的积极性不高。二是广州港区拓展空间存在的瓶颈凸显。一方面，广州港发展空间受限，国家环保及围填海政策已不允许继续开展围填海作业，这无法适应广州港远期快速增长的吞吐量和种类更加丰富的航运港口需求。另一方面，珠三角沿海港口众多，很难发展出显著特色，建立比较优势。三是港航设施通过能力不足。广州港大型化、专业化码头少，万吨级以上码头仅占9.4%，不能满足年运输量的要求，无法适应船舶大型化趋势。四是集装箱国际班轮航线少，集装箱运输结构有待优化。2018年广州港已开通的外贸班轮航线为103条，附加值高的欧美航线仅占20%，而深圳港、香港港外贸班轮以欧美航线为主。五是管理运营水平仍有差距，现代航运服务体系发展相对滞后。港口调度、管理、运营服务效率和综合服务水平有待提升，自动化、智能化等新技术应用有待加快推进，智慧港航建设步伐不够快。口岸综合通关效率与国际先进航运中心相比尚存在差距。

（3）铁路枢纽。一是枢纽布局有待进一步优化。广州铁路枢纽布局不够优化，缺乏枢纽联络线，通道能力紧张，铁路枢纽互联互通比较优势未充分发挥。缺乏市中心高铁客运站，高铁服务无法满足湾区"1小时都市圈"快速出行要求。二是大交通网络体系能力有待提升。北向高铁通道能力紧张；西向缺乏高标准的高铁通道，既有通道通达时效性差，不适应高铁时代快捷出行的需求；东向高铁通道连接不畅、时间长、对数少、覆盖不足。三是多层次轨道交通网络尚未形成。城际铁路与地铁轨道交通按不同体系规划建设考虑，并未考虑城际与地铁线网融合和一体化运营问题，城际铁路与城市轨道交通线网一体化发展需进一步加强。四是城际铁路网络规模效应未能显现。目前广州铁路枢纽范围内的城际铁路主要引入广州南站、佛山西站、广州北站等外围枢纽，均未进入市中心区，难以满足市中心组团与珠三角地区其他城市快速联系的需求。五是城市轨道部分走廊、站点能力饱和，难以起到枢纽的联通作用，铁路枢纽的通达性和辐射作用有待加强。

（4）公路枢纽。一是枢纽层次不清，功能交织。公路枢纽集中于中心城区，主营线路多有重合，跨省、省内及市内线路功能层次不清。二是线路设置向性分布不合理。部分客运站主要客流向性分布与其区位不匹配,造成长途客车穿越中心城区,加剧城市道路的交通压力。

2. 区域交通一体化:对周边城市交通的辐射能力还有待进一步加强

一是广州与相邻城市联系通道交通负荷高。市域高快速路承担着大量过境流量,与佛山、东莞、中山交界处的通道能力趋于饱和。2018年全省高速公路网机动车流量为482万辆/日,进出广州占比达35%;市域高快速路网络承担总过境流量偏大,占比高达17%,其中承担较多过境交通流量的环城高速、华南快速、广惠高速、虎门大桥等通道饱和度超0.9,出现常发性拥堵现象。

二是市域内部组团间快速联系通道有待完善。中心城区与外围城区之间快速直连通道不足,现有大部分联系道路交通负荷高。一方面现有通道如向北机场高速,向南新光快速路、番禺大道,向东广深高速、广园快速、黄埔大道等也基本满负荷。另一方面区域之间如花都—增城、花都—从化、番禺—从化、番禺—增城等外围城区之间直连通道不足,部分地区发展组团之间尚缺乏直连通道。

三是自外围交通枢纽进入市中心的高快速通道仍然不便。自外围铁路枢纽、机场进入中心城区的通道不足,既有交通要道拥堵现象严重,与市中心通勤时间接近1小时。如广州南站与市中心之间尚无1条真正意义上的快速直连通道,白云国际机场只有机场高速这条唯一的快速通道衔接市中心,该通道还需满足广州北部进出城交通的需求。

四是南沙中心区出入高快速路不便捷,东西向高等级对外通道偏少。南沙拥有4条高速公路、3条快速公路,但最近出入口距离南沙中心区约4.6公里,且快速通道与城市道路衔接不够顺畅,出入时间长。南沙东西向高等级对外通道偏少,往东2条(南沙大桥、虎门大桥),往西2条(南二环高速、京广澳高速),虎门大桥、京广澳高速等通道时常拥堵,至深圳、香港超过1个小时,至珠海、澳门约2个小时。

3. 综合交通一体化:多层次交通系统协调不足,运输结构亟待优化

一是多层次交通系统协调不足。城市通道资源紧张,干线铁路、城际轨

道、市域快轨、城市轨道等多种交通方式空间重叠，部分区段功能重复，这导致资源配置优化和交通系统协调难度加大。

二是运输结构亟待优化。全社会客运量中公路占比较高，占主导地位；与长三角、京津冀等区域相比较，铁路持续萎缩，运输作用尚未得到充分发挥；水路货运处于逐步复苏阶段。

三是多式联运体系有待完善，物流枢纽"最后一公里"衔接不畅。铁路专用线进港、进园不足，多式联运中铁路运输与其他运输方式联运短板突出。广州港主要以水路驳船接驳，广州港海铁联运比例仅为0.15%。但驳船泊位数量和能力有限；南沙港区铁路尚未建成，抵港集装箱需从黄埔港区驳运至南沙港区，海铁联运占港口集装箱吞吐量的比例为0.26%。由于交通物流枢纽与周边集疏运系统建设时序的不协调、"地路"双方协调不足等，铁路运输往往出现物流枢纽或物流园区的集疏运铁路、道路建设滞后，"最后一公里"接驳不畅等问题。

4.换乘体系一体化：各种交通设施之间的高效衔接有待优化

各种交通方式衔接不良，未真正意义上实现一体化换乘。由于长期以来各种交通方式独立发展、自成体系，而综合交通枢纽仅从物理上将各种交通方式引入，未能从全局考虑、有效衔接，导致综合交通枢纽在遭遇大客流时秩序混乱，进而影响周边区域。应建立综合交通枢纽的协调与实施机制，结合航空、铁路枢纽的功能调整和布局规划，进行配套公路枢纽、公共交通枢纽、停车设施的功能调整和布局规划；同时进一步建立枢纽共享的交通信息平台，实现运输服务的高效衔接。

二　战略要求与经验借鉴

（一）国家、区域对广州综合交通枢纽发展的要求

1.粤港澳大湾区建设要求

2019年2月，中共中央、国务院印发了《粤港澳大湾区发展规划纲要》，

要求广州充分发挥国家中心城市和综合性门户城市的引领作用,全面增强国际商贸中心、综合交通枢纽功能,培育、提升科技教育文化中心功能,着力建设国际大都市。在交通运输方面,《粤港澳大湾区发展规划纲要》要求广州加快推进基础设施互联互通。根据《中共广州市委 广州市人民政府关于贯彻落实〈粤港澳大湾区发展规划纲要〉的实施意见》,广州市将加快国际航运枢纽、国际航空枢纽建设,畅通内外综合交通运输通道,加快推进国铁、地铁、城际轨道、高快速路网建设,完善"四面八方、四通八达"的战略通道,推进基础设施"硬联通"和体制机制"软联通",构建粤港澳大湾区高速互达"1小时交通圈",全面加强广州国际综合交通枢纽建设。《粤港澳大湾区发展规划纲要》对广州综合交通枢纽建设的要求见图12。

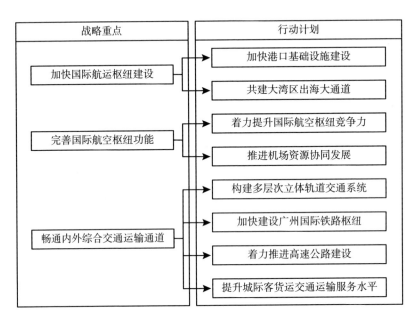

图12 《粤港澳大湾区发展规划纲要》对广州综合交通枢纽建设的要求

资料来源:《粤港澳大湾区发展规划纲要》。

2. 交通强国建设要求

2019年9月,中共中央、国务院印发《交通强国建设纲要》,要求着力打造"三张交通网"和"两个交通圈",建成"安全、便捷、高效、绿色、经济"的现代化综合交通运输体系。并从设施、装备、服务、科技、安全、绿色、开放合作、人才、治理等 9 个方面提出重点任务。该纲要对广州综合交通枢纽建设的要求见图 13。

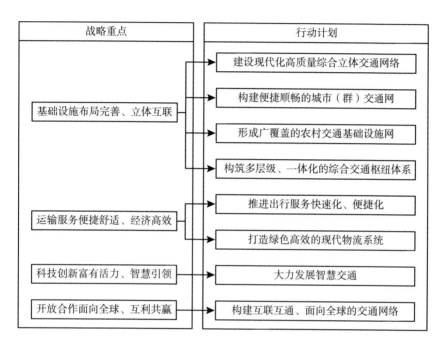

图 13 《交通强国建设纲要》对广州综合交通枢纽建设的要求

资料来源：《交通强国建设纲要》。

3. 支持深圳建设中国特色社会主义先行示范区的要求

2019 年 8 月，中共中央、国务院印发《关于支持深圳建设中国特色社会主义先行示范区的意见》，2020 年 1 月，广州市印发《广州市贯彻落实〈关于支持深圳建设中国特色社会主义先行示范区的若干重大措施〉的行动方案》，要求广州发挥综合交通枢纽功能，和深圳共建国际性综合交通枢纽，推动一体高效的快速交通网络、世界级机场群、世界级枢纽港区的建设（见图 14）。

4. 推动"四个出新出彩"相关要求

2019 年 10 月，广东省印发《中共广东省委全面深化改革委员会关于印

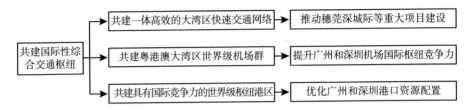

**图14 《关于支持深圳建设中国特色社会主义先行示范区的意见》
对广州综合交通枢纽建设的要求**

资料来源:《关于支持深圳建设中国特色社会主义先行示范区的意见》。

发广州市推动"四个出新出彩"行动方案的通知》,要求把支持广州"四个出新出彩"实现老城市新活力与支持深圳先行示范区建设紧密结合起来,以同等的力度,全力推动实施。

在综合交通方面,广州应增强国际综合交通枢纽功能,发挥《广州市国土空间总体规划(2018—2035年)》的引领作用,全面提升海陆空枢纽能级,实现建设全球重要综合交通枢纽的发展目标。具体要求见图15。

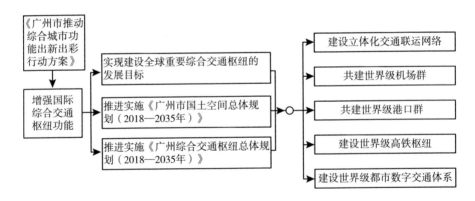

**图15 《广州市推动综合城市功能出新出彩行动方案》
对广州综合交通枢纽建设的要求**

资料来源:《广州市推动综合城市功能出新出彩行动方案》。

在物流方面,要求广州加快完善大物流格局,共建国际物流枢纽。一是要提高国际航运服务能力;二是要提升国际航空枢纽服务便利性;三是优化物流配套体系。具体见图16。

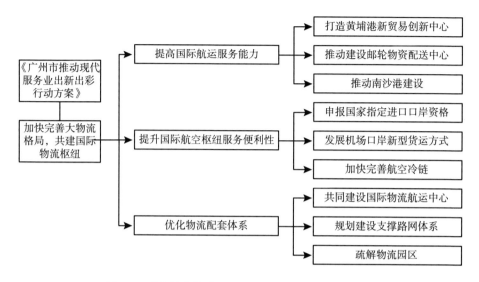

图16　《广州市推动现代服务业出新出彩行动方案》
对广州综合交通枢纽建设的要求

资料来源：《广州市推动现代服务业出新出彩行动方案》。

（二）国内外经验借鉴

全球重大交通枢纽均有世界级的机场群，各种交通方式相对完善、相互协调的城市对外综合交通体系，完善的枢纽集疏运体系，以及与周边城市之间的快速联系通道，且枢纽之间可互联互通。

1. 东京

东京大都市交通圈分东京交通圈和首都圈两层次，东京交通圈约是以东京站为中心的50公里的范围，首都圈约是距离东京150公里的范围，大都市交通圈，总面积3.7万平方公里，人口4000多万。

世界级的综合交通枢纽。东京都市经济圈内分布着成田机场、羽田机场、东京港、横滨港、千叶港和川崎港等重要交通枢纽，是东京成为亚洲乃至世界重要的综合交通枢纽的基础。

周边城市、重要交通枢纽之间互联互通。通过构建以轨道交通为主、高速公路为辅的全域交通网络和快速交通走廊,提供多样化的交通方式与各大交通枢纽快速衔接,实现东京都市经济圈内各城镇与重要交通枢纽的串联衔接。以两大国际机场客运枢纽为例,它们既可通过区域快速轨道交通满足中远途城市的交通要求,也可以通过市域轨道系统和高速公路网络与周边城市形成良好的衔接。

2. 伦敦

伦敦大都市圈主要包括距离伦敦 100 公里以内的 9 个城市,伦敦是国际交通枢纽城市、全球经济网络的重要节点以及物流中心,具有国际、国家、区域等多个层面的交通运输网络和枢纽站点。

世界级的综合交通枢纽。航空枢纽方面,大伦敦地区有希思罗国际机场、盖特威克机场等 6 座主要的民航运输机场协同发展,彼此发展定位不同。其中,希思罗国际机场位于伦敦城西部,距离市中心 15 英里(1 英里 = 1.609344 公里),是全世界最繁忙的国际机场之一,目前,该机场有铁路、地铁、机场大巴等多种交通方式衔接。铁路枢纽方面,A 等级的车站有13 个,且大部分是终端站。公路枢纽方面,有维多利亚大巴站等。水运枢纽方面,伦敦依托伦敦港枢纽,是重要的国际航运中心。

周边城市、重要交通枢纽之间互联互通。一是高密度市域铁路紧密衔接市区地铁环线,实现周边城市与枢纽节点的快速联系。伦敦大都市经济圈内的市域铁路覆盖大都市圈内主要城市,线网密度高,几乎所有市镇均实现了与伦敦中心区及各大枢纽的便捷连接。另外,在郊区铁路建设中通过采用支线结构,部分重要城市有两条或多条通道与枢纽连通。二是依托枢纽建设实现中心区内外交通的无缝衔接和快速转换。伦敦市域铁路多以伦敦中心区的地铁环线为终点,地铁环线附近布置 10 个铁路枢纽站,实现国铁与地铁的快速换乘。依托大型枢纽的建设,伦敦大都市经济圈内周边市镇通过"市域铁路—地铁"的换乘,实现内外客流的快速转换。三是形成分工明确、层次分明的交通枢纽系统,并注重枢纽与枢纽之间的交通衔接。伦敦大都市经济圈从交通网络规划、组织、运营的整体层面出发,确定各枢纽的功能、规模、布局等,形成分工明确、层次分明的枢纽系统。四是干线公路直接伸入中心区，与城市内部道路系统衔接。伦敦大都市圈的公路网是典型的放射状公路系统，均匀分布于整个大都市圈，公路干道总长约为 1300 公里。高速公路主要为以环路为中心的 6 条放射通道，3 条主要对外通道分别通往伯明翰、布里斯托尔和法国。周边城镇与交通枢纽间的公路衔接主要依托干线公路，通过直接伸入中心区并与中心区的道路系统相连，方便客货运交流。此外，放射状干道公路之间有联络线相连，形成郊区与郊区之间的横向联系通道。

3. 纽约

纽约大都市圈包括纽约市及其周边 3 个州（纽约州、新泽西州、康涅狄格州）的 26 个县构成的地区，面积 27372 平方公里，人口 2100 多万。

世界级的综合交通枢纽。航空方面，纽约大都市圈拥有 3 座机场，分别为位于皇后区的肯尼迪国际机场和拉瓜迪亚机场，以及位于新泽西州境内的纽华克自由国际机场，主要特征是形成了以肯尼迪、纽华克两个大型国际枢纽为龙头，以区域、公务、支线、低成本和货运为补充，分工明确、层次清晰、服务专业化的机场体系。其中，两个大型国际航空枢纽并存，相互竞争、相互补充，是纽约机场群最显著的特征。航运方面，纽约港作为北美洲最繁忙的港口之一，是两条横贯美国东西的大陆桥的桥头堡，为美国最大的交通枢纽，腹地广大。铁路方面，纽约州、新泽西州与康涅狄格州有大量的通勤上班族，通勤出行主要依赖于市域通勤铁路，设有大中央火车站、宾夕法尼亚火车站、霍博肯火车站等多个大型车站。

周边城市、重要交通枢纽之间互联互通。纽约大都市经济圈公路网、铁路网、内河航道网和航空运输网四通八达，目前已形成海、陆（铁路、高速公路）、空联网的综合运输系统。一是多种交通方式协调发展，实现周边城市与中心区枢纽的多样化衔接。近郊区依靠市域通勤铁路系统和其他公共交通方式实现与中心区的快速联系。市域通勤铁路在城市中心区内设置了中央总站、霍博肯站和宾夕法尼亚站 3 个终点站；铁路有多条支线横向衔接各城市，周边 150 公里内的城市通勤出行均能通过通勤铁路实现与中心区的交通联系。城际的交通联系主要依赖于高速公路和干道路网，并有多条通道衔接。二是通过枢纽设施建设及配套服务完善，扩大交通枢纽对区域的覆盖范围。纽约三大机场都有轨道交通，方便联结各航站楼、停车场、长岛铁路和纽约、新泽西地铁，机场巴士也可通往市区主要站点。轨道与航空客运高效衔接，承担机场集疏运体系的干线运输角色，并承担航空枢纽的部分延伸功能。

三 广州综合交通枢纽发展目标

（一）城市发展目标

根据《广州市国土空间总体规划（2018—2035年）》，广州将以"美丽宜居花城，活力全球城市"为目标愿景，围绕实现老城市新活力，着力推动广州在综合城市功能、城市文化综合实力、现代服务业、现代化国际化营商环境4个方面出新出彩，焕发"云山珠水 吉祥花城"的无穷魅力。

（二）综合交通发展目标

根据"构建国际一流服务水平的国际综合交通枢纽，支撑粤港澳大湾区向世界级城市群发展"的总体发展要求，广州市国际综合交通枢纽将以"粤港澳大湾区协同发展"和"交通设施互联互通"理念为导向，以"双港双高"（以世界级的空港、海港为龙头，以内外衔接的高速铁路、高速公路网络为支撑）为支撑，按照"两个一百年"宏观战略目标，逐步推进综合交通枢纽体系的完善。

2020年基本建成国际性综合交通枢纽。着力解决广州白云国际机场的空域问题，加快航空枢纽基础设施和集疏运体系建设，拓展欧美非航线，完善航线网络，统筹解决航空空域问题，建成面向亚太地区的航空基地；优化完善广州港，积极推动邮轮母港建设，建成南沙港铁路，实现海铁联运，建设广州国际航运中心；建设高铁东西向通道和铁路主枢纽站场，开通国际铁路班列；完善珠江口高速公路网，强化对珠三角城市群的辐射能力。

2035 年建成全球交通枢纽。届时交通一体化的"广州都市圈"全面形成，面向全球的国际航空枢纽、国际航运枢纽、国际铁路枢纽、国际物流中心全面建成，通达全球的国际物流服务网络和辐射全国的交通网络全面完善，广州国际性综合交通枢纽的集散功能、国际中转功能、对外门户功能全面提升，广州建设成为具有全球影响力的枢纽型网络城市。

国际航空枢纽。全面提升广州白云国际机场国际航空枢纽国际竞争力，形成以白云国际机场为核心、以珠三角枢纽（广州新）机场为协同、通用机场协调发展的机场布局，推动区域机场群功能互补和协同发展。完善机场集疏运体系，推动市域通用机场体系建设，积极拓展国际航线，扩大空域和航权，搭建以广州为重要节点的"国际空中丝路"，使其成为交通全球化的重要节点。

国际航运枢纽。对标世界一流的国际航运中心，增强与全球交通枢纽节点城市地位相匹配的国际综合航运服务功能，加快建成集江海联运、海铁联运、水公联运、海空联运为一体，服务泛珠三角区域和共建"一带一路"国家的国际航运枢纽。实现与香港国际航运中心、深圳国际航运枢纽的错位发展，积极探索自由贸易港政策创新，完善现代航运服务体系，提升广州港航运服务能力。

国际铁路枢纽。提升广州铁路枢纽竞争力，发挥粤港澳大湾区铁路主枢纽作用，畅通国际通道，强化与国内重要城市群和湾区主要城市的便捷联系，加快建成面向全国、辐射东南亚的世界级国际铁路枢纽和粤港澳大湾区铁路中心。建成以高铁、城际铁路和市域快线为骨干的一体化轨道网，打造轨道上的广州"1 小时都市圈"。

华南公路枢纽。充分发挥广州华南公路主枢纽作用，构筑形成以广州为中心、辐射华南的"三环 + 十九射"高快速路主骨架路网，促进大湾区内部衔接，提升对外辐射能力。

国际物流中心。带动能力强、现代化运作水平高、互联衔接紧密的国际交通物流枢纽功能全面完善，集约整合、融合创新的"站城融合"枢纽经济全面建成，以"枢纽 + 社区 + 产业"为特征的枢纽经济蓬勃发展，有效

支撑大湾区和跨区域物流活动组织化、规模化运行，为优化国际物流中心经济空间布局和构建现代经济体系提供有力支撑。

四 广州综合交通枢纽发展规划

（一）枢纽布局规划方案

1. 客运枢纽布局

广州市客运交通枢纽总体形成"一核一芯两极"的布局模式。

一核：以空港为核心，构建航空枢纽网络，推动广州北部枢纽群（包含广州白云国际机场、广州北站等）联动发展，繁荣临空经济产业。

一芯：在人口密集的中心城区，依托广州中心城区铁路客运枢纽（包括广州火车站、广州东站、棠溪站、广州南站等），布局公路客运场站、城市轨道交通等多种交通方式，打造综合性大型铁路对外枢纽，夯实广州市综合交通枢纽核心地位。

两极：在广州东部、南部两个方向，布局客运枢纽，其中东部方向包括增城火车站、新塘站、广州第二机场等，南部方向包括广州南沙通用机场、广州南沙邮轮母港、万顷沙枢纽（南沙枢纽）、庆盛枢纽等。

基于上述布局架构，全市共规划布局主要对外客运枢纽42个，可划分为特级客运枢纽、一类客运枢纽、二类客运枢纽、三类客运枢纽4个层级。

2. 货运枢纽布局

规划形成"一轴＋一环"式货运枢纽布局，形成支撑国家"一带一路"倡议的重要支点。

一轴：以珠江口出海航道为轴，布局广州港南沙港区、黄埔港区、新沙港区、内河港区和万顷沙物流基地等，打造国际航运中心的物资集散高地。

一环：在广州市中心城区外围，围绕航空、铁路货运通道（如东北货车外绕线）、高速公路网（如北二环—东二环—广明高速等），布局广州白云国际机场货运枢纽、广州集装箱中心站（大田）、石龙物流基地、增城西物流基地等货运枢纽站场，与产业聚集区形成紧密互通格局，服务国家发展战略。

基于上述布局架构，全市共规划布局主要对外货运枢纽 35 个，可划分为特级货运枢纽、一类货运枢纽、二类货运枢纽、三类货运枢纽 4 个层级。

（二）交通网络布局规划方案

1. 客运网络架构

以中心城区为核心，构建"十字＋四环"客运主骨架。

十字：以广州中心火车站（广州站—广州东站）、广州南站、广州北站为主，完善"十字"形高铁骨架，"纵轴"以京广—广深港客专和京广铁路为主，"横轴"以贵广客专、南广铁路、广汕客专、深茂铁路、赣深客专、广湛客专、广河客专为主。

四环：广佛环城际—穗莞深城际—佛莞城际、广佛环城际、地铁 11 号线、环城高速公路。

2. 货运网络架构

围绕海港、空港枢纽和产业园区，构建"三环＋九射"的货运主骨架。

三环：北二环高速—东二环高速—广明高速、广珠铁路—广州铁路枢纽东北外绕线—广深铁路—南沙港铁路、珠三角环线高速公路。

九射：北向通道以京广铁路、京港澳（G4）和大广（G45）高速公路为主，东向通道以广梅汕铁路、广深（G15）和广惠（G35）高速公路为主，西向通道以柳广铁路—广茂铁路、二广（G55）和广昆（G80）高速公路为主，形成 9 条对外货运放射线格局。

五 "十四五"时期广州综合交通枢纽发展思路与建议

"十四五"时期，国际形势将更加复杂多变，不稳定因素也将增多，我国经济下行压力将加大，特别是受新冠肺炎疫情影响，经济发展存在更大的困难和挑战。一方面，由于目前仍是基础设施建设难得的"窗口期"，广州又有粤港澳大湾区建设、交通强国建设、推动"四个出新出彩"等历史发展要求，所以保持交通基础设施投资的合理规模十分必要。另一方面，在国家建立国土空间规划体系并监督实施的背景下，交通系统和交通规划本身正发生深刻的变化（交通发展由追求速度规模向更加注重质量效益转变，由各种交通方式相对独立发展向更加注重一体化融合发展转变，由依靠传统要素驱动向更加注重创新驱动转变），交通系统的供给模式（出行不仅仅是时空发生变化，出行过程本身也是居民的一种"消费"，本身也具有一定的"附加值"）、交通系统的需求类型（无人驾驶、"出行即服务"等新的交通工具发展，交通方式引起生活方式、空间形态的变革）和交通分析的技术手段（从"传统交通模型"迈入"传统交通模型＋大数据"发展阶段）均产生了较大的变革，这对交通规划体系提出了新要求（从"开发导向"向"开发与保护导向"转变、从关注城镇空间转向全域覆盖，更要处理好交通规划方案与控制线的关系，有效地指导线性交通设施、重大交通枢纽进行规划选址和空间落地）。因此，"十四五"时期广州综合交通枢纽既要落实国家发展战略，坚持高质量发展，聚焦需求、明确重点、精准发力；又要对既有设施的能力进行进一步挖潜和提升，服务高品质生活。

（一）加快建设国际航空枢纽

1. 全面增强白云国际机场综合承载力

一是加快实施白云国际机场第三期扩建工程。强化白云国际机场三期扩建工程及征拆安置建设用地保障，高效推进白云国际机场三期扩建工程噪音区征迁安置区建设，加快建设第四、第五跑道和第三航站楼。二是推动南沙通用机场建设，满足大湾区商务飞行、低空旅游等通用航空服务需求。三是推进广州白云国际机场商务航空固定服务基地（FBO）的扩建。四是推进珠三角枢纽（广州新）机场建设，发挥广州第二机场的作用。逐步构建以白云国际机场为核心、以珠三角枢纽（广州新）机场为协同、通用机场协调发展的航空枢纽机场布局。

2. 高标准打造空铁一体化的白云综合枢纽

加快建设白云国际机场高铁站，建设机场及北站枢纽快速轨道交通体系，实现双枢纽一体化规划、建设和运营，打造世界级大型综合交通枢纽。完善白云国际机场枢纽的空铁联运体系，与白云国际机场三期扩建工程同步，建设机场旅客捷运系统，提升机场旅客服务水平。

3. 完善国际航空枢纽航线网络

积极推动珠三角空域结构优化，改善白云国际机场空域条件，进一步增加白云国际机场进离场航线。争取国家在航权、空域、时刻资源分配等方面的倾斜性支持，提升白云国际机场高峰小时容量。推动白云国际机场新开和加密国际航线，加强与国际基地网络型航空公司的战略合作，重点打造通达欧美、大洋洲、非洲及南美洲等地区的国际运输通道，增强白云国际机场中转能力。

（二）加快建设国际航运枢纽

1. 优化广州港功能布局

加快南沙港区四期、南沙国际汽车物流产业园汽车滚装码头、南沙港区近洋码头、南沙国际邮轮码头二期、新沙港区二期、南沙港区粮食及通用码头扩建、南沙港区国际通用码头、广州 LNG（液化天然气）应急调峰气源站配套码头等工程项目建设。

2. 提升综合通道能力

提升港口吞吐能力，满足船舶大型化通航和锚泊要求，加快南沙、新沙港区深水码头建设，按照 20 万吨级（远期研究按 30 万吨级）集装箱船通航标准浚深升级广州港出海航道，加快实施广州港深水航道拓宽工程、广州港环大虎岛公用航道工程、桂山锚地扩建工程、三仔排南危险品船锚地新建工程等。统筹珠江口过江通道和广州港出海航道规划建设，减少跨珠江口过江通道建设对广州出海航道的影响。提升广州铁路货运枢纽与南沙、黄埔港区的互联互通水平，积极建立南沙港区海铁联运体系。

3. 全面增强广州港国际综合航运服务功能

建设南沙、黄埔现代航运服务集聚区，加快建立现代航运服务体系。加快发展广州航运交易所等航运机构，支持在南沙自由贸易试验区建设离岸航运金融服务平台，研究开展国际航运保险等创新型保险要素交易，建设国际海事司法基地和航运仲裁中心，发展航运法律服务业务。建设南沙国际邮轮母港和游艇旅游自由港，支持广州建设邮轮旅游综合试验区，简化粤港澳大湾区游艇自由行出入境手续，推动在南沙实施游艇自由行制度。

（三）加快打造国际铁路枢纽

1. 推进粤港澳大湾区铁路中心建设

建成白云站、广州站、广州东站"三站一体"、紧密联动的中心城区组合枢纽，提升中心城区东西向铁路枢纽整体辐射力。力争2022年建成白云站，将广州站普速车迁至白云站后，同步以立体发展理念推进广州站全面改扩建，启动广州东站改造工程，增加东西枢纽之间的联络线。广州站主要负责北向、西向，广州东站主要负责东向，白云站主要承担枢纽普速列车功能，由此形成功能分明、三站联动发展的中心枢纽。

2. 提升广州铁路枢纽辐射能力

加快推进一批重大枢纽间联络线工程，畅通铁路枢纽内部通道，实现枢纽客站之间的互联互通，拉大城市发展空间框架，将"双人字"形枢纽布局优化提升为"十字＋环＋放射"形枢纽布局。为多点到发、开行穿袖列车提供条件，提升枢纽运输组织效率，提高客运系统整体能力，加强枢纽运输组织的灵活性，实现资源共享，满足市民就近乘车的便捷需要。

3. 积极推进南沙建设成为珠江东西两岸联系的重要轨道交通中枢

强化南沙枢纽对大湾区及经济腹地的辐射能力，围绕构建南沙与珠江口主要城市枢纽节点"半小时交通圈"，按辅助客站、预留成为铁路枢纽主客站的站场及车辆段条件建设，适时提升南沙铁路客运站等级。研究增加从南沙铁路枢纽引出，沿江至中心城区和城市东部的高速地铁通道。推进深茂铁路、南沙港铁路、广中珠澳高铁、中南虎城际铁路（赣深高铁南沙支线）建设，加快形成南沙 3 条铁路过江通道格局，引导深圳轨道交通经过南沙至湾区西岸。

（四）优化提升广州华南公路主枢纽能级

1. 构筑形成区域一体、内通外联的高等级道路体系

完善以广州为中心、辐射华南的"三环＋十九射"高快速路主骨架路网，加快推进花莞高速、广连高速、从埔高速、增佛高速、佛江高速北延线等一批高速公路项目建设，完善广州东北和西北两侧高快速路网。完善广州与中山、珠海等珠江西岸城市的高快速路网，积极推进"湾区 1 号公路"广州段通道规划建设，与东岸的广深沿江高速组成珠江东西两翼轴线联系大通道。积极研究海鸥岛过江通道（番莞通道）等跨江通道设置公路与轨道复合通道的条件，加快推进狮子洋过江通道（南沙至东莞常平高快速通道）、莲花山过江通道、南中特大桥（南沙至中山高速）等的跨江直连通道建设，研究规划南沙港快速东延广深沿江高速过江通道，构筑形成"A"字形环湾融合的快速跨江走廊。

2. 加快完善广州与周边城市跨界融合的便捷高快速路网

打造广佛道路"一张网"，加快建设大坦沙大桥、沉香大桥、南顺大桥、碧江大桥等一批重大跨界市政设施。整治城际道路网交通拥堵梗阻、交通黑点，着力提升花都—三水、白云—南海、五眼桥—滘口、大岗—五沙等同城合作示范区内部交通联系的便捷性。做好与清远、东莞等周边城市高快速路网的一体化衔接。

3. 整合优化公路客运枢纽布局，疏解中心城区长途客运交通压力

适应公路长途客运发展趋势，围绕长途客运需求与城市发展实际，优化调整公路客运站。外迁主城区越秀南、永泰、夏茅、黄埔、市站、罗冲围、广佛、广园、天河等客运站。提升外围城区的公路出行服务能力，结合大型综合交通枢纽建设，新建棠溪、庆盛、镇龙等一批公路客运站。建设广州站整合省客运站。

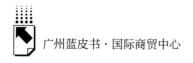
参考文献

广州市人民政府：《广州市国民经济和社会发展第十三个五年规划纲要（2016—2020年)》，2016。

广州市人民政府：《广州市综合交通发展第十三个五年规划》，2016。

广州市规划和自然资源局：《广州市国土空间总体规划（2018—2035年)》，2019。

广州市人民政府：《广州市"十四五"规划编制工作方案》，2019。

刘炜、蔡丽茹、杜志威：《广州枢纽型网络城市建设与提高全球资源配置能力研究》，《城市观察》2019年第3期。

广州市社会科学院：《GaWC世界城市分级排名框架下广州建设国际大都市的战略思考》，2018。

广州市交通运输研究所：《广州市交通运输行业发展年报》，2019。

广州市交通运输研究所：《广州市城市总体规划交通专项规划（2018—2035)》，2019。

广州市发展和改革委员会：《广州综合交通枢纽总体规划（2018—2035)》，2019。

附　录

Appendix

B.17

2012 ~2019年广州商贸业发展指标

谢 磊 整理

表1　2012 ~2019 年广州市国民经济发展主要指标

年份	2012	2013	2014	2015	2016	2017	2018	2019
地区生产总值(亿元)	13551	15420	16707	18100	19611	21503	22859	23629
第一产业增加值(亿元)	214	229	238	228	240	233	223	251
第二产业增加值(亿元)	4721	5227	5606	5786	5926	6015	6234	6454
第三产业增加值(亿元)	8617	9964	10863	12086	13445	15254	16402	16923
第三产业对地区生产总值增长的贡献率(%)	64.3	70.6	68.8	70.6	77.0	79.3	73.0	73.7
固定资产投资总额(亿元)	3758	4455	4890	5406	5704	5919	5938	—
社会消费品零售总额(亿元)	5977	6883	7698	7933	8706	9402	9256	9976
城市居民家庭人均可支配收入(元)	38054	42049	42955	46734	50941	55400	59982	65052
城市常住居民家庭人均消费支出(元)	30490	33157	33385	35752	38398	40637	42181	45049

资料来源：《广州市国民经济和社会发展统计公报》（2012 ~2019 年）。

表2 2012～2019年广州市商业发展主要指标

年份	2012	2013	2014	2015	2016	2017	2018	2019
批发和零售业零售额（亿元）	5169	5986	6753	6929	7626	8259	8081	8705
住宿和餐饮业零售额（亿元）	809	897	945	1003	1081	1143	1175	1270
金融机构本外币各项存款余额（亿元）	30187	33838	35469	42843	47530	51369	54788	59131
金融机构本外币各项贷款余额（亿元）	19937	22016	24232	27296	29670	34137	40749	47103

资料来源：《广州市国民经济和社会发展统计公报》（2012～2019年）。

表3 2012～2019年广州市会展业发展主要指标

年份	2012	2013	2014	2015	2016	2017	2018	2019
重点场馆累计展览面积（万平方米）	828.97	831.75	858.57	861.70	896.50	989.60	1019.96	1024.02
10万平方米以上大型展会（个）	13	16	16	16	16	15	15	17
广交会展馆举办展览面积（万平方米）	639.00	—	—	632.00	642.00	600.23	—	752.40

注：1. 广州市主要展览馆可展览面积（万平方米）为广州市统计局统计的全市期末拥有主要会展场馆面积数；2. 重点场馆展览面积包括中国进出口商品交易会展馆、保利世博览馆、广州白云国际会议中心、东方宾馆等约20个场馆及宾馆、酒店的展览面积；3. 广交会展馆举办展览面积使用市统计局统计的口径。

资料来源：广州市商务局。

表4 2012～2019年广州市物流业发展主要指标

年份	2012	2013	2014	2015	2016	2017	2018	2019
全社会货运量（亿吨）	7.60	8.93	9.65	10.04	11.27	12.07	13.62	13.62
港口货运吞吐量（亿吨）	4.51	4.73	5.00	5.20	5.44	5.90	6.13	6.27
集装箱吞吐量（万标箱）	1474.36	1550.45	1661.17	1759.00	1884.97	2037.20	2192.21	2323.62

资料来源：《广州市国民经济和社会发展统计公报》（2012～2019年）。

表5 2012～2019年广州市对外经济贸易发展主要指标

年份	2012	2013	2014	2015	2016	2017	2018	2019
商品进出口总值（亿美元/亿元）	1171.31	1188.88	1306.00	306.41	8566.92	9714.36	9810.15	9995.81
商品进口总值（亿美元/亿元）	582.19	560.82	578.85	3271.74	3379.87	3922.21	4202.57	4737.83

续表

年份	2012	2013	2014	2015	2016	2017	2018	2019
商品出口总值(亿美元/亿元)	589.12	628.06	727.15	5034.66	5187.05	5792.15	5607.58	5257.98
合同外资金额(亿美元)	68.02	71.14	80.40	83.63	99.01	133.91	399.59	395.29
实际使用外资金额(亿美元)	45.75	48.04	51.07	54.16	57.01	62.89	66.11	71.43

说明：2012～2014年商品进出口总值、商品进口总值、商品出口总值数据以美元计价；根据海关总署的统一安排，2015年起以人民币计价。

资料来源：《广州市国民经济和社会发展统计公报》（2012～2019年）。

表6 2012～2019年广州市旅游业发展主要指标

年份	2012	2013	2014	2015	2016	2017	2018	2019
旅游业总收入(亿元)	1911.09	2202.39	2521.82	2872.18	3217.05	3614.21	4008.19	4454.59
旅游外汇收入(亿美元)	51.45	51.69	54.75	56.96	62.72	63.14	64.82	65.30
接待过夜旅游者(万人次)	4809.57	5041.92	5330.00	5657.95	5940.56	6275.62	6532.55	6773.15
入境旅游者(万人次)	792.21	768.20	783.30	803.58	861.87	900.48	900.63	899.43
境内旅游者(万人次)	4017.36	4273.72	4546.75	4854.37	5078.69	5375.14	5631.93	5873.72

资料来源：《广州市国民经济和社会发展统计公报》（2012～2019年）。

皮 书

智库报告的主要形式
同一主题智库报告的聚合

❖ 皮书定义 ❖

皮书是对中国与世界发展状况和热点问题进行年度监测，以专业的角度、专家的视野和实证研究方法，针对某一领域或区域现状与发展态势展开分析和预测，具备前沿性、原创性、实证性、连续性、时效性等特点的公开出版物，由一系列权威研究报告组成。

❖ 皮书作者 ❖

皮书系列报告作者以国内外一流研究机构、知名高校等重点智库的研究人员为主，多为相关领域一流专家学者，他们的观点代表了当下学界对中国与世界的现实和未来最高水平的解读与分析。截至2020年，皮书研创机构有近千家，报告作者累计超过7万人。

❖ 皮书荣誉 ❖

皮书系列已成为社会科学文献出版社的著名图书品牌和中国社会科学院的知名学术品牌。2016年皮书系列正式列入"十三五"国家重点出版规划项目；2013~2020年，重点皮书列入中国社会科学院承担的国家哲学社会科学创新工程项目。

中国皮书网

（网址：www.pishu.cn）

发布皮书研创资讯，传播皮书精彩内容
引领皮书出版潮流，打造皮书服务平台

栏目设置

◆ **关于皮书**

何谓皮书、皮书分类、皮书大事记、
皮书荣誉、皮书出版第一人、皮书编辑部

◆ **最新资讯**

通知公告、新闻动态、媒体聚焦、
网站专题、视频直播、下载专区

◆ **皮书研创**

皮书规范、皮书选题、皮书出版、
皮书研究、研创团队

◆ **皮书评奖评价**

指标体系、皮书评价、皮书评奖

◆ **互动专区**

皮书说、社科数托邦、皮书微博、留言板

所获荣誉

◆ 2008 年、2011 年、2014 年，中国皮书
网均在全国新闻出版业网站荣誉评选中
获得"最具商业价值网站"称号；
◆ 2012 年，获得"出版业网站百强"称号。

网库合一

2014年，中国皮书网与皮书数据库端口
合一，实现资源共享。

权威报告・一手数据・特色资源

皮书数据库
ANNUAL REPORT(YEARBOOK)
DATABASE

分析解读当下中国发展变迁的高端智库平台

所获荣誉

- 2019年，入围国家新闻出版署数字出版精品遴选推荐计划项目
- 2016年，入选"'十三五'国家重点电子出版物出版规划骨干工程"
- 2015年，荣获"搜索中国正能量 点赞2015""创新中国科技创新奖"
- 2013年，荣获"中国出版政府奖・网络出版物奖"提名奖
- 连续多年荣获中国数字出版博览会"数字出版・优秀品牌"奖

成为会员

　　通过网址www.pishu.com.cn访问皮书数据库网站或下载皮书数据库APP，进行手机号码验证或邮箱验证即可成为皮书数据库会员。

会员福利

- 已注册用户购书后可免费获赠100元皮书数据库充值卡。刮开充值卡涂层获取充值密码，登录并进入"会员中心"—"在线充值"—"充值卡充值"，充值成功即可购买和查看数据库内容。
- 会员福利最终解释权归社会科学文献出版社所有。

社会科学文献出版社 皮书系列
SOCIAL SCIENCES ACADEMIC PRESS (CHINA)

卡号：335347554412
密码：

数据库服务热线：400-008-6695
数据库服务QQ：2475522410
数据库服务邮箱：database@ssap.cn
图书销售热线：010-59367070/7028
图书服务QQ：1265056568
图书服务邮箱：duzhe@ssap.cn

中国社会发展数据库（下设 12 个子库）

整合国内外中国社会发展研究成果，汇聚独家统计数据、深度分析报告，涉及社会、人口、政治、教育、法律等 12 个领域，为了解中国社会发展动态、跟踪社会核心热点、分析社会发展趋势提供一站式资源搜索和数据服务。

中国经济发展数据库（下设 12 个子库）

围绕国内外中国经济发展主题研究报告、学术资讯、基础数据等资料构建，内容涵盖宏观经济、农业经济、工业经济、产业经济等 12 个重点经济领域，为实时掌控经济运行态势、把握经济发展规律、洞察经济形势、进行经济决策提供参考和依据。

中国行业发展数据库（下设 17 个子库）

以中国国民经济行业分类为依据，覆盖金融业、旅游、医疗卫生、交通运输、能源矿产等 100 多个行业，跟踪分析国民经济相关行业市场运行状况和政策导向，汇集行业发展前沿资讯，为投资、从业及各种经济决策提供理论基础和实践指导。

中国区域发展数据库（下设 6 个子库）

对中国特定区域内的经济、社会、文化等领域现状与发展情况进行深度分析和预测，研究层级至县及县以下行政区，涉及地区、区域经济体、城市、农村等不同维度，为地方经济社会宏观态势研究、发展经验研究、案例分析提供数据服务。

中国文化传媒数据库（下设 18 个子库）

汇聚文化传媒领域专家观点、热点资讯，梳理国内外中国文化发展相关学术研究成果、一手统计数据，涵盖文化产业、新闻传播、电影娱乐、文学艺术、群众文化等 18 个重点研究领域。为文化传媒研究提供相关数据、研究报告和综合分析服务。

世界经济与国际关系数据库（下设 6 个子库）

立足"皮书系列"世界经济、国际关系相关学术资源，整合世界经济、国际政治、世界文化与科技、全球性问题、国际组织与国际法、区域研究 6 大领域研究成果，为世界经济与国际关系研究提供全方位数据分析，为决策和形势研判提供参考。

法律声明

"皮书系列"（含蓝皮书、绿皮书、黄皮书）之品牌由社会科学文献出版社最早使用并持续至今，现已被中国图书市场所熟知。"皮书系列"的相关商标已在中华人民共和国国家工商行政管理总局商标局注册，如LOGO（🖐）、皮书、Pishu、经济蓝皮书、社会蓝皮书等。"皮书系列"图书的注册商标专用权及封面设计、版式设计的著作权均为社会科学文献出版社所有。未经社会科学文献出版社书面授权许可，任何使用与"皮书系列"图书注册商标、封面设计、版式设计相同或者近似的文字、图形或其组合的行为均系侵权行为。

经作者授权，本书的专有出版权及信息网络传播权等为社会科学文献出版社享有。未经社会科学文献出版社书面授权许可，任何就本书内容的复制、发行或以数字形式进行网络传播的行为均系侵权行为。

社会科学文献出版社将通过法律途径追究上述侵权行为的法律责任，维护自身合法权益。

欢迎社会各界人士对侵犯社会科学文献出版社上述权利的侵权行为进行举报。电话：010-59367121，电子邮箱：fawubu@ssap.cn。

社会科学文献出版社